엔지니어와
인문학

20   년   월   일

_____ 님께

_____ 드림

엔지니어와 인문학

초판 1쇄 발행 2016년 6월 1일

지은이	김방헌
발행인	권선복
편집주간	김정웅
디자인	최새롬
마케팅	정희철
전자책	신미경
인쇄	천일문화사
발행처	행복한 에너지
출판등록	제315-2013-000001호
주소	(07679) 서울특별시 강서구 화곡로 232
전화	0505-613-6133
팩스	0303-0799-1560
홈페이지	www.happybook.or.kr
이메일	ksbdata@daum.net

값 15,000원
ISBN 979-11-86673-52-2 03190

Copyright ⓒ 김방헌, 2016

* 이 책은 저작권법에 따라 보호받는 저작물이므로 무단전재와 무단복제를 금지하며, 이 책의 내용을 전부 또는 일부를 이용하시려면 반드시 저작권자와 〈행복한 에너지〉의 서면 동의를 받아야 합니다.

행복한 에너지는 독자 여러분의 아이디어와 원고 투고를 기다립니다. 책으로 만들기를 원하는 콘텐츠가 있으신 분은 이메일이나 홈페이지를 통해 간단한 기획서와 기획의도, 연락처 등을 보내주십시오. 행복한 에너지의 문은 언제나 활짝 열려 있습니다.

사람은 무엇으로 살아가는가?

엔지니어와 인문학

김방헌 지음

행복한에너지

목차

Part.1 여유

동대표 1기 도덕산 산행(2015년 1월 1일 木) 11 │ 산이 있기에 행복하다 12 │ 서울대 아공체 1기 청계산 산행 14 │ 난계 산악회 안산 산행(2015년 1월 11일 日) 16 │ 노인 요양 센터 위문 공연 17 │ 만남 19 │ 봄, 명동, 낭만 21 │ 봄 22 │ 진달래꽃 24 │ 수도군단 전우회 강화 석모도 정기모임 (2015년 3월 31일 火) 26 │ 북한산 진달래, 그 애환과 환희의 전령 28 │ 밥상 위의 상춘곡, 두릅무침 31 │ 고향은 영원하다 34 │ 산행 예찬 36 │ 나의 어머니, 지상에서 가장 아름다운 것 37 │ 내 고향 충청북도 음식 40 │ 봄밤의 낭만 – 정동 야행(夜行) 43 │ 봄바람이 나를 슬프게 한다 45 │ 장봉도 여행 47 │ 광명동굴 와인셀러 49 │ 가회동 예찬 51 │ 앙코르와트의 미소, 캄보디아의 눈물 52 │ 내가 가 본 나라들 60

Part. 2 배움

마음의 근력 65 | '황금'보다 소중한 '지금' 66 | 창조적 습관이 경쟁력 68 | 인간관계의 세 가지 룰(rule) 70 | 리더십 72 | 인생 시계 75 | 시간 도둑과 시간 가난뱅이 79 | 미래를 위한 재활용 81 | 네트워킹 조직 83 | 평등 85 | 바퀴도 가끔은 쉬고 싶다 86 | 길의 진화 88 | 비주류의 반란 90 | 돈의 배반 91 | 행복한 소비 93 | 한국의 맛 95 | 말의 중요성 96 | 오만과 편견을 버려라 97 | 다양성의 가치 99 | 관계의 재구성 100 | 벼농사 DNA 101 | 여성 후배 파이팅 103 | 문학으로 모든 질병을 치료한다 105

Part. 3 지혜

법정이 전하는 중년의 삶 109 | 감정적 상처에 맞서는 10가지 생각법 111 | 왜 산에 가야 하는가 112 | 이백과 산행 113 | 재물 없이 베풀 수 있는 7가지 보시(布施) 115 | 육불합(六不合)과 칠불교(七不交) 116 | 이백의 별천지 118 | 도연명의 산중문답 119 | 新 관동별곡 121 | 이백과 백로 123 | 이백과 기녀 124 | 좋은 운을 불러들이는 방법 126 | 상처 받을 용기 127 | 나는 품위 있게 나이 들고 싶다 130 | 삶의 여백을 찾자 132 | 포스트 삼성 135 | 살아 있는 동안 꼭 해야 할 49가지 138 |

내 조각을 내려놓는 행복 140 | 진정 사랑한다면 열정과 헌신이 식지 않아야 143 | 내 마음 다치지 않게 146 | 둔하게 삽시다 148 | 작은 파도 이야기 150 | 아름다운 죽음, 웰다잉(well dying) 152 | 룰라바이(Lullaby) - 존엄사 앞둔 24시간 155

Part. 4 발견

성경 안과 밖 이야기 - 지방색과 사투리 161 | 촌뜨기와 귀머거리의 위대한 도전기 164 | 항우의 부끄러움 166 | 딸의 적통성 167 | 남산골 지공거사(地空居士) 169 | 가우디의 삶과 꿈 171 | 경계 거리의 심리학 173 | 매슬로우의 욕구 5단계 174 | 죄수의 딜레마 177 | 100년 전 심리학자가 뜨는 까닭 178 | 분노조절장애의 심리학 181 | 세상에서 가장 완벽한 약 『내 몸 치유력』 184 | 동의보감으로 말하다 186 | 내가 본 최고의 재난 영화 - 〈샌 안드레아스〉 189 | 20년 후의 일(?) - 영화 〈아무르〉를 보고 191 | 인간미 있는 영화 〈극비수사〉 192 | 부부관계에도 리모델링이 필요하다 194 | 사용설명서 197 | 1, 3, 5, 7, 9. 홀수는 불안하다 199 | 부부의 황금률 201 | 결혼에도 정년이 있다 203 | 황혼 재혼이 어려운 6가지 이유 207 | 아라비아 격언에 숨어 있는 건강 209 | 인간 최고의 선물과 건강 비법 211 | 후각의 힘 212

Part. 5 행복

가족 장점 5가지 찾기 *217* | 대한민국 아버지 *219* | 영화 〈국제시장〉 관람기 *220* | 새해 거창한 결심 *221* | 행복을 원한다면… 수칙 7가지 *222* | 동네 친구 오래 사귀는 법 *224* | 사람의 느낌 *227* | 행복은 어떻게 설계되는가 *228* | 행복해지기 위해 버려야 할 습관 *231* | The Sound of Music에 봄을 싣고 *233* | 우정에 금이 가기 전에 조심해야 *235* | 호주머니 속에 들어 있는 행복 *239* | 행복한 100세 시대를 위한 3가지 조건 *241* | 사람은 무엇으로 사는가 *244* | 시니어의 고민과 갈등을 그린 영화 〈화장〉 *246* | 신(新)중년이 지켜야 할 4가지 실천 강령 *248* | 행복 *250* | 노후 5대 키워드 *251* | 건강한 고요함 *254* | 벗어나고 파! *255* | 잘 웃는 사람이 건강하다 *259* | 정신건강을 지켜주는 습관 베스트10 *261* | 최후까지 살아있는 곳의 비밀 *262* | 영화 〈심야식당〉 *264* | 산행은 내 생활의 일부이다 *267* | 내려갈 때 보았네, 그 꽃 *268*

Part. 1　　여유

동대표 1기
도덕산 산행(2015년 1월 1일 木)

동대표 1기 신년 산행을 도덕산에서 가졌다. 한 달 전 송년회를 가진 후 첫 만남이다. 백원재 총무의 제안으로 도덕산 산행을 하기로 했다.

멀리 철산주공 7단지에서 최경열 회원이 어려운 걸음을 해서 도착했다. 원래 4명이 같이 가기로 했었지만 2명이 더 나와 나까지 6명이 단출하게 모였다. 관리 사무소 입구에서 오전 7시에 모이기로 했다.

이편한 아파트 후문을 지나 하안 5단지 공원을 들어서자 알록달록 등산복을 입은 사람들이 인산인해를 이뤘다. 등산로 곳곳이 줄을 설 정도로 사람들이 많았다. 등산 복장은 평소 입던 옷도 아니고 모자까지 눌러 쓰고 나면 누군지 알아보기도 어렵다. 도덕산은 살고 있는 아파트와 가까워 접근성이 좋다. 신년 산행이라 등산하는 사람들이 너무 많았다. 줄지어 올라가고 군데군데 사람들의 소음으로 힐링은 커녕 스트레스가 쌓일 지경이었다.

7시 45분, 도덕산 정상 도덕정에서 회원들과 함께 떠오르는 해를 보며 새해 소망과 번영을 기원하는 해맞이 행사를 가졌다. 내려오는 길에 비교적 한적한 곳에 자리를 잡았다. 오재순 회원이 준비해 온

생강차를 나누어 마셨는데 정성을 많이 들인 덕에 뒷맛이 좋았다. 하산길은 비교적 완만했으나 낙엽 아래로 군데군데 얼음이 녹지 않아 백원재 회원이 미끄러져 엉덩방아를 찧었다. 강대열 회원은 병원 예약이 있다며 먼저 자리를 떴다. 김태영 회원이 중간 지점에서 합류하여 다시 6명이 되었다. 백원재 총무가 미리 예약해 놓은 철산상업지구 명동찌개에 도착했다. 김태영 회원은 등산도 같이 안 했으면서 굳이 모임에 참석해주고 회식비까지 기꺼이 내줬다.

이날의 테마는 아파트 재건축에 대한 얘기였다. 최경열 회원이 이사한 철산주공 7단지가 화제였다. 포스코 건설과 지에스 건설이 경합해서 87표라는 근소한 차로 지에스 건설의 승리란다. 포스코 건설이 수주하기 위해 42인치 LED TV 등을 무료로 제공했다니 다들 최경열 회원을 부러운 눈으로 쳐다봤다. 아파트 입주자 대표회의가 맺어준 인연을 이어갈 것이다. 개인적인 사정으로 산행에 참석하지 못한 회원들도 다음 모임에는 같이 만나게 될 것이다.

산이 있기에 행복하다

오늘 관악산을 오르면서 왜 나는 산을 오르는가를 자문자답하며 하루를 시작했다. 어떤 일이든 어떤 행위이든, 무엇인가를 할 때에는 분명한 목적이 있어야 한다. 목적이 뚜렷할수록 실행을 함에 고통이 있고 힘이 들어도 의욕이 솟구치기 때문이다. 땀을 흘리면서도 힘들게 산을 오르는 데에는 확실한 의미가 있기 때문이다.

먼저 산에 자주 가자는 나와의 약속을 지키기 위함이고 둘째, 공해 없는 시원한 공기를 맘껏 마실 수 있다는 것이고 셋째, 골짜기의 낙수 소리에 매료된다는 것이고 넷째, 나의 체력을 재확인할 수 있어서다. 특히 산에 오면 건강해질 수 있다는 기대도 크다.

오늘도 노송이 우람하게 그리고 죽죽 늘씬하게 자란 것을 보며 멋있구나 하다가도, 호된 풍파에 견딘 두꺼운 껍질을 보면 자아 방어 능력을 길러가는 의연한 나무의 모습에 나의 느슨한 생활에 긍정적 자극이 된다.

산행을 하다 보면 흙이 파인 등산로에 이름 모를 나무의 뿌리가 얽혀 있는 것을 볼 때가 있다. 겉으로는 나무의 모습이 그림같이 멋있지만 이를 만들어 준 유공자는 숨어 보이지 않는 뿌리라는 것을 새삼 깨닫게 된다.

숲 속에는 나무와 바위만 있는 게 아니라 보이지 않는 수많은 새, 짐승, 벌레 등이 함께 서식하고 있다. 새는 나무에 피해를 주는 벌레를 잡아먹고, 그 벌레는 새의 먹이가 되고 버섯과 공생하며 늙어 쓰러진 나무를 빨리 부식하게 하여 숲을 깨끗하게 정리해 준다는 것도 말 없는 스승인 자연에게서 기역, 니은부터 배운다.

인적이 드문 높은 산의 정상에 오르면 앙상한 고사목이 많이 보인다. 육질은 바람에 파여 속뼈만 남아 있는 것을 보면 처음엔 멋있구나 하다가도 몇 초만 흐르고 나면 저 나무가 저렇게 될 정도라면 오랜 세월 속에 숱한 눈얼음과 폭풍우에 얼마나 많은 고초를 겪었을까 하는 생각이 들어 눈물이 날 정도로 연민의 정까지 들 때도 있다. 이름 모를 새들은 가사도 없는 노래를 무어라 부르는지 귀가 즐겁다. 오늘도 산을 오르며 행복했다. 잡다한 인간사를 살짝 잊고 자연과 벗한 이 하루가 후일 추억에 남을 인생이 아니겠는가.

산이여 안녕, 임이 있었기에 나는 지금 이렇게 행복하다오.

서울대 아공체 1기
청계산 산행

서울대 아공체 1기 1월 정기 산행을 청계산에서 가졌다. 2014년 11월 8일 토요일, 관악산 산행을 가진 후 첫 만남이다. 김성준 총무의 제안으로 청계산 산행을 하기로 했다. 지하철 신분당선 청계산 입구역 2번 출구에서 오전 10시에 모이기로 했다. 이 역이 새로 생긴 덕분에 청계산 접근이 보다 쉬워졌다.

청계산 입구역 근처가 전에는 주로 허름한 가옥과 밭이 대부분이었으나 지금은 보금자리 주택과 상가 등 건물 신축 등으로 인하여 엄청난 변화의 바람이 일고 있다. 청계산은 강남과 가까워 접근성이 양호한 편이다. 동남쪽으로는 판교와 이어지고 서쪽으로는 과천시, 남쪽으로는 의왕시와 이어지는 서울 근교의 명산이다. 주말에 가장 붐비는 시간인 오전 10시 모임이다. 역시나 그날도 등산하는 사람들이 너무 많았다.

개찰구를 지나서 에스컬레이터를 한 번 갈아타고 내리니 여기저기 등산복을 입은 사람들이 인산인해를 이뤘다. 먼저 도착한 김의진 학우와 반갑게 인사를 나누고 나니 어느새 오윤관 학우와 김성준 총무가 도착했다.

원래 6명이 같이 가기로 했으나 이경재 학우가 갑자기 다른 스케줄이 생겨 나까지 4명으로 단출하게 모였다. 김성준 총무에게 걸려 온 통화 내용을 들어 보니 이경재 학우 소유 가건물이 항공사진에 촬영되어 원상 복귀 후 사진을 찍어 관할 부서에 제출해야 한다는 내용이었다. 산행 코스는 원터골에서 옥녀봉을 거쳐 매봉까지 올랐다. 선두에서 출발한 김의진 학우가 중간중간 쉬지 않고 강행군하는 바람에 정상까지 빠른 시간에 도착했다.

매봉 표지석을 중심으로 4명이서 기념사진을 찍고 내려오는 길에 적당한 장소에 자리를 잡아 김의진 학우가 준비해온 머리 고기와 막걸리를 맛나게 먹었다. 그리고 내가 준비해 간 과일과 떡도 4명이서 나누어 먹었다. 한유그룹 대표이사 2년 임기를 마치고 도서관 사서직 시험을 준비 중이라는 김의진 학우는 간식 후 선약이 있다며 서둘러 자리를 떴다.

하산 길은 비교적 완만하였으나 군데군데 녹지 않은 빙판길이 있어 오윤관 학우가 미끄러져 엉덩방아를 찧었다. 오늘도 2개월 만에 만난 서울대 학우들과의 즐거운 산행이었다. 서울대가 맺어준 인연을 계속 이어나갈 것이다. 개인적인 사정으로 산행에 참석하지 못한 학우들도 다음 모임에는 같이 만나게 될 것이다.

난계 산악회
안산 산행(2015년 1월 11일 日)

난계 산악회 1월 정기 산행을 서대문 안산에서 가졌다. 일명 무악산으로 불리며 해발 296m의 안산자락으로 널리 알려져 있다. 2014년 12월 28일에 가진 정기 산행 후 첫 만남이다. 고장식 회장의 제안으로 안산 자락 산행을 하기로 했다. 지하철 3호선 독립문역 4번 출구에서 오전 10시 30분에 모이기로 했다.

전동 열차 하차 후 화장실에 들러 소변을 보고 개찰구를 빠져나와 계단을 올라오니 고장식 회장을 비롯한 대부분의 회원이 먼저 도착해서 기다리고 있었다. 출발을 하려는데 이상덕 회원이 온장수 선배가 안 보인다고 해서 도로 건너편을 살펴보니 다른 출구에서 기다리고 있는 중이었다. 고장식 회장이 나서서 온장수 선배를 잘 모셔 왔다. 안산자락길은 지하철 3호선 독립문역에 인접해 있어 접근성이 좋은 편이다. 해가 바뀌고 첫 절기 산행인 탓에 모처럼 14명의 대식구가 모였다.

일제강점기라는 굴곡의 역사를 간직한 서대문 형무소 터를 지나 정상을 향해 등산을 시작했다. 귀가 시릴 정도의 쌀쌀한 날씨인 데도 가족 단위의 등산객이 많이 보였다. 정상에 설치된 봉수대를 찍고 연세대학교 방면으로 하산하기로 정했다. 내려오는 길에 적당한 장소를 물색 중 수방사 보급품 운반용인 모노레일 적치대에 자리를 잡았다.

김선국 회원이 준비해온 따끈따끈한 순대와 막걸리 5병, 온장수 선배가 준비한 두부와 약식을 맛나게 나누어 먹었다. 대한불교천태종, 봉원사, 대웅전 앞에서 단체 사진을 찍었다. 연세대 교정으로 들어서니 여기저기 건물 신축 공사가 한창 진행 중이었다. 백양로를 따라 학교 정문을 나서 회식 장소인 바람산에 도착했는데 문이 닫혀 있었다. 고장식 회장의 통화 내용을 옆에서 들어보니 업주가 휴가차 강원도로 여행 중이란다. 발길을 돌려 신촌 현대 백화점 근처 '구름산 순대국'에 자리를 잡았다.

회식 후 각자 돌아가며 새해 덕담을 나누고 회비를 거둬 정산하려는데 김선국 회원이 미리 계산을 마쳤단다. 오랜만에 산행에 참여해 준 것도 고마운데 회식비까지 기꺼이 내줬다. 뒤풀이는 건너편에 있는 지하 노래방 '신촌 스타일'에서 가졌다.

고장식 회장이 걷은 회비를 내게 건네주며 계산을 하라니 거절하기도 난감하다. 얼떨결에 일일 총무를 맡게 된 것 같다. 피할 수 없으면 즐기라는 문구가 불현듯 스친다. 난계 산악회가 맺어준 인연을 계속 이어나갈 것이다. 개인적인 사정으로 산행에 참석하지 못한 회원들도 다음 모임에는 같이 만나게 될 것이다.

노인 요양 센터 위문 공연

광명시 하안동에 위치한 광명시립 노인 요양센터에 위문 공연을 다녀왔다. 이곳은 치매, 중풍 등 중증의 노인성 질환 요양 시설로 약 110여 명이 장기 입원 치료 중이다. 이곳 식구들은 대부분 고령이나 노인성 질병 등의 사유로 일상생활을 혼자서 수행하기 어려워 요양과 간병이 필요한 노인들이다. 사회복지법인 한기장복지재단에서 위탁 경영하고 있다.

요양원 마당에 들어서니 노란 빛깔의 산수유가 우리 일행을 반갑게 맞아준다. 이곳에 피어있는 산수유는 너무 화사하지 않으면서도 요양원 분위기에 맞추어 수수한 느낌을 갖게 한다. 강당에는 벌써 요양 중인 환자분들이 가득히 앉아 계신다. 중창단이 먼저 고향의 봄, 찔레꽃, 봄날은 간다를 합창으로 불렀다. 노래가 끝날 때마다 박수 소리가 요란하다. 정말 좋아서 치는 박수일까 아니면 노래가 끝났으니 치는 박수일까. '아냐, 잘해서 치는 박수일 거야.'라고 생각을 가다듬어 본다. 다음 차례로 내가 속해 있는 아코디언 동아리의 황성옛터, 유정천리, 비 내리는 고모령을 분위기에 맞춰가며 연주하였다.

이제 본격적인 놀이가 시작된다. 자원봉사자들과 할머니의 춤이 어우러진다. 누구인가 마이크를 잡고 남행열차를 부른다. 모두들 신이 나서 즐기고 있다. 오늘만큼은 봉사자가 할머니들과 하나가 되어 어우러진다. "어? 저게 뭐하는 거지?" 예쁘장한 봉사자와 얼굴이 빨갛게 상기된 70대 중반의 할머니. 한 사람은 미소를 띠고 머리를 내맡기고 서 있고, 한 사람은 심각한 표정으로 머리를 땋아가고 있다. 할머니의 표정이 딸아이 머리를 정성스레 빗겨주는 것 같다. 덩실덩실 춤을 추다 긴 머리를 보고 자신의 젊은 시절을 떠올렸나 보다. 어렸을 때 머리를 빗겨 주던 엄마를 떠올렸을까? 아니면 딸아이 머리 빗기던 시절을 떠올렸을까? 한쪽 머리를 길게 땋아놓고 좋아라 바라본다. 마음이 짠하다. 어떠한 연유로 저런 모습이 되었을까? '나이가 들면 누구에게나 자연스런 과정일 거야.'라고 자문자답해 본다.

110여 명이 강당 의자에 앉아 있다. 앉아 있는 환자분들 표정이 내 시선을 끈다. 무표정하게 앉아있는 사람, 허공을 바라보는 사람 등 모두가 제각각이다. 일어나 손을 잡고 이끌어 밖으로 나가고 싶은 충동을 순간 느낀다. 아코디언 연주를 마치면서 다음 기회에 다시 방문할 것을 약속했다. 돌아오는 길에 카페에 초대되어 차도 마시고 수제빵이랑 과자도 먹으며 담소를 나누었다.

요양원에 위문공연 가는 것이 시간을 많이 뺏기는 것도 아닌데 처음에는 어떻게 할지를 몰라 당황스러워했다. 그런데 오늘 함께 즐길 수 있는 방법을 터득했다. 나눔과 봉사를 통해 내 자신이 많이 힐링이 되는 하루였다.

만남

우리나라 국보 2호인 원각사지 10층 석탑을 보러 탑골공원에 갔다. 조선 세조 임금 때 세워진 높이 12m의 석탑은 그 웅장한 모습도 장관이거니와 층마다 빼곡히 새겨진 불상, 모란, 연꽃, 용, 사자 조각은 언제 보아도 경이로움을 자아낸다. 백탑이라 불리며 조상들의 시름을 달래주던 탑의 옛 자취를 되새겨보면 그 정취는 더욱 아련하게 다가온다.

서자의 신분으로 조선 정조 임금 시절 검서관의 직책을 받아 규장

각에서 그리도 좋아하던 서적을 다루다가 생을 마감한 이덕무 선생은 『책만 보는 바보看書癡傳』라는 제목의 자서전에서 백탑에 서려 있는 애잔한 기억을 남기고 있다.

조선시대에 면면히 흐르던 삼강오륜의 다섯 가지 덕목, 군신유의君臣有義, 부자유친父子有親, 부부유별夫婦有別, 장유유서長幼有序, 붕우유신朋友有信 중 오로지 마지막 항목, 벗과 벗 사이에 믿음이 있어야 한다는 부분만 자신과 같은 신분인 사람에게 자리를 내어 주었다는 이덕무 선생의 독백은 언제 읽어도 눈시울을 뜨겁게 한다.

벼슬길에 나아갈 수 없는 애석함, 신분을 물려줄 아비로서의 아련함, 서출의 피가 흐르는 아내와 함께 느끼는 동병상련의 우울함, 나이와 무관하게 적자 출신과 사이에 놓여 있는 건널 수 없는 절망감, 이러한 그분의 절절한 마음을 달래줄 곳이 바로 다름 아닌 백탑, 지금의 원각사지 10층 석탑이었다.

나는 한동안 백탑을 홀로 가슴속에 담아 두었다. 다른 벗들도 마찬가지였을 것이다. 아직 서로에 대해 알지 못하고 저마다 사는 곳이 다를 때에도, 탑을 바라보는 눈길만큼은 가끔씩 밤하늘 어딘가에서 마주쳤을지도 모른다. 견디어내기 어려운 환경 속에서도 백탑시파白塔時派라는 동호회를 만들어 유득공, 박제가, 이서구를 비롯한 홍대용, 박지원 등과 신분을 초월한 우정을 나누고 좋은 세상을 꿈꾸며 저술 활동을 게을리하지 아니한 힘이 과연 어디에서 나온 것일까.

조상들의 염원이 쌓이고 쌓여 수백 년이 지난 오늘 백탑을 바라보며, 변함없이 흐트러지지 않은 모습으로 자신의 길을 걸어간 선조들의 모습을 조금이나마 닮기를 소망한다.

봄, 명동, 낭만

'명동'은 대한민국 1번지이자 최고의 번화가로 예나 지금이나 국내에서 가장 많은 인파가 몰리는 곳이다.

과거 명동은 전국에서 올라온 문인, 음악가, 화가, 영화·연극인들이 모여들던 문화예술의 메카였다. 1950~1960년대 명동 유네스코 회관 건물 맞은편에는 가난한 문인과 예술가들의 사랑방 역할을 한 '은성'이라는 막걸리집이 있었다. 당대를 대표하던 문화예술인들이 이곳에 모여 사색과 토론을 즐기며 밤새 시를 짓고 곡을 만들었다. 박인환의 시 「세월이 가면」도 그렇게 탄생했다.

청춘들이 낭만을 즐기던 음악감상실, 서민들의 애환을 달래주던 뒷골목의 대폿집은 대부분 사라졌다. 그 대신 오늘날 명동은 화려한 네온사인과 대형 쇼핑센터들이 빼곡이 들어선, 패션과 유행을 선도하는 곳으로 탈바꿈했다. 하루 유동 인구 130만 명, 한국어보다 중국어와 일본어가 더 자주 들려오는 국제적인 관광지가 됐다.

대표적인 추억의 장소들은 사라지고, 외국인 관광객들이 더 많이 찾는 곳으로 변하면서 명동의 낭만과 추억이 사라지는 것은 아닌지 씁쓸한 마음이 들 때가 있다.

1898년에 지어져 종교적, 건축적 가치가 높은 명동성당과 국민의 성금으로 건립되어 세계로 통하는 창구 역할을 해오고 있는 유네스코회관, 명동예술극장과 YWCA회관 등 유서 깊은 건물들이 자리를 지키고 있지만 화려한 상점과 호객하는 손짓들 사이에서 과거 문화 예술 중심지의 낭만은 쉽게 보이지 않는다.

그런데 혹시 아시는지, 명동의 화려한 빌딩 숲 사이에 도심에서는 보기 힘든 수수꽃다리, 골담초는 물론 호랑나비, 실잠자리 등 200여 종의 동식물이 시골 모습 그대로 살고 있는 옥상 생태공원이 있다는 사실을!

자연의 작은 천국이라는 의미에서 '작은누리'라고 불리는 이곳에는 억새와 대나무 숲, 풀꽃 동산이 오솔길 사이로 한데 어우러져 있고, 습지 연못에선 도롱뇽과 두꺼비가 낳은 알이 평화롭게 부화를 기다리고 있다.

근처 남산으로 꿀을 따러 바삐 날아다니는 꿀벌들도 어렵지 않게 만날 수 있다. 바쁘게 명동 거리를 다니다 지친 분이 있다면 유네스코회관 옥상에 올라 여유를 즐기며 따스한 명동의 봄내음을 맡아 보시길 권한다.

봄

입춘과 우수가 지났으니 봄기운이 난다. 꽃샘추위 탓에 며칠 따뜻하던 기온이 다시 차갑게 느껴진다. 봄이 오는 길목에서 더 차가운 느낌을 받는 것은 따뜻해지리라는 선입견 때문이 아닐까?

24절기 중 입춘, 우수, 경칩, 춘분, 청명, 곡우까지가 봄이고 입하부터는 여름 절기에 든다고 한다. 알게 모르게 봄은 땅속과 나뭇가지에 걸려 서서히 우리 곁에 다가오나 보다.

출근길 서부간선도로변에는 노란색의 개나리가 피어 있고, 가느다란 나뭇가지에는 새싹이 돋아 나오고 있다. 잔디 사이사이로 클로버의 파란 새순도 보인다.

봄이 되면 몇 가지의 풍광이 아련히 떠오른다. 구례의 산수유 군락, 하동의 흐드러지게 피어 있는 매화꽃 마을, 섬진강가의 모래밭과 아지랑이 피어오르는 전경, 시골 산자락의 산소 부근에 피어 나온 할미꽃, 온 산을 붉게 물들이는 진달래 군락의 고려산, 비슬산, 영취산, 철쭉 군락의 황매산과 축령산, 바래봉, 초록이 짙어가면서 온 산을 뒤덮는 신록의 물결과 하얗게 피어나는 찔레꽃 등.

계절의 여왕 4월에는 '청춘'이라는 단어가 생각난다. 민태원의 『청춘예찬』에는 "靑春! 이는 듣기만 해도 가슴이 설렌다. 청춘! 너의 두 손을 가슴에 대고, 물방아 같은 심장의 고동을 들어 보라. 청춘의 피는 끓는다……."라고 청춘을 예찬하고 있다. 고등학교 시절에 교과서에 수록되어 배운 기억이 어렴풋이 난다. 초록이 너무나 짙푸르러 잔인한 계절이라고도 했던가.

4월이 오면 그녀도 온다는 노래가 있지만 학창 시절에는 결실의 계절 가을이 좋았다. 노랗게 물들어 가는 잔디와 은행나무, 그 사이로 붉은 단풍잎이 떨어지면 어디론가 훌쩍 떠나고 싶어지는 계절이 아니었던가? 흐르는 세월 따라 취향도 바뀌어 간다고, 이제는 봄이 좋아진다.

샘솟는 봄의 활력과 기운 때문이겠지.

진달래꽃

관악산에 오르니 진달래, 개나리꽃이 만발했다. 진달래와 개나리가 비슷한 시기에 피어나지만 개나리꽃은 울타리 등 인위적으로 심어 일정한 장소에서 피고 진달래는 대부분 인가에서 멀리 떨어진 양지바른 산속에 저 홀로 피어 있다. 봄철이면 벚꽃축제, 매화축제, 산수유축제가 열리지만 아직까지 진달래 축제는 열리지 않은 것 같다.

현재 북한의 국화가 백목련이지만 한때는 진달래꽃으로 지정되었었다. 아마도 장소 가리지 않고 아무 곳에나 지천으로 피어나는 흔한 꽃의 하나였기 때문일 것이다.

진달래는 봄에 피는 대표적인 꽃이다. 척박한 토양에서도 강한 생명력을 지닌 꽃이므로 야산 어디에서나 흔하게 볼 수 있는 우리와 가장 친숙한 꽃이다.

진달래를 의미하는 어젤리어azalea는 메마르고 건조하다는 그리스어에서 파생한 것으로, 메마르고 비옥하지 않은 땅에서도 곧잘 번식하는 관목이라는 의미를 지니고 있다.

진달래꽃을 비롯한 모든 봄꽃이 그렇듯이 추운 겨울을 이겨내고 피는 꽃이기에 우리들에게 봄기운을 알려주는 전령이며 새 희망을 가져다준다. 흐드러지게 피어 있는 진달래꽃은 그 붉은빛이 먼 데서 보면 불이 붙는 듯하여 시인들이 시상을 떠올리거나 화가들이 화폭에 담기도 한다.

예로부터 진달래꽃은 우리 민족의 정서에 맞아 이 꽃을 소재로 읊은 노래가 상당수 존재한다. 대표적인 것 중의 하나가 널리 알려진 김소월의 "나 보기가 역겨워 가실 때에는 말없이 고이 보내 드리오리다."로 시작되는 「진달래꽃」이다. 사랑하는 여인이 자기를 버리고 떠나가는 데서 연모의 정과 무상함을 느끼고 노래한 눈물겨운 서정시이다.

진달래는 두견화杜鵑花라고도 부르는데 그 속에는 슬픈 전설이 있다. 촉나라의 임금인 두우杜宇가 억울하게 죽어 그 혼이 두견새가 되었고 그 두견새의 피눈물에 물들어진 꽃이 두견화이다.

누구나 고향을 생각할 때 살던 집 뒷산에 핀 진달래도 함께 연상하게 된다. 진달래꽃은 아카시아 꽃과 같이 먹을 수 있는 꽃이다.

기아선상에 허덕이던 전쟁을 겪은 세대들은 진달래꽃을 따서 씹어 먹었다. 민간요법으로 진달래꽃을 꿀에 재워 먹으면 천식도 멎는다 하여 식용과 약재로 널리 이용하여 왔다.

진달래꽃으로 술을 빚는데 이를 두견주杜鵑酒라고 한다. 두견주 제조 과정을 보존 후대에 전승하기 위해 주요 무형문화재로 지정했다.

나이가 들어가니 미답의 설원에 발자국을 남기듯 하루하루가 귀중하게 여겨진다. 흔히 느끼지 못하는 이 순간은 처음이고 새롭게 맞이하는 시간이라는 것을 자각하여 요즘 같은 계절이면 진달래꽃이 피어 있을 고향을 생각하며 창가에 앉아 상념에 젖곤 한다.

수도군단 전우회
강화 석모도 정기모임 (2015년 3월 31일 火)

수도군단 전우회 3월 정기모임을 강화 석모도에서 가졌다. 이곳은 강화도의 서편 바다 위에 길게 붙어 있는 작은 섬으로 산과 바다와 갯마을과 섬이 기막히게 조화를 이룬 풍광 좋은 곳이다.

2014년 12월 정기모임을 가진 후 첫 만남이다. 이문기 총무의 제안으로 석모도 여행을 하기로 했다. 지하철 1호선 송내역 3번 출구에서 오전 9시에 모이기로 했다.

전동 열차 하차 후 개찰구를 빠져나와 남부역 광장을 둘러보니 누구의 모습도 보이지 않았다. 총무에게 전화하니 직진으로 800m 진행해서 경인국도 큰길 하이마트 건너편에서 기다린다는 것이다. 알려준 대로 횡단보도를 건너자 쌍용자동차 서비스센터 터에 12인승 버스가 시동 건 채로 대기하고 있었다.

이문기 총무를 비롯한 대부분의 회원이 차례로 승차하고 있는 중이었다. 김성권 회원은 오랜 기간 연락이 없다가 예고도 없이 갑자기 나타났다. 아무튼 반가웠다.

해가 바뀌고 첫 정기모임인 탓에 평일인 데도 모처럼 11명의 대식구가 모였다. 처음에는 이의철 회원이 가이드 할 요량으로 운전석에 앉아 있었으나 출발시는 노근제 회원으로 바뀌었다. 강화도 지리에 익숙하다는 이유로 자진해서 나선 것 같다. 여러 회원에게 고마울 따름이다.

드라이브 도중 김포시내 버스 정류장에서 기다리고 있던 이태우 회원이 합류했다. 30여 년 전 추억의 얘기꽃을 피우다 보니 어느덧 외포리 선착장이다.

삼보해운 TICKET BOX에서 승선료 4만 원 티켓팅 후 승차한 상태에서 버스를 유람선에 실으니 5분 만에 석포리 선착장이다.

배에서 내려 우리나라 3대 관음도량인 보문사를 차량으로 이동했다. 대기 중 인삼 막걸리 1컵씩 나눠 마신 후 입장료 18,000원 지불하고 보문사 경내 관람을 했다. 입구에서 단체 기념사진 1컷 찍고 옆길 계단을 통해 눈썹바위에 다다랐다.

암벽에 정교하게 조각되어 있는 마애석불좌상 앞에서 포즈를 취하고 기념 독사진 1컷을 최원신 회원에게 부탁했다.

평일이고 보슬비가 오락가락하는 흐린 날씨인 데도 관광객이 꽤나 많이 보였다. 보문사 경내를 나와 이동 중 석모도에서 고추와 고구마 농사를 짓고 있는 또 다른 동기 김경희 전우를 단체로 잠깐 조우했다.

지난 시절에 대한 간단한 담소를 끝내고 강화대교 부근 음식점 나루터로 향했다. 여기에서 강화 별미인 갯장어 구이를 맛나게 먹었다. 총무에게 물어보니 식대를 36만 원 지불했단다.

누군가에게 추억이라는 덩치 큰 선물을 받은 것 같은 마음이 되었던 하루였다. 그리고 더없이 아름다운 만남을 향하는 또 다른 그리움이 담겨지는 모습으로, 그것은 이미 지나가 버린 젊음을 아쉬워하는 마음과 같은 맥락으로 이어지고 있었다.

수도군단 전우로 맺어진 인연을 계속 이어 나갈 것이다.

개인적인 사정으로 모임에 참석하지 못한 회원들도 다음 모임에는 같이 만나게 될 것이다.

북한산 진달래,
그 애환과 환희의 전령

봄의 전령인 진달래는 북한산에도 한창이다. 이즈음의 북한산 진달래는 산의 형세에 따라 제각각이다. 활짝 꽃을 피운 것도 있고 끝물도 있다. 더러는 아직도 꽃을 피울 망울이 봄바람에 팔랑인다.

서북쪽 대서문 쪽에서 오르는 북한산의 진달래는 좀 늦다. 서북사면이라 그런지 이쪽은 겨울도 유난히 길고 좁다. 진달래도 그런 류다. 그래서인지 여기서 보는 진달래는 좀 가냘픈 느낌을 준다. 화려한 봄의 정취를 더해주는 꽃이라기보다 뭔가 좀 쓸쓸하고 생각에 젖게 하는 진달래다.

노적봉 아래 노적사 길목에 노적교가 있다. 등신로에서 꺾어지는 골목인데, 이 다리는 저만치 먼 곳에서 보는 조망이 나름 좋다는 생각이다.

북한산을 유달리 좋아했던 신동엽은 북한산에 핀 봄의 진달래를 민족의 이름으로 승화시킨 시인이 아닐까 한다.

"길가엔 진달래 몇 뿌리 / 꽃 펴 있고 / 바위 모서리엔 이름 모를 나비 하나 머물고 있었어요…."

1959년 3월 조선일보에 게재한 시 '진달래 산천'의 시작 부분이다. 이 시에선 봄을 노래하거나 진달래를 미화하는 대목이 없다.

"길가엔 진달래 몇 뿌리 / 꽃 펴 있고 / 바위 그늘 밑엔 / 얼굴 고운사람 하나 / 서늘히 잠들어 있었어요…."

신동엽은 민족상쟁으로 인한 이름 모를 희생을 진달래와 대비시켜 그 아픔을 읊고 있다.

여기서 진달래는 꽃은 꽃이되, 영혼을 위로하는 제물의 꽃, 즉 제화祭靴다. 그의 또 다른 시에도 진달래의 형상이 나온다.

"그리운 그의 얼굴 다시 찾을 수 없어도 / 화사한 그의 꽃 / 山에 언덕에 / 피어날지어이…."

1963년 그의 시집 『아사녀阿斯女』에 실린 「산에 언덕에」다.

이 시에서 시인은 진달래라 지칭하지는 않았다. '화사한 그의 꽃'으로 진달래를 묘사하고 있는데, 그 꽃은 곧 4·19혁명으로 산화한 영혼들이다. 시인은 '쓸쓸한 마음으로 들길 더듬는 행인'이라며 이 산길을 오르는 나를 부르고 있다. 그리고는 주문한다. "눈길 비었거든 바람 담을 지네 / 바람 비었거든 인정 담을지네…." 신동엽을 생각하면서 이 산길에 핀 진달래를 그냥 지나칠 수 있을까.

"그리운 그의 모습 다시 찾을 수 없어도 / 울고 간 그의 영혼 / 들에 언덕에 피어날지어이…."

하늘거리는 진달래 사이로 시인의 모습이 어른거리는 것 같다.

노적교를 지나고 중성문과 중흥사지를 거쳐 드문드문 핀 진달래를 보며 이 산길을 곧장 오르면 대남문이다. 이 방면으로 북한산을 오르다 보면 대남문은 북한산 주능선을 남북으로 가르는 경계지점이라는 인식을 하게 한다. 올라온 느낌과는 좀 다른 정취를 주는 시발점이기도 하다.

이쪽에 핀 진달래는 서북쪽의 것과는 좀 다르다. 풍성하고 화사하다. 대남문에서 위로 대성문을 거쳐 대동문으로 이르는 길의 진달래는 봄기운에 더해져 마음을 즐겁게 한다. 북한산 진달래의 정수가 바로 대동문에서 시작된다.

저 아래 우이동까지 이어지는 '진달래 능선'에서 그것을 만끽할 수 있다. 우이동 의암 손병희 선생 묘소까지 4km 남짓한 10리 길은 진달래꽃길이다.

진달래꽃과 더불어 여기서는 북한산의 다른 어느 곳에서도 볼 수 없는 조망이 있다. 북한산의 백운대, 인수봉, 만경대에서 봉우리인 이른바 삼각봉을 계속 보면서 내려간다.

이에 더해 도봉산과 수락, 불암산까지도 한눈에 들어오는 꽃길이니 얼마나 아름다운 산길인가.

'진달래 능선'은 이 산길에 걸맞은 명칭인데 누가 붙였을까. '진달래 능선' 하면 떠올려지는 사람이 소설가인 故 이병주다. 산을 좋아한 그는 양평의 운길산과 함께 누구보다도 이 산길을 좋아하고 아꼈다. 아마도 내 기억에 1980년대에 이 산길을 노래하며 쓴 글들이 꽤 있는 것으로 알고 있다.

이병주는 '진달래 능선'에 별칭을 붙였다. 이름하여 '과부 능선'이다. 그가 왜 이 산길을 '과부 능선'이라 했는지 그 연유도 알 수 없다. 그의 생전의 박식함과 익살, 유머감에 미뤄볼 때 어떤 사연이 있었으리라.

아무튼 진달래를 만끽하며 내려가 본 이 능선길은 아름답고 즐겁고 유쾌하다. 북한산은 사시사철 우리에게 다양한 형태로 다가온다. 진달래꽃 하나에도 여러 느낌을 안겨주는 산이 북한산이다.

밥상 위의 상춘곡, 두릅무침

김영랑의 봄은 모란을 기다리는 찬란한 슬픔의 봄이고, 김유정의 봄은 몸살이 나려는 듯 가슴이 울렁대는 봄이고, 김소월의 봄은 날 떠나는 길에 진달래 뿌리는 봄이고, 도종환의 봄은 살아 있어서 눈물 나는 봄이고, 함민복의 봄은 꽃의 부드러움에 찔려 부상당한 봄이고, 피천득의 봄은 찬물로 금방 세수를 한 스무 살 청신한 봄이다.

영어로 'Spring'은 튀기, 탄성, 도약, 원동력 등의 의미도 있다. 모두 봄이 지닌 속성이다. 봄의 이런 속성들로 인해 몸과 마음은 자발적 몸살을 앓는다. 그것은 희로애락이 동시에 발병하기에 꽃이 피고 짐과 유사하다. 그래서 봄에는 사람과 꽃이 함께 몸살을 앓는다.

이 격정적이고 복합적인 증세는 봄이 끝을 본 뒤에야 비로소 가라앉는다. 오월이다. 빗속에 피는 꽃과 바람에 지는 꽃이 우리에게 묻는다. '그대, 잘 사시는가.', '잘 산다는 것'은 '잘 먹는 것'과 상통한다.

프랑스의 미식평론가 브리야 샤바랭이 말했다. "조물주는 우리로 하여금 살기 위해 먹도록 명령했으며, 식용으로서 그것을 권고하고,

맛으로서 지원하며, 쾌락으로 보상한다."라고. 굳이 먼 나라 미식가의 말을 빌리지 않더라도 먹는 일만큼 오감을 자극하고 즐거움을 주는 일이 또 있을까.

봄 두릅을 산채의 제왕이라고 하는 데는 그만한 이유가 있다. 나물임에도 단백질이 풍부하고 사포닌 성분이 많아 면역력 향상에 도움을 주기 때문이다. 땅에 납작 붙어 사는 쑥이나 냉이와는 다르게 두릅은 나뭇가지 끝에서 자라는 나물이다. 그래서 두릅을 목두채木頭菜라 한다.

땅에 뿌리를 내리고 사는 생물은 모두 땅에 얽매어 있다. 그 얽매임이 바람을 부르고 새들을 불러들여 씨앗을 퍼뜨린다. 식물들은 움직이지 않고도 이동할 줄 안다. 그것은 수억 년에 걸쳐 터득한 그들의 생존과 번식의 방법이다. 두릅은 산언저리에 모여 산다. 두릅은 떫고 쓰다. 산지에서 겪은 온갖 시련과 고난의 맛이다. 그것은 혹한과 가뭄, 천둥과 폭풍에 맞섰던 힘이 몸속에 사리처럼 굳어진 인내의 맛이다.

이 맛이 피로 회복과 진통에 효과가 있다니 두릅이 지닌 덕성이 이러하다. 어린잎은 새의 깃털을 닮았다. 새처럼 옮겨 디니며 살 수 없는 운명에 대한 저항일까. 아니면 날고 싶은 욕망의 신호일까. 어린 두릅 잎은 숨이 죽을 정도만 살짝 데쳐서 된장과 무쳐야 고유의 쌉싸름한 향을 느낄 수 있다. 두릅의 질감은 전체적으로 거친 편이나 어린잎의 유순함과 꼬들꼬들함이 정겹게 입안에 감긴다.

통깨의 고소함과 함께 오도독 씹히는 이 맛. 그래, 이 맛이야! 단맛, 신맛, 짠맛, 쓴맛보다 더 미각을 자극하는 맛, 그것은 바로 '엄마의 손맛'이다. 두릅무침 한 접시에 봄의 엑기스가 가득하다.

  장날이면 지리산 화전민들의 더덕, 도라지, 두릅, 고사리들이 화갯골에서 내려오고 전라도 황아장수들의 실, 바늘, 면경, 가위, 허리끈, 주머니 끈, 족집게 골백분들이 또한 구렛길에서 넘어오고 하동길에서는 섬진강 하류의 해물 장수들이 김, 미역, 청각, 명태, 자반조기, 자반고등어들이 올라오곤 하여 산협山峽치고는 꽤 성한 장이 서는 것이기도 했으나, '화개장터'의 이름은 장으로 하여서만 있는 것이 아니었다.

  - 김동리, 『역마』 中

김동리의 소설 『역마』는 경상도와 전라도가 살을 맞대고 있는 화개장터 이야기로 시작한다. 꼭 화개장터가 아니라도 좋다. 가까운 재래시장에 들러 탱글탱글한 두릅으로 저녁 밥상을 준비해 보자. 봄 몸살, 꽃 몸살로 단내 나도록 지친 심신에 두릅의 단백질로 활력을 주고 사포닌으로 면역력을 키운다면 이보다 더 좋을 수는 없을 것이다. 난분분 꽃잎 흐드러지는 봄날, 산채의 제왕과 함께 '상춘곡' 한 곡조 불러 보지 않겠는가.

고향은
영원하다

　　　　　　　　　　　나의 고향은 충청북도 영동이다. 중학교를 졸업하고 서울로 유학 왔으니 영동에서 산 기간의 3배가 훌쩍 넘게 서울에서 살고 있다. 그런데도 눈 감으면 고향 산천은 손에 잡힐 듯 다가오는데 서울의 거리는 어딘가 아직도 낯설다.

　영동하면 민주지산의 철쭉 축제와 학생 때 소풍갔던 천년고찰 영국사가 있다. 산악인의 로망인 백두대간 줄기인 추풍령을 품고 있고 여기에서 파생된 크고 작은 다양한 등산로가 있는 산의 고장이다. 현충탑, 노근리, 난계 예술제, 와인 축제 등 역사와 관광이 살아 있는 곳이다. 또한 포도와 감이 유명하며 내 입에 맞는 메밀묵이 있다. "새우젓 사려, 창난젓 사려" 하던 아저씨의 목소리도 귓전에 맴돌고 어린 소년의 "찹~싸~알 떠억~" 하던 소리도 이제는 추억으로 남아 그립다.

　고향이란 참으로 질긴 인연으로 뇌리의 한쪽에 깊숙이 똬리를 틀고 앉아 있다. 봄이면 진달래꽃, 아카시아 꽃을 따 먹고 칡과 잔대를 캐러 다녔다. 공해 없는 청정 지역에서만 살 수 있는 반딧불이와 다슬기가 있었고 요즘은 보기 어려운 할미꽃도 지천으로 널려 있었다. 여름이면 개울에서 벌거숭이로 멱을 감고 가을이면 논으로 메뚜기를 잡으러 다녔다. 겨울이면 냇가에서 썰매도 타고 앞산, 뒷산으로 꿩과 산토끼를 잡으러 다녔다.

　"철수야 놀자~" 하고 부르면 또래 친구들 5~6명은 금방 모였다.

깡통 차기와 딱지치기, 땅따먹기 놀이를 즐겼다. 어찌 짧은 고향에서의 유년기 생활에 이렇게 많은 추억이 남아 있을까. 송해 씨가 부른 '고향설'이라는 노래를 들으면, 들을수록 눈물이 난다.

> 한 송이 눈을 봐도 고향 눈이요 / 두 송이 눈을 봐도 고향 눈 일세 / 깊은 밤 날려 오는 눈송이 속에 / 고향을 불러보는 / 고향을 불러보는 / 젊은 가슴아

내가 살던 고향 집들은 대부분이 빈집으로 남아 있다. 기억을 좇아 엄마가 물 길러 다니던 동네 우물가를 찾아봐도 흔적이 남아 있지 않다. 두레박질하던 깊은 우물이 여긴가 저긴가 알 수가 없다. 내 기억이 흐려질까 봐 서둘러 떠나고 말았다. 뒷집에 살던 삼식이는 초등학교 교사가 되었다는 소리를 들었고 앞집의 복덕이 누이는 부산으로 시집을 갔다는데 그다음 소식은 알 길이 없다. 차라리 소식을 모르고 내 기억 속에 옛날 모습 그대로 남아 있기를 기대한다.

누군가 죽었다는 소식을 들으면 가슴이 철렁한다. 보고 싶은 첫사랑 여인을 실제 만나보니 늙은 할머니여서 실망했다는 이야기가 있다.

기억 속에서나마 온전히 그냥 그대로 옛날 모습 그대로 있기를 바라는 마음에서 고향 동네를 찾기가 겁이 난다.

산행 예찬

　　　　　　　　　　때때로 우리나라 사람들이 불쌍하다는 우울한 생각에 빠진다. 좁은 국토에 사람 이외에 다른 자원이 없다 보니 "열심히 일할 수밖에 없구나!" 하고 탄식을 한다. 그러나 봄 산을 오르며 '신은 우리를 버리지 않았다! 산을 주었구나!' 하는 생각이 들었다. 하느님이 보우하사 우리나라에는 좋은 산이 많다. 우리 산은 히말라야 산맥처럼 위압감을 주지 않고, 그렇다고 영국의 구릉처럼 밋밋하지도 않다. 사계절이 뚜렷해서 산에는 갈봄 여름 없이 새로운 꽃이 핀다. 그래서 산은 언제 봐도 지겹지 않고 새롭다.

　산행은 골프나 테니스 같은 오랜 연습과 훈련을 요하지 않는다. 특히 우리나라 산들은 고만고만해서 단순히 걸을 수 있으면 된다. 돈도 적게 든다. 연습장이나 경기장, 운동 장비가 필요 없고, 도시 근교에 산이 많아 지하철이나 시내버스로도 갈 수 있다. 그래서 동창회도 산에서 하고 정치 단합 대회도 산에서 한다. 친구들과 산에 올라 한바탕 정치인들 욕하면서 불만을 삭이니 정치의 부담도 덜어준다. 산은 패션쇼가 개최되는 곳이기도 하다. 히말라야 산을 오를 것 같은 첨단 등산복도 보이고, 여인들의 멋진 모자와 화려한 옷차림이 봄꽃과 경쟁한다.

　한편 산은 포용력이 커서 많은 사람들을 한꺼번에 수용한다. 산은 진정으로 우리 국민의 심신이 쉬는 곳이다. 그래서 휴일에 도시 인근의 산들은 사람들로 미어터진다. 산에 시골 장터가 생긴 것 같다. 여태 "우리나라에는 사람밖에 없다."라고 했으나 "산도 있다."라고 해야겠다.

나의 어머니,
지상에서 가장 아름다운 것

　　　　　　　　　　　이 세상에는 수많은 것이 저마다 자기 존재를 뽐내고 있다. 이렇게 많은 삼라만상 가운데 가장 아름다운 것을 본 일이 있는가? 우리는 늘 보고 느끼면서도 잘 모를 때가 있기도 하다. 그 이유는 무엇일까?

　내가 자란 고향 시골 동네에 큰 방죽이 있었다. 여름이면 동무들과 목욕하고 헤엄치고 놀았다. 내가 초등학교에 들어가기 전 몇 명의 아이들과 함께 그곳에서 물장구치며 놀 때 일이 떠오른다. 처음에는 방죽의 가장 얕은 곳에서 안전하게 놀다, 차츰 시간이 흐른 뒤 가운데로 넓혀갔다.

　나 역시 예외가 아니었다. 내가 겁도 없이 제일 깊은 곳에서 뽐내려고 헤엄을 치고 있을 때였다. 갑자기 물속으로 곤두박질치며 빠져서 허우적거리고 있었으나, 물가에서 구경하던 여러 사람은 아랑곳없이 그 광경을 지켜보고만 있었다. 물을 들이켜서 배는 부르고 몸은 물속으로 점점 가라앉고 있을 때, 어느 한 여인이 옷을 입은 채 내게 가까이 왔다. 나를 부둥켜안고 물 밖으로 나왔다. 그분이 바로 나의 어머니인 것을 안 것은 한참 후, 내가 정신을 차린 후에야 희미하게 기억을 찾을 수 있었다. 그 당시 어머니는 헤엄을 칠 수 없는 몸이었고, 헤엄이란 자체도 몰랐다. "여자는 약하다. 그러나 어머니는 강하다."라는 속담이 꼭 여기에 맞는 말이다. 특히 모성애는 그 어떤 것보다도 더 강하다는 것을 알 수 있다.

자식에 대한 어머니의 알뜰한 사랑을 모성애母性愛라 하지 않던가? 이런 모성애는 강철이나 어떤 다이아몬드보다 단단하고 강하다는 것을 모르는 사람은 없을 것이다. 그뿐만 아니라 어머니의 사랑 역시 그 어디에 비교할 수 없다.

내가 읽었던 책 가운데 잊히지 않는 유명한 글이 떠오른다. 모든 사람의 귀감이 될 것으로 믿어 인용했다.

천사를 불러 지상에서 가장 아름다운 것을 가져오라고 하느님이 말했다. 지상에 내려가 가장 먼저 꽃들이 눈에 띄어 한 송이 꺾어 들고 걸었다. 다음은 방긋방긋 웃는 어린아이의 모습을 보고 그 웃음을 가지고 길을 갔다. 또다시 아기를 품에 안고 있는 엄마의 사랑스런 모습을 손에 쥐고 갔다.

"이 세 가지만 들고 가면 하느님도 기뻐하실 거야." 한참 걸어가니 꽃이 시들어 버렸다. 조금 더 걸어가니 어린아이의 웃음이 처음과 달리 능글맞고 징그러워졌다. 그러나 아무리 시간이 지나도 아기를 안고 있던 엄마의 사랑은 변함이 없었다. 그래서 지상의 가장 아름다운 것으로 '엄마의 사랑'을 가지고 갔다. 모든 것은 변해도 오직 불변함은 '어머니의 사랑'뿐이다.

이때 나의 어머니의 사랑을 떠올려 보았다. 내가 방죽에서 위험의 끝자락에 있었을 때, 목숨을 아끼지 않고 물속에 뛰어들어 나를 품에 안고 위기를 넘기신 그 사랑은 평생 잊히지 않는다. 한 가족의 어머니로서 낮에는 해님처럼 밤에는 달님처럼 세상의 빛과도 같은 큰 사랑임을 깨달았다.

우리 사남매에게는 단 것을 주시고 어머니는 늘 쓴 것만 드셨다.

손과 발이 해지고 옹이가 박혀도 사랑을 주셨다. 나를 품에 안고 행복해하시던 어머니 사랑은 이 세상에서 가장 아름다운 모습이었으리라 믿는다.

모든 것은 변해도 오직 변함없는 그 숭고한 사랑은 하늘보다 높고 바다보다 넓고, 우주 어디에다 비교할 수 없다. 이렇게 건강한 신체와 정신을 물려주시고 사랑해 주셨다.

내가 가장 부르고 싶은 것은 이 세상에서 가장 아름다운 이름이 하나 있다. 바로 '어머니'라는 이름 속에 내가 자랄 때 가장 아늑하고 편안한 안식처로서 늘 사랑이 가득 담겨 있었다. 그래서 그 존재와 사랑이 아름답기 때문에 '어머니' 그 소리만 들어도 덩달아 가장 사랑스럽고 아름답게 들린다. 이것은 나뿐만 아니라 이 세상 누구나 똑같은 이치이며 진리이다.

"부모님이시여! 그 은혜와 은덕을 갚으려면 저 높은 하늘처럼 끝이 없도다."

내 책상에 꽂혀 있는 책 속에는 늘 나를 반기는 책이 있다. 『부모은중경父母恩重經』 어머니의 은혜를 열 개로 나누어 설명해주고 있다. 이렇게 좋은 책은 수십 번 수백 번을 읽어도 그 진리는 변함이 없으리라. 내 평생 몇 번을 읽어야 할지 모르나 게으름을 부리지 않고 읽어야 하겠다.

『시경』에 있는 글도, 부지런히 읽어야 할 아주 좋은 글귀는 보석과도 같다. "아버지 나를 낳으시고(父兮生我, 부혜생아), 어머니는 나를 기르셨네(母兮鞠我, 모혜국아). 아! 부모님이시여!(哀哀父母, 애애부모), 나를 낳아 기르시느라 애쓰시고 고생하셨네(生我劬勞, 생아구로). 그 은덕 갚으려면 높은 하늘처럼 끝이 없다(欲報深恩, 욕보지덕 昊天罔極, 호천망극).

이렇게 좋은 글이 『시경詩經』에 쓰여 있으나 사람은 한 귀로 듣고 한 뒤로 흘려버린다. 나뿐만 아니라 모든 사람들의 공통된 심리이기도 하다.

부모와 자식은 이 세상에서 가장 아늑하고 따뜻한 모정이 담겨 있다. 열 달을 뱃속에 품어 이 세상에 낳아 아름다운 빛을 보여 주셨다. 모든 어머니는 씀바귀 같은 쓴 것만 드시면서도 단 것을 구해주시면서 자식 걱정을 하다가 세상을 하직한다. 이 세상에서 마지막 눈을 감는 그 순간까지 온통 자식 걱정뿐이다. 자식을 사랑하지 않는 부모님도 계실까?

내가 여태껏 살아오면서 내 삶의 가장 뜻있고 보람 있는 것을 회상해 본다면, 최고 기쁨의 하나는 부모님의 사랑과 특히 모성애의 따뜻한 교감인 듯하다. 그 모성애는 그 무엇보다도 강하다는 것을 깨달았을 때 그때 내 곁에는 아무도 계시지 않았다. 가장 아름다운 것만 남겨놓고.

내 고향
충청북도 음식

사회에서 여러 사람을 만나다 보면 전국 각지 사람들을 다 만난다. 전라도 사람, 경상도 사람이 많은 편이고, 강원도 사람도 더러 있다. 서울, 경기도 사람들은 지방색이 뚜렷하지 않아 본인이 얘기하기 전에는 잘 모른다.

전국 각지 사람들이 모이다 보면 먹을거리 얘기가 나온다. 그런데 충청북도는 유일하게 바다와 접하지 않은 내륙이다. 그래서 바다 생선이 없다. 기껏해야 개울에서 잡은 올갱이, 어죽 얘기를 했다. 다른 도에서도 개울이 있으니 올갱이는 없고 어죽도 만들 수 있지만 다른 먹을거리가 많이 특성화되지 못했다고 본다.

지금이야 충청북도도 각종 생선이 들어가지만, 어릴 때 얘기이니 생선이라고는 겨울철에 꽁꽁 언 동태와 오징어가 유일했다. 냉장고가 없던 시절이니 여름철에는 그나마도 없었다. 바다 생선은 자주 먹던 것이 아니라 입에 맞지도 않아 아주 안 해 먹었다.

오랜만에 고향에 내려가면 먹을거리 때문에 매번 고역이다. 고향 음식인데도 충청북도 음식이 별로 입맛에 안 맞는다. 기껏해야 올갱이국이다. 된장 풀어 근대 넣고 올갱이 넣어 만든 국이다.

돌이켜 봐도 충청북도는 단백질 먹거리가 부족한 동네이다. 쇠고기, 돼지고기, 닭고기는 명절 때나 맛보는 음식이다. 평소에는 단백질이라고는 개울에 가서 잡은 올갱이와 가재 정도이다. 지금은 환경이 파괴되어 가재도 귀하다.

가을철에 추수하면서 논에서 잡은 메뚜기가 별미였다. 그리고 지금은 잘 먹지만 송사리, 미꾸라지 같은 민물고기 매운탕이 어릴 때는 비린내가 나서 별로 안 좋아했다. 지금은 술 덕분에 술안주로 잘 받는 것 같다. 지금은 어항이며 민물고기 잡는 도구가 많이 나와 있지만 어릴 때는 마땅한 도구가 없었다.

소쿠리를 들고 나가 날쌔게 송사리를 잡았는데, 여간해서는 잡기 어려웠다. 돌을 들춰내면 그 밑에 숨어있던 물고기를 잡을 수도 있었지만 돌마다 고기가 있는 것도 아니었다. 그러니 노력에 비해 소득이 적으니 별로 탐탁한 일도 아니었다.

민물고기는 가시가 많아 어릴 때는 요령이 없어 먹을 때 불편했다. 고향에 내려갈 때는 차라리 라면을 끓여 먹자며 라면 몇 개를 사 간다. 그러나 친척집에 모처럼 왔는데 무슨 라면이냐며 굳이 밥상을 내온다. 미안한 얘기지만 입맛에 맞지 않아 몇 숟갈 못 뜬다. 밥은 여전히 푸짐하게 담는데 늘 사먹는 공깃밥 양에 길들여진 내 식사량이 절반도 못 먹고 남긴다. 서로 미안해진다.

그래서 고향 동네에 들어가기 전에 시장통에 들러 올갱이국으로 식사를 한다. 아니면 성묘만 하고 바로 나와서 시장통에 가거나 인근 관광지 음식점을 찾아 들어간다. 어죽과 도리뱅뱅이 특화된 식품이다. 개울가에서 잡은 물고기를 통째로 오래 끓인 것이 어죽이고, 접시에 양념해서 동그랗게 펼쳐 내온 것이 도리뱅뱅이다. 주로 송사리이다.

모처럼 고향에 갔으니 별미라고 먹기는 하지만 어릴 때는 물고기 잡기가 어려워서였는지 없던 메뉴이다. 충청북도가 산이 많고 물이 맑아 다 좋지만 음식만큼은 불만이 많은 동네다. 올갱이국이 그런대로 입맛에 맞지만 올갱이국만 매끼 먹을 수도 없는 노릇이니 말이다.

봄밤의 낭만
- 정동 야행夜行

　　　　　　　　　　　5월 29일~30일 양일간 '정동 야행'이라는 행사가 있었다. 덕수궁을 중심으로 주변에 포진한 우리 역사와 문화의 흔적들을 돌아보고 함께하는 행사였다. 하나하나가 시간을 들여 자세히 볼만한 곳들이지만 평소에는 일반 개방을 안 하는 곳도 많고 개방은 되어 있으나 엄중한 분위기와 위용에 눌려 제풀에 관람을 포기할 만한 곳도 있다. 이날은 모두 개방되어 저녁나절 하루로는 다 볼 수가 없었다. 행사도 29일~30일로 나뉜 것도 있고 이틀간 같은 프로그램을 유지한 곳도 있었다.

　시작은 성공회 서울대성당에서부터 했다. 유럽풍의 건물 양식으로 들어가 보고 싶었지만 평소 문도 닫혀 있어 일반인들은 못 들어가는 곳인 줄 알았다. 이틀간 4차례의 오르간 및 피아노 연주회가 있었다. 첫날은 종교곡이라 성당에 나가는 사람들 위주로 프로그램을 만들었고 이튿날은 일반인들에게 친숙한 존 레논의 '오 마이 러브', 이소라의 '난 행복해', 비발디의 '사계', 베토벤의 '운명 교향곡'들로 준비했다.

　안쪽은 한옥으로 보존되어 있는 건물이 있었고 돌아 나가면 바로 영국대사관 정문이다. 신문 기사에는 영국 대사관도 개방하여 덕수궁을 밖으로 돌담을 끼고 한 바퀴 돌게 기획하였으나 영국대사관 측의 보수적인 태도로 내년 행사로 미루었다고 들었다. 정문 사진 촬영도 경찰이 제지할 정도로 경비가 삼엄했다.

대한문을 돌아 덕수궁 돌담길로 들어서면 여기서부터 본격적인 축제 분위기가 난다. 축제의 테마를 야사, 야설, 야로, 야화로 정해 세부적인 콘텐츠를 만들었다. 야사는 역사 체험이고, 야설은 밤에 펼쳐지는 신나는 공연 이야기, 야로는 아름다운 밤길을 즐기라는 것이고 야화는 밤에 꽃피우는 정동의 문화 공간으로 마련했다는 것이다. 입구에 시청별관 정동전망대라 하여 일반 시민들이 접하기 어려운 곳에 올라 아래를 내려 보게 해 놨다. 그리고 덕수궁 돌담길은 입구부터 인산인해였다. 각종 체험 코너를 만들어 사람들의 줄이 길었다. 조족등 만들기 체험부터 여러 가지 체험을 하게 되어 있었다.

산책 코스를 5개 코스로 나눠 서울시립 박물관, 배재학당 역사박물관, 이화박물관, 구 신아일보사 별관, 구 러시아 공사관, 구세군 역사박물관, 조선일보 미술관, 사회복지 공동모금회와 멀리는 NH아트홀과 농업박물관, 길 건너 서울역사박물관까지 갔다 올 수 있는데 가는 데마다 방문스탬프를 찍게 해서 재미를 더 했다.

주한 미국대사 관저 영빈관이 있는 미국공사관이 이날 처음으로 일반에게 공개했는데 리퍼트 대사의 적극적인 개방 마인드 덕분에 성사된 것 같다. 줄이 빽빽하게 1백 미터 이상 있어 입장은 포기했지만 겉으로 본 정원 풍경이 볼만하기는 한 것 같았다. 오바마 대통령 부부의 브로마이드 사진 사이에 포토존이 마련되어 사진 찍는 사람이 많았다고 한다.

이런 행사는 당연히 지인들과 동행하게 되는데 각자의 관심사와 취향이 달라 같이 행동하기에는 문제가 있었다. 특히 남녀 혼성인 경우가 그렇다. 아무리 부부라도 백화점 쇼핑은 남녀가 따로 가는 게 바람직하다는 것과 비슷하다.

외국인들도 많이 눈에 띄었다. 서울이 야행에도 안전하다는 인식도 필요하고 역사적으로도 수많은 볼거리가 있다는 것을 홍보하는 것이라서 바람직한 행사였다. 계절적으로 춥지도 덥지도 않고 아직 모기 같은 해충도 없는 계절이라 좋았다.

봄바람이 나를 슬프게 한다

봄이다. 공기부터가 다르다. 아침에 출근하는 길거리에서 봄의 향기를 맡는다. 상쾌하고 산뜻하다는 표현으론 너무 약하다. 집 근처에 있는 꽃가게에는 봄을 맞으러 나온 꽃들이 나를 반긴다. 국화 같기도 하고 수국 같기도 한 노랗게 피어 있는 꽃이 눈에 띈다.

역시 봄의 상징은 노란색이다. 지금이야 과일이든 꽃이든 계절을 잃어버리고 살지만, 그래도 봄은 노란 개나리가 있어야 한다. 4월이 되면 하얀 벚꽃도 만개할 것이다.

그토록 기다렸던 봄은 여전히 올해도 찾아왔다. 봄이 되면 괜히 나가고 싶어진다. 겨울을 지내며 움츠렸던 마음을 보상이라도 받을 심산으로 밖으로 나가고 싶어 한다. 그래서 무작정 나섰다. 뚜렷한 목적지가 정해진 것도 아니다. 나름 한적한 곳을 찾아 나선 곳이 '봉주르'다.

설마 있을까 하는 마음으로 찾았던 그곳은 나의 기우를 한 방에 날릴 정도로 성업 중이고 대기업이 되어 있었다. 양수리를 지나 양평으로 가는 길목에 '봉주르'가 있었다. 1972년에 생긴 그곳은 전통적인 도자기 잔에 진하고 따뜻하게 담겨 나오는 대추차로 유명했고, 마당에 있는 모닥불과 기적을 울리며 달리던 기차 소리가 좋아 유독 겨울에 자주 찾았던 곳이다.

30년이 넘은 세월의 탓일까. 그때의 낭만은 사라진 지 오래고, 대규모로 운영하는 식당과 북적대는 사람 사이로 모닥불 피웠던 흔적만 남았다.

내가 처음 '봉주르'를 찾았던 때는 1975년 대학을 막 들어갔던 때로 기억한다. 당시 대학생들의 엠티 장소는 청평이나 대성리가 대세였다. 대성리로 가는 길은 기차역에서 내려 작은 쪽배를 타고 들어가는, 조금은 낭만적인 코스였다.

배를 타고 들어간 그곳은 수많은 대학생들의 엠티를 맞이하는 민박집들로 가득했고, 기타와 노래 그리고 밤을 새우며 이야기를 할 수 있도록 지켜 준 모닥불이 있었다. 그 길목에 있던 '봉주르'는 엠티를 마치고 돌아가는 우리에게 마무리하는 장소로 애용되었던 곳이기도 하다.

장작 사이로 피어오르는 연기와 노 사이로 보이는 그녀의 모습 그리고 눈발이 날리는 논두렁을 보며, 꿈꾸는 낭만을 처음 알게 한 곳이기도 하다. 언제나 아름다운 추억을 만들고 싶을 때는 찾아왔던 그곳은 이제 이정표처럼 세워진 푯말이 이곳이 '봉주르'란 걸 알려 줄 뿐 대추차도 그때 그 맛이 아니다. 그때의 낭만은 없고 상업적 풍요만 남았다.

따뜻한 봄기운을 타고 오랜만에 나선 봄맞이 여행은 옛 추억을 그리워하는 슬픔으로 남았다. 그리고 그런 나의 마음은 최근에 읽었던 후지와라 신야의 에세이에 나오는 글귀가 위로해 줄 뿐이다.

"슬픔 또한 풍요로움이다. 거기에는 자신의 마음을 희생한, 타인에 대한 한없는 배려가 존재하기 때문이다." - 후지와라 신야

장봉도 여행

　　　　　　　　　　　북도면北島面은 고려시대 강화도 호부에 소속되어 경기도 옹진군에 편입하여서 후에는 인천광역시로 되었다. 장봉도長峰圖, 모도某島, 시도矢島, 신도信島 등 섬으로 구성되어 있다.

서울에서 출발, 영종도永宗島 삼목 선착장에 도착, 여객선으로 출항했다. 그곳에서 넓은 바다를 구경하며 신도 선착장에 내려 걸어서 함께 떠났다. 옹진군은 원래 고조선에 속하였고 고구려의 영지로 옹천이었다. 옹진이라는 모양이 곧 항아리처럼 생긴 포구라 하여 항아리 옹甕자와 나루 진津자를 합하여 칭한다는 것을 알았다. 이곳에 소속된 신도는 사도, 모도와 함께 삼형제섬 가운데 맏형으로 국민들의 순박함과 성실함을 인정받아 이름이 지어졌다.

우리는 걸으면서 구봉산 산책로의 벚나무 등을 감상할 수 있었다.

신, 시도 연도교의 고풍스러운 다리를 바라보며 시, 모도의 아름다운 해변을 걸으며 구경했다. 배미꾸미 해변에 있는 좁은 숲길에 로티시즘 조각 작품을 감상할 수 있어 재미가 있었다.

조각가 이일호 씨의 조각공원에서 사진을 찍었다. 이곳 모조 조각들에 반해서 깔깔대면서 마냥 사진기 셔터를 눌러댔다. 그곳을 떠나 시도의 수기 해수욕장을 걸으면서 풍광을 감상할 수 있어서 참 좋았다.

또 장봉도는 인어 전설을 담고 있는 인어상이 있다. 옛날 이곳 섬 앞 날가지 어장에서 어느 어부 그물에 인어 한 마리가 걸렸는데, 불쌍히 여겨 놓아주었다. 그때부터 고기를 많이 잡아 배에 가득 싣고 왔다는 전설이 내려오고 있다. 이런 전설이 있다는 이야기를 듣자마자, 회원 가운데 인어처럼 생긴 한 여성이 "그곳으로 가자!"라고 한다. 그러나 시간 관계상 다음으로 미루기로 했다. 우리는 아쉬움을 뒤로 하고 다음을 기약하기로 하며 떠났다.

북면도 특산물에는 천일염이 유명하다. 살섬의 100% 이 소금은 몸에 좋은 저염도로 신토불이 소금이 생산되는 곳이다. 그래서 여기 염전은 호평이 있다. 깊은 청정바다에서 김발을 바닷물 밖으로 노출시켜서 햇빛으로 김을 기르는 지주식 방법으로, 11월부터 3월까지 채취할 수 있어 품질이 아주 좋다. 그 외에도 고구마와 포도, 상합, 곰취, 단호박 등의 특산물이 있다.

한참 구경을 하고 맛있는 특산물 이야기를 하니 모두 "금강산도 식후경!"이라고 한다. 아무리 좋은 구경이라도 배가 고프면 소용이 없다는 속담이 실감이 났다. 먹음직한 꽃게탕으로 식사 후 답사 코스를 다시 정해 떠났다. 하루 일정으로는 적당한 코스이므로 나들이하기에 쾌적하고 적당하다. 그곳에 갈 때는 배를 이용하기 때문에 주민등록증을 잊지 않고 가야 한다. 시원한 여름 나들이하기에는 아주 쾌적하고 편리한 곳이다.

광명동굴
와인셀러

와인 보관에 최적의 장소가 동굴이라는 건 마니아들 사이에 널리 알려져 있다. 햇빛 들지 않고, 온도와 습도가 일정해야 하는데 암석 동굴보다 이 조건을 더 잘 갖춘 자연공간을 찾기는 어렵다.

와인의 원조 프랑스에서는 와이너리아마다 일부러 지하에 저장소를 둔다. 호주에서는 지천에 널려 있는 자연동굴에 와인바를 만들어 관광객을 끌어모으고 있다.

국내에도 무주에 가면 단풍으로 유명한 적장산 중턱에 동굴 와인바가 있다. 성도, 사천, 문경에도 동굴을 활용한 와인갤러리가 운영되고 있다. 지난 주말 찾아간 광명동굴에서 1,200km나 되는 멋진 외진 장소를 발견했다. 광명동굴은 연중 평균 12.5의 온도를 유지한다니 천혜의 조건을 갖췄다. 이곳에 대한민국 안에서 생산되는 다양한 토종 와인이 모아져 있다.

저장만 하는 게 아니라 각 생산자들에게서 의뢰를 받아 방문객에게 판매도 한다. 공짜로 시음도 할 수 있다. 건물 소믈리에의 심사와 맛 테스트를 통과해야만 뽑힌다.

사과로 만든 예산의 추사와인, 거봉포도로 만든 천안의 두레앙와인, 참다래로 만든 사천의 칠천사와인 등이 방문객들에게 가장 많은 인기를 누리고 있다. 포도, 사과, 참다래뿐만 아니라 머루, 복분자, 오미자 등 와인을 만드는 재료도 다양하다.

228개의 와인셀러를 만들었는데 셀러당 25병씩 보관 가능하다. 각자 갖고 있는 와인을 와인셀러에 보관해뒀다가 동굴 다른 편에 조성된 와인레스토랑에서 즐길 수 있다. 임실에서 생산된 토종 치즈와 어우러지는 와인 맛은 일품이다.

광명동굴은 일본 제국주의 지배 시절인 1912년부터 시흥광산이라는 이름으로 금, 은, 동, 아연 등 다양한 광물을 캐던 곳이었다. 광복 후에도 이어져 1972년까지 운영되다가 폐쇄됐다. 이후 소래포구에서 생산되는 새우젓갈 보관소로 쓰이다 2011년 매입해 개발한 뒤 시민들에게 되돌려졌다. 동굴 안에서 패션쇼, 보석쇼, 음악 공연이 펼쳐지고 빛과 레이저를 이용한 다양한 볼거리가 제공되고 있다. 버려져 있던 폐광을 동굴 테마파크로 변신시킨 창조산업의 성공적인 모델이다.

가회동
예찬

영국에 출장이나 여행을 갈 때면 한 번씩 들러보는 거리가 있는데 바로 '애비로드'다. 이곳은 비틀즈가 음반을 녹음했던 스튜디오가 있는 곳으로 이들의 앨범 재킷 사진에 등장한 횡단보도는 세계적인 명소이기도 하다. 지금도 이곳은 비틀즈 팬은 물론이고 세계 각지의 관광객들로 붐빈다. 영국의 '애비로드'와 같이 한국만의 정취와 감성이 담긴 곳을 꼽으라면 바로 가회동이다. 마을 자체가 하나의 박물관이라고 할 수 있는 가회동은 600년 서울의 역사가 고스란히 담겨 있다.

   가회동 일대를 거닐다 보면 역사와 선조들의 지혜를 잘 간직하면서도 현대적 감각과 편리성을 유지한 건축물을 많이 볼 수 있다. 역사를 그대로 보전만 한 것이 아니라 더 나은 주거환경을 위해 개발을 진행하면서 지금의 관광명소 가회동이 되었다.

   가회동의 가옥을 멀리서 보면 그저 오래된 집처럼 보이지만 좀 더 가까이에서 보게 되면 창문, 파이프, 지붕 등에 사용된 현대 건축기술을 볼 수 있다. 또한 사계절이 바뀔 때마다 한 폭의 풍경화가 되는 북악산, 푸른 소나무가 일품인 가로수길과 한데 어우러져 한국의 멋과 정취를 보여준다.

   가회동의 뜻은 '즐겁고 기쁜 모임'을 말한다고 한다. 가회동의 아름다운 역사와 건축물을 보기 위해 주말마다 많은 관광객이 찾아 즐겁게 어우러지는 곳이 또한 가회동이다.

앙코르와트의 미소,
캄보디아의 눈물

　　　　　　　　　　　얼마 전 다녀온 베트남과 캄보디아
는 위대한 문명과 매혹의 자연이 공존하는 땅이자 식민지와 전쟁의
비극이라는 우리의 현대사와 닮은 나라였다.
　여행은 한국전쟁 직후와 60년대 우리네 삶과 사회의 아픈 상처를
그대로 껴안고 있었다. '천 년의 미소'를 간직하고 있는 '앙코르와트'
와 자연이 빚어낸 절경을 뽐내는 '하롱베이'는 이번 여행의 백미였다.
　인류문명의 위대한 유적 앞에 숙연했고 대자연의 비경과 신비에
감탄했다. 인간이 남긴 불가사의한 창조물 앞에서 말문을 닫아야 했
고 신이 빚어낸 작품에 찬탄하기에 바빴다. 그러나 캄보디아의 가슴
아픈 현실 앞에 가슴 멍멍해오는 연민의 순간을 수없이 만나야 했다.
가는 곳마다 도움을 호소하며 따라붙는 어린아이들의 눈망울과 애절
한 표정은 나그네의 여심을 어김없이 날려버리기도 했다.
　오늘 우리에게 인류문화유산을 남겨 준 위대한 민족의 후예들이
맨발의 초라한 행색으로 관광객에게 구걸하며 살아야 하는 참담한
이 나라의 현실을 무엇으로, 또 어떻게 설명할 수 있다는 말인가.
　공항입국장의 급행료, 출국장 젊은 직원의 공공연한 돈 요구는 이
나라 공직사회 부패의 빙산의 일각이리라. 그들이 아이들을 거리로
내쫓아 구걸행각에 나서게 하지 않았다고 어찌 말할 수 있으랴. 이
나라에서 공직 사회의 부패가 사라지지 않는 한 그럴 것이다.
　베트남의 숙소 '선라이즈 스타 호텔'에서 보낸 남국의 첫날밤은 짧

고 설렜다.

　여정의 첫날, 길을 나서자 한 줄기 비가 내렸다. 그 또한 여행의 운치를 더하는 보너스가 아니겠는가. 인간을 위해 신이 내려 준 값진 선물이라는 하롱베이의 풍광, 하늘에서 내려온 용이 뿌려놓은 여의주라는 3천여 개의 섬, 끝없이 이어지는 섬들의 퍼레이드, 누군가 이를 두고 "3천여 개의 섬이 통킹만에 꽃잎처럼 내려앉았다."라고 했던가. 중국의 계림을 바다에 옮겨 놓은 듯도 하다.

　이튿날, 하노이 시내 관광이다. 베트남 독립이 선언되었던 바딘 광장, '호찌민 광장'으로 더 잘 알려져 있다. 월남전, 베트콩, 호지명, 하노이가 먼저 떠오르는 베트남. 식민지 역사로 점철된 이 나라는 비운의 역사, 극기의 역사이기도 하다.

　중국 지배 1천여 년 그리고 이어진 프랑스 지배, 일본, 미국의 침략은 한마디로 전쟁의 역사와 다름 아니다. 호찌민은 외세를 몰아낸 이 나라의 영웅적 지도자다. 그는 청렴했고 교육에 역점, 나라의 미래에 대비하는 지혜를 갖춰 국민적 숭상을 받고 있다고 한다.

　한 나라의 지도자가 나라의 운명을 어떻게 바꾸는가? 이번 여행 내내 떠나지 않는 물음이다. 특히 캄보디아에서 궁핍한 민중의 삶을 보며 그런 물음은 더욱 깊었다. 박정희 대통령의 조국근대화 사업이 바꾸어 놓은 오늘 우리의 삶의 모습과 그들의 오늘이 겹쳐 있다.

　이번 여행의 하이라이트 앙코르와트 유적탐방, 9세기 초, 인도차이나 반도 대부분을 지배하며 원나라와 겨룰 만큼 강성했던 크메르 왕국, 15세기 들어 역사에서 사라진 제국의 땅을 밟는 심사는 실로 착잡하다.

프랑스의 동식물학자 '앙리 무오'가 이 땅을 만난 것은 1858년. 그가 남긴 답사기는 세계인이 앙코르의 존재에 눈 뜨게 만들었다는 사실은 잘 알려진 대로다. "그 멋진 건축물에 대한 황홀한 인상을 다른 사람에게 강요할 생각은 없다. 그러나 아주 훌륭한 유물이 존재한다는 것, 서양의 고대문명이 우리에게 남겨준 것 이상으로 완벽한 예술적 감각을 갖춘 유물이 여기 동양에도 존재한다는 사실 등은 어서 빨리 알리고 싶다.", "자연과 완벽하게 일치된 신의 공간, 인간이 조성할 수 있는 가장 완벽한 신전." 앙리 무오는 당시의 감격을 그렇게 적었다.

그 앙리 무오를 이곳으로 이끌게 만든 '에일 부유보'(프랑스 선교사)의 여행기 '인도차이나 여행'은 또 이렇게 적고 있다.

"한때 장엄함과 영광으로 빛나던 위대한 유적들이 밀림 속에 버려져 황폐하게 변한 모습을 바라보는 것처럼 여행자에게 피로와 우울함을 불러일으키는 것도 없다. 앙코르와트 사원들은 서구의 가장 아름다운 건축물들과 어깨를 견줄 만하다. 장엄하고 아름다웠다."

『앙코르의 순례자』를 쓴(1912) '피에르 로티'는 그 사원에 도착하기 위해 우리는 사방에 퍼져 있는 가시나무 덤불, 나무뿌리 등으로 뒤엉킨 길을 뚫고 지나가야 했다. 거대한 무화과나무들이 완벽하게 파괴작업을 수행하고 있었으며 백 리를 뻗치지 않는 곳이 없었다.

어떤 나무들은 탑의 꼭대기까지 점령하고 있었다. 갑작스러운 공포감에 휩싸여 아래를 내려다보고 있는 거대한 두상의 얼어붙은 미소를 보았다. 그리고 또 다른 미소도 보았다. 그런 미소가 셋, 다섯 아니 지천으로 널려 있었다. 그 거대한 눈들이 사방에서 쏘아보고 있었다. 그 얼굴들은 반쯤 감은 눈, 불가해한 미소와 자비의 표정을 내보이며 서로 마주 보고 있었다. 이러한 앙코르와트 유적을 하루에 어찌 다 만날 수 있으랴. 그것은 무모한 욕심이다. 더구나 밀림을 헤치며 이곳을 찾았던 그들과 달리 걷지도 않고 '툭툭이'라는 세 발 오토바이를 타고서 찾아가다니, 그것은 인류문화유적에 대한 무례가 아니겠는가. 짧은 일정, 단체관광의 한계를 용서하시라.

'사원의 도시'라는 앙코르와트 사원에 들어섰다. 옛 힌두사원이다. TV와 신문, 사진으로 혹은 영화에서 수없이 보아 눈에 익은 사원 앞에 선다. 천계를 그대로 지상에 세운 모양이라고 한다. 신들이 사는 다섯 봉우리가 시야에 들어왔다. 힌두신 '비슈누'의 신전이다. 왕이 죽어서 천당에 가려면 이 땅에 지상 천국을 건설해야 했던 모양이다. 이곳은 왕에게는 신, 천국으로 가는 길이었을 것이다.

15세기에 불교 사원으로 바뀐 명실상부한 신들의 거처를 오르는 계단이 가파르고 숨차다. 6백년 이상 번영을 구가한 크메르 제국, 그들은 이 장대한 사원의 무수한 부조와 석상에 자신의 신화, 종교, 역사와 염원 그리고 일상생활을 새겨놓았다. 불멸의 제국을 지상에 구현하고 사라진 그들의 삶과 예술, 정신세계는 무엇인가? 앙코르 톰, 따프롬 사원으로 발길을 돌린다.

도올 김용옥은 "앙코르와트의 정교하고도 웅장한 모습이야말로 지구상에 인간이 건조한 가장 위대한, 아니 기적 같은 예술품이라 아니 말할 수 없다."라고 감탄했다. 또 "앙코르와트가 비슈누 신앙의 산물이라면 '앙코르 톰'은 이미 관세음보살의 대승신앙에 의해 지배된 사원."이라고 말했다.

내가 무심히 지나치고만 앙코르와트 남문 다리에 대해 도올은 이렇게 정의했다. "인간이라는 존재의 신성과 악마성, 단속과 연속, 순간과 영원, 쾌락과 번뇌, 해탈과 구속, 그 모든 아이러니를 연결해주고 있다. 그것은 인간이라는 존재의 성과 속의 무지개이다."

그저 스쳐 지나가며 크메르인들의 숨결이 담긴 앙코르와트, 그 속에 담겨 있는 그들의 이야기를 어찌 다 이해할 것인가.

'아놀드 토인비'의 "할 수만 있다면 앙코르의 유적과 함께 남은 인생을 마치고 싶다."라고 한 인류 유산에 담긴 뜻을 어찌 다 헤아릴 수 있으랴. 나는 자책하고 또 부끄러워하며 세월의 이끼가 뒤덮여 쌓이고 흩어져 있는 돌무덤만 그저 바보처럼 바라다볼 수밖에 없었다.

'따프롬 사원'에 들어선다. 폐허의 앙코르 유적 복원 작업에서 이곳만은 19세기 발견 당시 모습 그대로 남겨둔다는 원칙을 세웠다는 지역이다. 그것은 복원 이상의 탁월하고 위대한 결정으로 평가받았다고 한다. 유적을 휘감고 있는 거대한 나무의 뿌리, 유적을 파괴하며 한편으로는 무너지는 유적을 떠받치고 있는 진귀한 광경을 보며 참으로 그러한 원칙에 고개가 끄덕여진다.

'아놀드 토인비'는 도전과 응전Challenge and Response이 사라지면 자연은 언제나 항시 회귀하면서 인간에 대한 보복을 감행한다고 한다. 자연 회귀The Return of Nature는 그의 저서 『역사의 연구』에 나오는 말로 바로 자연회귀의 대표적 사례로 덩굴 숲으로 뒤덮여버린 앙코르와트 폐허를 들고 있다. 따프롬 사원은 바로 자연회귀와 '폐허의 미학'을 동시에 느낄 수 있는 곳인지 모른다. 자연회귀의 실상을 깨닫게 해주며 인간의 자연과의 투쟁이 얼마나 처절한 것이었나를 실감하기에 충분했다.

인간의 자연정복에 대한 자연의 보복은 냉혹하다는 사실은 이제 지구 온난화로 인한 기후변화로도 나타나고 있다. 인류의 재앙이 될 것이란 학자의 경고도 있지 않은가. 인류문명마저 삼켜버리는 자연 회귀, 자연의 보복 현장을 보며 두렵고 숙연해진다.

여행 마지막 날이다. 작은 킬링필드라 불리는 '와트마이' 사원에서 처참했던 그날의 비극을 되새기게 된다. 대학살 당시 '시엠립'과 앙코르유적 인근에서 학살된 사람들의 해골을 모아 놓았다고 한다. 너덜너덜한 안내판, 빛바랜 사진 몇 장이 곧 떨어질 듯하다. 마당엔 흙먼지가 나오고 햇살은 따갑게 내리쬐었다. 영화 〈킬링필드〉의 장면들이 스쳐 지나간다. 겹쳐 쌓여 있는 해골마다 맺혀 있을 기막힌 사연들을 누가 기억이나 하고 있을 것인가. 그들의 영혼은 지금 어디쯤에서 안식을 찾기나 했을까.

전쟁이 인류의 역사라지만 전쟁의 비극은 이 땅에서도 어김없이 수없는 생명을 앗아갔을 테지. 속절없이 죽어가며 저마다의 애끓는 이야기를 남겼으리라.

무거운 발길을 돌려 톤레삽 호수에 닿았다. 1858년 이곳에 온 '앙리 무오'의 일기는 이렇게 묘사했다. "고기가 너무 많아 노를 젓기가 힘들다." 지구 상에서 단위 면적당 고기가 가장 많이 사는 호수라고 한다. $1km^2$당 5만 톤 정도 잡힌다고. 이 호수의 어획량만으로 1백만 명의 인구는 먹고살 수 있다는 설명이다.

앙코르 제국 유적 건설의 에너지 원천이자 아오르 문명의 힘이 되었을 법하다. 톤레삽 호수는 바로 "캄보디아의 역사이고 크메르족의 삶이며 앙코르의 상징."이라는 말은 유람선을 타면서부터 잠시 아픔으로 바뀌어 버린다.

어린 소년 두 명이 "천천히 타세요, 머리 조심하세요!" 한국말로 승선 안내를 한다. 배가 움직이자 관광객의 등에 달라붙어 어설픈 안마를 해주며 팁을 요구한다. 뱃전에 따라 붙는 보트에 타고 있는 대여섯 살 아기가 목에 뱀을 감고 연신 손을 내밀고 있다. 필사의 추적을 하는 보트가 곧 뒤집힐 것만 같다. 서너 살쯤 돼 보이는 아이를 눕혀 놓은 또 다른 보트 여인의 표정을 형언키 어렵다.

한참을 달려 한국인이 운영한다는 한 수상 상점에 배가 닿자 모여드는 보트와 보트들. 어김없이 갓난아이나 서너 살짜리 아이를 태우고 있는데 아이의 목에는 크고 작은 뱀이 감겨 있다. 시선을 맞추기가 어렵다. 먼 호수를 바라다볼 수밖에 없는 심정이 납덩이 되어 호수에 가라앉는다. 이 가난의 굴레를 어찌할 것인가.

제국건설의 원천이었다는 호수에는 지금 희망 대신 절대빈곤의 삶이 넘쳐나고 있는데 정부는 알기나 하는 것일까. 교육에서 팽개쳐진 아이들, 구걸로 하루를 보내는 아이들이 맞게 될 이 나라의 내일은 아무런 잘못이 없는 저 아이들이 장래 모습은 어떤 것일까. 이런 저런 상념으로 어지럽다. 아, 빨리 이곳을 벗어났으면….

버스로 돌아오는데 도무지 시선을 줄 곳이 없다. "하나 팔아주세요.", "정말 하나도 못 팔았어요." 버스 입구 계단에 올라, 한 녀석이 노래를 부르기 시작한다. 동요 '아빠 곰 애기 곰', '퐁당퐁당 돌을 던져라…', "우리 만남은 우연이 아니야.", "대한민국 차, 차, 차, 차!" 까지 메들리로 엮는다. 발음도 정확했다. 이 녀석은 물건을 몇 개 더

팔았다. 또래보다 경쟁력을 갖춘 셈이었다. 나이가 열 살이며 한국 노래를 열심히 배웠다고 한다. 떠나는 우리에게 "행복하세요!", "잘 가세요, 또 오세요!" 손을 흔드는 아이들의 또랑또랑한 인사에 가슴이 찡해 왔다.

그러나 혹시 나는 그들의 빈곤을, 사는 방식을, 그들만의 삶의 모습을 잘못된 잣대로 보지는 않았는가. 편견은 없었는가. 그들은 오늘 하루가 만족스럽고 행복했는지 누가 아는가. 행여나 스쳐가는 이방인의 잘못된 시선이 그들의 마음에 상처라도 주지 않았는지 모를 일이다. 그랬다면 용서를 빌 일이다.

행복은 물질의 풍요와 비례하지 않는다는 사실을 잠시 잊은 것은 아닌가. 그들은 가난했지만 결코 불행하지 않았을 터인데 나는 그들의 가난만 본 것은 아닌가. 어설픈 측은지심으로 아이들을 바라보며 돈 몇 푼 쥐여 주지 않았는가.

세계 6대 빈민국의 캄보디아만 보고 행복지수 세계 5위의 캄보디아를 보지 못한 어리석음을 저지르지는 않았는가. 공항으로 달리는 버스 안에서 묻고 또 물어야 했다.

여권을 검사하던 출국장 직원이 느닷없이 '원 달러' 한다. 이유를 물으려다 그만 참고 1달러를 주었다. 너무나 자연스럽게 우리말로 "감사합니다."하고 인사를 한다. 아! 캄보디아여, 훗날 다시 왔을 때 과연 어떻게 변해 있을까 궁금해진다. 밤 11시 30분발 ZA211편에 지친 몸을 실었다. 하롱베이의 절경도 앙코르와트의 미소도 톤레삽 호수의 가난도 그리고 공항의 뇌물도 킬링필드의 해골도 모두 우리 인간의 삶의 또 다른 모습인 것을 거듭 깨달은 여행이었다.

"여행은 이탈이며 공포다. 그것은 모험이며 새로운 앎이다. 여행은 단순한 견문이 아닌 의식의 전환이다."라고 도올 김용옥이 말했는데 참으로 그랬다. 이번 여행은 일상으로부터의 벗어남이었고, '자연의 회귀'의 두려운 현장목격이었다.

톤레삽 호수에서 또 다른 삶의 모습을 만난 것은 새로운 견문이었다. 그리고 무엇이 행복인가? 캄보디아 사람들이 내게 계속 묻고 또 묻는 질문은 의식의 전환을 요구하는 큰 소득이었으니까.

내가 가 본 나라들

내가 첫 국외에 나간 것은 1986년 일본이 처음이었다. 냉동 공조기 회사의 설계부서에서 일하게 되었고 일찍부터 외국여행복은 터졌다.

그 당시 센추리와 기술제휴사인 일본의 HITACHI사였다. HITACHI의 스치우라, SIMIZ, EBINA 공장을 번갈아가며 둘러볼 수 있었다.

두 번째는 연구소 개발팀장으로 스위스, 이탈리아, 프랑스, 독일, 오스트리아, 영국 등을 가볼 기회가 있었다.

세 번째는 용접기 OEM건으로 팀원과 함께 역시 일본 HITACHI를 다녀올 기회가 있었다.

네 번째는 창업 후 중국 칭다오를 다녀오고 다섯 번째 역시 중국 대련이었다. 여섯 번째는 필리핀 세부, 일곱 번째는 미국 GUAM, 사이판, 여덟 번째는 베트남 하노이, 호치민, 하롱베이 그리고 캄보디아 씨엠립을 다녀오고, 아홉 번째는 태국 방콕, 파타야를 다녀왔다. 지도상으로 볼 때 서유럽 주요국가, 아시아 주요국가를 두루 돌아다닌 셈이다.

우리보다 잘사는 선진국들만 보다가 우리보다 못사는 아시아 국가들을 돌아볼 때는 시간이 몇 십 년 전으로 되돌아간 느낌이었다. 아직 못 가본 나라로 남미, 아프리카, 동유럽, 인도, 인도네시아, 터키 그리고 스칸디나비아의 노르웨이, 스웨덴 등이 남았다. 대부분 회사 비용으로 세계 여러 나라 구경을 잘한 셈이다.

앞으로 가보고 싶은 나라나 지역은 아직 못 가본 동유럽, 터키, 남미의 아르헨티나, 브라질, 쿠바, 아프리카의 이집트, 일본의 북부 온천지역 정도이다. 여행의 묘미는 미지의 세계에 대한 호기심이다. 그러므로 안 가본 나라를 가 보고 싶은 것이다.

계절별로 우리나라가 너무 더운 혹서기나 너무 추운 혹한기에 계절이 반대인 나라 또는 상시 따뜻하고 온화한 나라나 지역에 가는 것도 여행의 묘미이며 건강상으로도 좋다. 이것저것 생각하다 보면 쉽게 떠나지 못한다.

장기간 여행을 떠나기에는 걸리는 게 많기 때문이다. 여행이야말로 사람들이 가장 원하는 것이다. 문제는 같이 갈 사람이다. 혼자 외롭게 갈 생각은 없다. 외국에서의 외로움이란 국내에서의 외로움과 차원이 다르다. 다리 튼튼할 때 못 가면 나중에 후회한단다. 어느 날 술 마시다가 같이 마시던 친구와 마음이 맞으면 언제고 훌쩍 떠날 작정이다.

Part. 2 배움

마음의 근력

　　　　　　　　　　　　　　어려서 산골 초등학교를 다녔다. 왕복 8km나 되는 먼 거리여서 다리에 자연스레 힘이 붙었다. 걷는 습관은 성인이 되어서도 떠나질 않았다. 산행을 좋아하게 된 것이다. 주말이나 휴가철이면 다리가 제일 먼저 좋아한다. 사무실 의자에 묶여 있던 시간을 빨리 벗어나고 싶은 것이다. 나이가 들면 탄탄했던 종아리도 어느새 물렁해지기 마련이다. 그나마 산행이라도 해서 이런 사태를 막는다. 근력은 건강의 전제이자 조건이다. 인체를 지탱하는 원천이 여기에서 나온다. 그것은 선천적으로 주어지기보다 후천적인 노력에 의해서 만들어진다. 꾸준한 관리가 자기 건강을 담보한다. 섭생과 보약에 앞서는 자기 사랑의 방법이다. 규칙적인 자기 확인은 근력 향상의 지름길이다. 매일 특정한 시간에 힘써 움직이는 습관이 건강한 몸을 유지시킨다. 그러나 근력은 몸에만 있는 게 아니라 마음에도 있다.

　　마음의 근력, 쉽게 말해 기개氣槪다. 마음의 근력은 스스로 정한 목표를 끝까지 밀어붙이는 힘이다. 자율성과 지속성이 중요하다. 『아웃라이어』의 저자 말콤 글래드웰의 주장처럼 성공한 사람들에겐 '1만 시간의 법칙'이 작동한다. 이 이론은 일반인들에게 적용하기는 어렵다. 1만 시간은 하루에 3시간씩 10년을 투자해야 하는 기간이다. 보다 쉬운 이론도 있다.

앤절라 리 덕워스 교수는 성공한 사람의 비밀을 밝히는 강연으로 정평이 높다. 그녀는 성공한 사람들에게 나타나는 공통 특성이 지능이나 외모나 좋은 육체적 조건이 아닌 그릿Grit에 있다고 보았다. 그릿이 바로 기개다.

누구든지 마음만 먹고 자기 관리를 꾸준히 하면 성공한다는 말에 청중은 환호했다. 류현진이나 김연아 같은 세계적인 스포츠맨도 신체적 조건 때문에 성공하진 않았다. 이들에겐 남다른 마음의 근력이 있었다. 절체절명 긴장의 순간에도 흔들리지 않는 자기 통제력이 빛을 발한 것이다. 마음의 근력은 자기와의 약속이다. 자기를 믿고 의지하는 데에서 놀라운 힘의 씨앗이 자라게 된다. 누군가를 부러워하거나 질투할 필요도 없다. 자기 스스로 묵묵히, 무소의 뿔처럼 혼자서 가는 마음가짐과 실행력만 있으면 인생은 행복하다.

'황금'보다 소중한 '지금'

세상에서 가장 중요한 세 가지 '금' 얘기가 있다. '황금', '소금', '지금'이다. 아무리 황금만능주의 세상이지만 세 가지 금 중에서도 으뜸은 '지금'이라고 할 것이다. 이를 빗댄 유머가 있다.

한 골퍼가 골프장 화장실 벽에서 이 문구를 봤다. 너무 깊은 감명을 받은 나머지 곧바로 아내에게 문자를 보낸다. 그랬더니 아내에게서 "현금, 지금, 입금."이라는 답글이 왔다. 남편은 황당하면서도 기분이 나빴다. 이에 질 수 없다. 그래서 다시 보낸 문자는 이렇다. "현금, 송금, 쐬금."

웃자고 한 얘기지만 현 세대를 꼬집는 것 같아 씁쓸한 기분도 함께 드는 건 '인간이고 싶은 마음' 때문이리라. 행복은 돈으로 살 수 있는 게 아니다. 하지만 솔직히 돈으로 행복을 살 수 있다고 믿는 이들이 많다는 게 더 슬프다.

'돈이 곧 행복'이라고 믿던 한 고집불통 암 환자의 이야기다. 남기고 갈게 너무 많고 삶을 이대로 끝내기 아까웠던 그는 하늘이 원망스러웠다. 툭하면 화를 내고 만나는 사람마다 불평불만만 털어놨다. 그러면서 돈으로 할 수 있는 모든 방법을 동원해 치료했다. 하지만 병은 악화만 되고 마음 역시 더 황폐해져 갔다. 시간은 돈으로 살 수 없었다. 결국 시간이 별로 남지 않고 힘이 빠질 대로 빠진 후에야 이런 고백을 했다. "성공한 삶을 위해 내게 주어진 행복에서 한 가지만 빼면 됐었다. 그건 '행복'에서 한 획을 뺀 '항복'이었다."

그에게는 고집이나 유혹 그리고 욕심에서 마음을 내려놓는 그런 항복이 필요했던 것이다. 누군가를 배려하며 살았다면 죽음이 그렇게 억울하지 않았을지 모른다.

세상에서 가장 중요한 세 가지 금 중 '황금'은 꼭 필요한 것이기도 하지만 너무 과하거나 잘못 사용하면 화를 부르는 이중적인 금이기도 하다.

최근 63세 고등학교 동기생들이 60일간 캠핑카를 타고 미국 13개 주 36개 골프장을 돌며 라운드한 『60일간의 미국 골프횡단』이라는 책이 화제가 되고 있다. 그들에게는 황금도 있고 친구도 있어 가능한 '골프 모험'이었다.

그 책을 읽으면서, 골프 천국인 미국에서 60일 동안 골프를 했다는 게 부럽지는 않았다. 다만 그 나이에, 낯선 곳에서 한 명의 낙오도 없이 일정을 무사히 마칠 수 있었던 게 부러웠다. 골퍼에게도 필요한 '3금'이 있다. 황금 또는 현금을 빼놓을 수 없다.

걱정 없이 골프를 치는 행복한 노후를 꿈꾼다면 시간뿐 아니라 돈도 여유가 있어야 한다. 친구도 필요하다. 쇠라도 자를 만한 친분이 두터운 친구를 이를 때 '단금려斷金侶'라고 한다. 하지만 역시 골프에서도 가장 중요한 것은 '지금'이다. 하고 싶은 것이 있다면 '지금' 당장 시도해야 한다. 그게 삶이든 골프든.

창조적 습관이
경쟁력

성공한 사람들을 눈여겨보면 좋은 습관이 몸에 배어 있다. 습관만큼 운명에 적잖은 영향을 미치는 것도 없다. 어찌 보면 과거의 습관이 현재의 나를 있게 하고 현재의 습관이 나의 미래를 만든다. 새해가 되면 묵은 습관을 고치려는 각오들이 쏟아지는 것도 이런 이유 때문일 것이다. 또 국민 개개인의 습관들이 한데 모여 쌓이면 국민성이 되기도 한다.

무섭게 치고 올라오는 거대 중국에 대해 지금 우리에게 절실한 국민적 습관에 대해 생각해본다. 빨리빨리 문화에 '창조적 습관'이 융합된다면 14억의 '만만디'파고도 거뜬히 넘어설 수 있지 않을까. 모든 것이 부족했던 산업사회 때까지는 성실 근면한 습관이 경쟁력이었다. 열심히 생산만 하면 다 팔렸기 때문이다. 그러나 공급이 넘쳐흐르는 글로벌 경쟁의 지식정보사회에서는 차별화되지 않으면 수요가 없다. 따라서 지금은 '온리 원Only one'을 생산해내는 창조력이 경쟁력이다.

인간의 창조력은 천부적으로 타고나는 상수라기보다 개인적 노력이나 사회 환경에 영향을 받는 변수이다. 특히 창조를 습관화하는 것은 익숙한 것을 버리고 새로움에 도전하는 힘든 혁신의 과정이다. 이 때문에 개인에게만 맡겨 놓을 경우 사회 전반으로 확산되고 지속될 수 없다. 도전 정신과 모험적 시도들이 여기저기서 새싹처럼 움터, 커 나갈 수 있도록 걸림돌을 제거해 주어야 한다.

우선 우리 사회의 고질적인 연고문화를 뿌리 뽑아야 한다. 지연, 학연, 혈연 등의 관계에 의해 자기 꿈을 쉽게 이룰 수 있다면 힘든 창조적 혁신이 외면당하게 된다. 그리고 패자부활이 가능한 기회의 나라를 만들어야 한다. 미끄럼틀만 있고 사다리가 없는 사회에서는 창조적 습관이 생활화될 수 없다. 희망의 사다리를 놓는 일은 정부와 지도층의 몫이다. 창업이나 창조적 도전에 실패하더라도 재기할 수 있도록 탄탄한 복지 시스템과 사회 안전망을 구축하고 '창조 친화적' 환경을 만들어 가야 한다. 생활 속의 조그마한 창조적 습관들이 쌓여 국가적 창조가 되고 대한민국이 세계 사회 주역으로 우뚝 서는 길이다.

인간관계의
세 가지 룰rule

우리가 사회생활을 하는 데 있어서 가장 중요한 것은 사람과 사람 간의 관계이다. 누구나 인간관계를 잘 하고자 노력하지만 개개인의 성격과 그때그때의 상황이 모두 다르니 수학 공식처럼 딱 들어맞게 항상 처신을 잘한다는 것은 매우 어려운 일이다.

새로운 사람을 만나서 가까워지고 마음을 터놓게 되고 좋은 관계를 유지해 나간다는 것이 그리 쉬운 일은 아니지만 여기에도 경험상으로 법칙화된 세 가지 룰이 있다.

첫째, '만남에서의 369룰'이다.
처음 본 사람을 큰 어려움 없이 기억해 내려면 보통 세 번은 만나야 하고 다음으로 여섯 번은 만나야 마음의 문이 조금씩 열리게 되며 아홉 번 정도 만나야만 비로소 친근감을 느낄 수 있게 된다는 것이다.

둘째, 'Give & Take에서의 248룰'이다.

상대에게 무언가 받고 싶으면 그 두 배를 내가 먼저 주라는 것이다. 즉, 받은 만큼 주고 줄 만큼 받는다는 이기적인 계산 법칙은 실제로 현실에서는 적용하기 힘들다는 것이며 내가 먼저 도움을 주어야만 상대도 나에게 도움을 주게 된다는 것이다.

이 룰은 SNS상에서도 그대로 적용되는 것을 느끼고 있다. 예를 들어, 페이스북에서 상대의 글을 읽고 '좋아요'를 누르고 댓글도 달아야만 상대도 내 페이스북을 방문해서 역시 '좋아요'와 댓글 등을 선물하게 되는 것이 인지상정 아닌가. 그래서 페이스북을 잘 활용하는 사람들은 평소에 VIP 친구들을 관리하여 정기적으로 그들의 페이스북을 방문해서 이런 선물을 주는 활동을 상례화하고 있다고 한다.

셋째, '신뢰에서의 911룰'이다.

아홉 번을 잘하다가도 열 번째, 열한 번째에 가서 단 한 번을 잘못해도 신뢰는 금방 깨지게 된다는 것이다. 그래서 친해질수록 더 조심스럽게 잘해야 하는데 조금 친해졌다고 말이나 행동을 가볍게 하면 좋았던 관계가 순식간에 악연으로 돌변할 수도 있는 것이 우리네 사회적 관계이다. 이렇게 순간의 실수로 한 번 깨져버린 관계를 정상으로 회복하기란 참으로 힘들어 수십 배의 노력이 있어야만 최소한의 관계 회복을 할 수 있을 것이다. 요즘 사회 각계각층에서 많은 사람이 갑자기 허튼소리를 해대는 상황을 많이 접하고 있다. 그것이 저명인사이고 연예인일수록 그 파장은 실로 대단하다.

한편, 시니어들은 나이가 들어감에 따라 자신도 모르게 고집이 더

세지고 고정관념이 강해져서 주변 사람들을 불편하게 하기가 쉽다고 한다. 항상 겸손한 마음가짐으로 사람을 대하고 나를 낮추고 욕심을 내려놓는 자세가 꼭 필요한 것 같다. 그래야만 실수도 예방하고 나 자신도 마음이 편해질 것이다. 대인 관계에서 또 조심해야 할 것 중 하나는 상대방의 눈높이에 맞춰 대화를 해야 한다는 것이다. 그런데 눈높이는 키가 작은 사람이 키 큰 사람에게 맞출 수는 없다. 키가 큰 사람이 무릎을 굽혀야만 비로소 키 작은 사람과 눈높이를 맞출 수가 있는 것이다.

즉 강자가 약자에게, 사회지도층이 서민에게, 대기업이 중소기업에 눈높이를 맞추어 먼저 다가가는 사회가 되어야 한다는 생각이다. 용타 스님의 말씀이 생각난다.

"나의 비전인 우리 모두의 행복을 위해 마음 잘 닦고 사이좋게 자신의 역할을 잘하자. 이처럼 소중한 우리의 삶을 결정하는 핵심 요인은 '가치관'이고 이를 위해서는 '존중'과 '교류'가 필요하다. 나와 생각 또는 가치관이 다르다고 무작정 상대를 비판하는 것은 언어폭력이다. 의견이 나와 다른 것이지 틀린 것이 아니다. 이를 잘 알고 행동을 해야 쓸데없는 오해가 생기지 않는다."

리더십

1) Why. 왜 해야 하는 거지?

할 일이 뭔지 모르는 직장인은 없다. 하지만 '어떻게' 해야 하는지 아는 사람은 적고, '왜' 하는지까지 아는 사람은 그보다 훨씬 적다.

경로당 신축 공사장에 많은 벽돌공이 있다.

한 명에게 물었다. "뭐 하세요?", "보면 몰라요? 벽돌 쌓고 있잖아요."

또 다른 한 명에게 물었다. "뭐 하세요?", "어르신들이 편히 쉴 쉼터를 만드는 중이죠." 모르긴 몰라도 더 튼튼한 집을 만들 가능성은 후자가 더 높지 않을까.

이처럼 구성원에게 일을 맡길 때 가장 먼저 일의 목적과 의미를 알려줘야 한다. 그렇게 하고 있다고? 혹시 "상부의 지시야.", "엄청 중요한 일이야." 정도를 생각하고 있는가. 미안하지만 그런 정도로는 안 된다. 일의 추진 배경이 뭔지, 그 일이 팀과 회사에 얼마나 중요한 것인지까지 얘기해줘야 한다. 그러면 그 업무를 대하는 구성원의 관심과 애정이 전과는 달라질 것이다.

공자가 말했다. "백성에게 전쟁의 외로움을 가르치지 않고 전쟁터로 내모는 것은 단지 그들을 버리는 것이다."라고. 왜 해야 하는지 이유와 목적을 알려주는 것은 동기부여의 스위치를 켜는 것이다.

2) How. 어떻게 해야 하지?

일을 시키고 나서 리더가 말한다. "필요한 거 있으면 언제든지 말해." 참 좋은 리더다. 그런데 이를 어쩌나. 그 말을 들은 구성원은 무엇이 필요한지조차 감이 안 온다. 바보라서가 아니다. '경험'의 차이 때문이다.

등산에 비유해 보자.

산에 처음 오르는 사람은 튼튼한 두 다리만 있으면 준비 끝이라고 생각한다. 하지만 몇 번 다녀 본 사람은 그렇게 떠나지 않는다. 갈증을 대비한 생수와 오이, 열량 보충을 위한 초콜릿, 급작스러운 기후 변화에 대비한 여벌의 옷과 바람막이 점퍼는 기본으로 챙긴다.

결국 아는 만큼 보인다. 더 많이 경험했고, 더 많이 볼 수 있는 리더가 '먼저' 챙겨줘야 한다. 구성원이 해볼 만하겠다는 생각이 들도록 지원이 가능한 부분을 먼저 찾아주라는 뜻이다. 경험이 있는 선배나 동료를 서포터로 붙이거나 유용한 정보나 자료를 알려주는 것, 혹은 다른 업무를 조정해주는 것도 방법이다.

'마중물'이라는 게 있다. 펌프에서 물이 잘 안 나올 때, 물을 끌어오기 위해 펌프에 부어주는 한 바가지의 물을 말한다. 물이 '콸콸' 쏟아지게 하는 한 바가지의 작은 물, 구성원에겐 리더가 제공하는 자원 방안이 소중한 마중물이 될 수 있다.

3) What. 어떤 혜택이 있지?

인간은 이익 때문에 움직인다. 그래서 높은 연봉, 인센티브, 승진이라는 보상이 주어질 때 더 열심히 한다. 그런데 그런 제도와 혜택을 충분히 제공할 수 있는 기업이 많지 않다는 게 문제다.

또한 중간관리자 입장에선 "CEO가 아니라서 맘대로 줄 수 있는 게 없다."라고 하소연한다. 과연 인간을 움직이게 하는 동력이 그게 전부일까. 하버드 경영대학원의 테레사 교수가 기업 매니저 600여 명을 대상으로 조사한 결과를 보자.

'무엇이 직원들에게 가장 큰 동기부여를 한다고 생각하는가?' 흔히 생각하듯, '잘한 일에 대한 보상'이 1순위였다. 그렇다면 구성원들도 그렇게 생각할까? 아니다.

의외로 대부분의 매니저들이 가장 낮게 매겼던 '발전$_{progress}$'이 구성원들에겐 1순위였다. 즉 어제와 다른 오늘을 만들고 그래서 내 자신이 성장하고 있다는 것을 느낄 때 가장 큰 만족감을 느낀다는 것이다.

인간이 추구하는 가치는 참으로 다양하다. 성장하고 싶고, 인정받고 싶고, 자유롭고 싶은 욕구, 때로는 이런 추상적 가치들이 금전적 보상을 '훨씬' 뛰어넘기도 한다.

일을 시킬 때도 마찬가지다. '줄 게 없다'고 탓하지 말자. 그 전에 그 일을 통해 부서원이 '어떤 성장'을 할 수 있을지, 조직에서 '어떤 인정'을 받을 수 있을지를 생각해 보라. 그 부분을 알려주는 리더가 진짜 리더다.

많은 리더들이 말한다. 시간도 없고 바빠 죽겠는데 언제 다 설명하느냐고. 그럴 수 있다. 하지만 정말로 그 구성원이 동기 부여되고 그로 인해 성장하는 걸 보고 싶다면 리더는 바빠도 해야 한다. 그게 구성원을 '통해' 성과를 내야 하는 리더의 역할이자 의무다.

인생
시계

수많은 시계 중에 '인생 시계'라는 게 있다. 모양은 일반 시계와 같지만 쓰여 있는 숫자는 1부터 12까지가 아니라 0부터 원하는 수명까지라고 한다. 예를 들면 80, 90, 100 이런 식이다. 이 시계는 한 달마다 긴 바늘이 한 칸씩 움직이고, 한 해마다 작은 바늘이 한 칸씩 움직이기 때문에 자기 인생이 어느 만큼 왔는지 직접 볼 수 있게 해주는 것이다.

보통의 시계는 하루를 한눈에 보게 하지만 인생 시계는 삶 전체를 보게 한다. 일상을 너무 바쁘고 정신없이 지내다 보면 자신의 인생 전체를 진지하게 생각해 보는 시간을 갖기란 쉬운 일이 아니므로 이 시계를 통해 지난 일도 돌이켜 보기도 하고 남은 인생을 과연 어떻게 살아갈 것인가를 깊이 생각할 수 있는 기회를 만들어 주는 역할을 한다.

그렇다면 인생 시계에 비추어 봤을 때 과연 나는 지금 몇 시 몇 분을 지나고 있을까? 순간순간 조바심을 내고 아등바등 살아가고 있더라도 가끔은 내 인생의 시계를 들여다보고 어디쯤 와 있나 가늠해 보는 일도 새로운 미래를 위해서 중요하다.

하루 스케줄 중에도 매 시간 꼭 해야 할 일이 있는 것처럼, 인생 전체의 스케줄표에도 매 시기마다 잊지 않고 꼭 시작해야 할 일들이 있기 마련이다.

한때 화제가 되었던 베스트셀러 『아프니까 청춘이다』의 저자 김난도 서울대 교수가 쓴 책 내용 중에 '인생 시계'에 관한 게 나온다. 평균 수명 80세를 기준으로 했을 때 1년에 18분, 매년 생일이 되면 18분씩 앞으로 바늘을 옮긴다는 것이다.

여기에서 김 교수가 말하는 인생 시계의 계산법은 쉽다. 24시간은 1,440분에 해당하는데 이것을 80년으로 나누면 18분이다. 1년에 18

분씩, 10년에 3시간씩 가는 것으로 계산하면 금방 자기 나이가 몇 시인지 나온다.

20세는 오전 6시로 대개 기상 시간에 해당하고, 30세는 출근 시간인 오전 9시다. 흔히 사오정이라고 하는 45세는 점심 후 식곤증이 극에 달하는 오후 1시 50분이고, 정년이 지나는 60세는 막 퇴근하려는 오후 6시다. 참 절묘하지 않은가?

이를 좀 더 자세히 인생에 중요한 시점에서 생각해 보면 더욱 의미가 다르다. 유년기와 청소년기를 거쳐 대학을 졸업하고 사회활동을 할 준비를 마치는 24세는 출근 준비를 마치고 이제 집을 막 나서려는 시간과 비슷하다. 어떤 사람은 이 시간에 아예 늦잠을 자 버리는 사람도 있지만 어학을 공부하기 위해 학원을 간다든가 아침운동을 하기도 하고, 이미 회사로 출근을 하는 사람도 있다. 이 시간을 어떻게 보내고 있느냐에 따라서 향후 자기 인생의 미래가 크게 달라지기 때문에 이러한 이유가 의미하는 바가 무척이나 크다.

그렇다면 은퇴를 하고 노년을 준비하는 60세를 보자. 저녁 6시다. 직장인들이 일을 마치고 퇴근하여 집으로 돌아오거나, 저녁 시간을 즐기려는 때다. 이 시간을 어떻게 활용할 것인가에 따라서 소위 트리플 30이라는 인생의 새로운 출발이라는 의미를 얼마든지 달리할 수 있다.

서양 사람들은 졸업이란 말을 Commencement, 즉 시작이라고 했듯이 은퇴Retire란 말도 끝이 아니다. Re+tire 즉 '바퀴를 새로 갈아 낀다.'라고 생각하고 무언가를 시작하려고 하지만 우리나라에서는 아직도 은퇴는 '끝이다.'라고 생각하는 사람들이 의외로 많다.

노숙자는 거리에만 있는 것이 아니다. 몸은 멀쩡하고 신체적으로 일하는 게 전혀 결함이 없으나 마음이나 의지가 길거리 노숙자처럼 망가지거나 제대로 제 기능을 하지 못하는 사람들이 너무나 많다. 소위 '마음의 노숙자'들이다. 이들이 노숙자와 다른 것은 부모의 집이나 자신의 집에서 기거한다는 사실만 다른 사람들이다. 이러한 마음의 노숙자들이 우리 사회에 점점 늘어나고 있다는 것은 고령화는 물론 출산율이 떨어져 경제인구가 줄어들고 있는 판에 사회적 문제가 아닐 수 없다.

세상에서 가장 중요한 세 가지의 금이 있다고 한다. 첫 번째는 황금, 두 번째는 소금, 세 번째는 바로 '지금'이다. 그러나 황금이나 소금이 아무리 중요한 가치를 지녔다 해도 바로 이 순간 열심히 사는 것보다는 못하다. 이 순간은 타임머신이 없는 한 회귀할 수 없으며 황금이나 소금보다 값진 보배는 바로 지금인 것이다.

노벨문학상을 받은 '로맹 롤랑'은 인생에는 왕복 차표가 없다고 했다. 아쉽고 부족했던 과거를 만회하고 미래를 멋지게 만드는 것은 '지금'이요, 지금 무언가를 시작해야만 작은 변화라도 기지개를 켜기 시작한다. 우리가 기대하는 희망이나 미래未來도 분명히 지금이라는 선에서 출발한다.

시간 도둑과
시간 가난뱅이

　　　　　　　　　　시간도 바로 돈과 같다. 한 시간 동안 별로 유익하지 않은 주말연속극을 보기로 했다면 다른 일은 하지 않기로 한 것이므로 텔레비전을 보는 것이 다른 일을 하지 못하게 한 것이다. 바로 그게 기회비용이 된다.

　시간은 돈과 마찬가지로 기회비용이 있고 항시 도둑질당할 수가 있다. 그러나 시간 도둑은 얼마든지 예방할 수 있고 도둑이 들어 있더라도 훔쳐가는 금액을 최소화할 수가 있다.

　미국의 시간 관리 전문가로 유명한 하이럼 스미스Hyrum Smith가 제시한 '시간 도둑들'이라는 리스트를 만든 일이 있는데 대부분 내용이 회의 지연, 잘못된 업무 지시, 지나친 목표 제시 같은 외부에서 부과된 것도 많지만 게으름이나 바쁘다는 핑계 등 우리가 자신에게 스스로 부과한 것들이 의외로 많다는 것이다. 이러한 리스트는 회사나 개인에 따라 우선순위가 다르고 도둑맞을 확률이 매우 다르거나 없을 수도 있다. 그러나 이러한 리스트에 대하여 우리는 이미 길들어져 있고 습관화되어 있다. 습관은 Go만 있고 Stop이 없는 특징이 있기 때문이다.

　시간 가난뱅이The time poor라는 말이 있다. 돈이나 땅이 많은 사람을 부자The rich라 부르는데 엄밀히 따지면 '돈 부자'다. 따라서 땅 많은 사람은 '땅 부자', 딸이 많은 사람은 '딸 부자'다.

　산업사회에서 부자의 정의는 물론 '돈을 많이 가진 사람'이었고 그것은 행복의 기준이 되기도 하였으며, 이로 인해 빈부의 격차가 더욱 커지고 말았다. 그러나 지금 21세기 디지털 정보혁명 시대에서는 돈만 많아서 반드시 부자가 아니며 생활수준의 향상, 문화 및 레저 시설의 확충으로 여유 시간을 촉구하는 경향이 급속히 확산하고 있다.

따라서 인간은 돈과 시간의 보유 정도에 따라 여러 가지 유형으로 구분할 수 있겠지만 가장 행복한 부자는 돈도 있고 시간도 많은 사람이고, 가난한 사람은 돈도 없고 시간도 없는 사람이다.

다시 말하면 전혀 쓸데없는 일에 매달리고 시간을 제대로 활용하지 못하면서도 바쁘기만 하고 무엇 하나 제대로 이루어내지 못하는 사람들이다. 이른바 시간 가난뱅이다.

'바쁜 사람이 큰일을 해낸다'는 말을 종종 듣는다. 이 말은 회사에서만이 아니라 사회에서도 마찬가지로 적용된다. 한가한 사람은 시킨 일에 대해 불만부터 품지만 바쁜 사람은 일단 일이 떨어지면 주어진 시간을 전략적으로 활용하여 성공적으로 일을 처리한 다음 문제점을 이야기하든가 개선한다.

다시 말하면 시간의 낭비를 철저히 배제하면서 시간을 아주 효율적으로 활용하는 지혜를 발휘하기 때문이다. 그래서 회사에서 일을 시킬 때 바쁜 사람한테 시키는 경우가 많다. '아침 시간을 활용하면서 분야의 전문가가 될 수 있다'는 말이 있다. 우리나라 사람들의 평균 수명은 과거에 비해 엄청나게 늘어나 100세 시대를 맞이하고 있다. 스스로 독립하여 직업을 갖게 되었을 때를 25세로 보고 65세까지 일을 한다고 가정하면 약 40년을 일하게 된다. 40년 동안 아침 시간을 하루에 한 시간만 활용한다면 대략 1만 5천 시간이 된다.

통상적으로 전문가가 되는 데 필요한 시간은 개인적인 능력의 차이는 있겠지만, 약 5천 시간이면 충분하다고 한다. 따라서 이러한 계산을 토대로 했을 때, 하루에 한 시간의 아침 시간을 활용하면 직장생활을 하면서도 최소 3개 분야에서는 전문가가 될 수 있다.

대부분의 사람은 뻔히 다 알고 있으면서 어제 낭비한 시간을 그대로 오늘도 계속하고, 내일은 물론 다음 주에도 시간을 낭비하는 습관을 버리지 못하고 있다. 결국, 시간 낭비와 도둑이라는 범죄자들을 색출하여 그들을 제거하거나 줄이지 않는다면 남은 인생은 어제와 오늘이 똑같고 여태까지와 다를 바 없다.

미래는 하늘에서 뚝 떨어지는 존재는 아니다. 아무리 먼 미래도 현재現在에서 출발한다.

미래를 위한 재활용

매주 일요일은 우리 아파트 단지의 쓰레기 분리배출일이다. 각 가구 주민들은 일주일 동안 쌓아둔 빈 병, 플라스틱, 알루미늄, 캔 등 재활용 쓰레기들을 들고 나와 분리수거함에 옮기는 작업을 한다. 일상생활 속에서 자원 재활용을 실천하고 있다.

최근 온실가스 배출로 인한 기후 변화가 전 세계적인 문제로 대두되면서 정부와 기업이 지속 가능한 환경 및 자원 순환형 시스템 구축의 중요성을 인식하고 있다. 기업은 천연자원을 마음대로 이용해 제품을 생산하고, 소비자는 이를 사용한 후 버리던 전통적인 생산 모델은 이제 바뀌어야 한다.

'녹색운동 그 이상'으로 전환하여 재생, 재사용, 재활용을 통해 무한 순환형 구조를 확립함으로써 환경에 미치는 영향을 줄이고 나아가 비즈니스에서 비용 절감까지 이룰 수 있다.

한국은 97% 이상의 에너지 자원을 수입하는 자원 빈국이므로, 에너지 자원을 포함한 자원의 절약과 자원의 순간 사용은 필수적이다.

아파트 입구 수거함에 채워지는 각종 플라스틱, 비닐, 병, 캔 등 재활용 쓰레기 중 가장 빠르게 늘어나는 것은 종이류 수거함이다.

세계 최대의 압엔 알루미늄 제조 및 재활용 기업인 노벨리스는 영주에 아시아 최대의 알루미늄 재활용 시설을 운영하고 있다. 알루미늄 무한 재활용이 가능하며, 재활용을 하더라도 품질이 변하지 않는다. 알루미늄 재활용하면 폐알루미늄의 매립으로 인한 토양오염을 막을 수 있는 것은 물론, 천연자연 보크사이트에서 새 알루미늄 생산하는 과정과 비교하여 95%의 적은 에너지로 알루미늄을 만들 수 있으며, 이에 따라 생산과정에서 발생하는 온실가스의 양도 95%나 줄일 수 있다.

즉, 알루미늄 캔 하나를 재활용할 경우 대략 3시간의 TV시청, 4시간 동안 100W의 전구를 사용할 수 있는 에너지를 절약할 수 있는 것이다!

환경은 오늘을 사는 우리들만의 전유물이 아니다. 우리의 아이들도 또 그들의 아이들도 쾌적하고 아름다운 환경을 즐기고 그 속에서 자랄 권리가 있다.

　기업과 소비자 모두 이러한 '지속 가능한 미래'를 위해 생활 속에서 재활용을 실천하는 것이 필요하다.

　마시고 난 음료 캔을 재활용 분리수거함에 넣는 당신도 환경 보전에 기여하고 있는 것이다.

네트워킹 조직

　　　　　　　　　우리는 변혁의 시대, 풍부한 정보의 시대 그리고 고도의 전문화 시대에 살고 있다. 지식의 양은 늘어나고 미지의 분야는 갈수록 줄어들고 있다.

　발전은 다양한 정보와 지식을 통합함으로써 이루어지고 있다. 이런 발전으로 비즈니스 조직에서 대부분의 노동자들은 '지식 노동자'로 전환됐다. 약간의 차별화된 지식이 커다란 결과의 차이를 가져올 수 있고, 지식 노동자의 연령은 갈수록 낮아지고 있다.

　전통적인 서열 중심의 조직은 오늘날 조직 구성원들에게 효과적이지 않다. 상사는 부하직원들을 가르치기도 하고 그들로부터 배우기도 해야 한다. 상사가 '하향전달'만 하는 경우 새롭고 도전적인 아이디어가 단절되어 스스로와 팀이 진부해지는 위험한 행보를 하게 될 수도 있다.

　오늘날 성공적인 조직이란 구성원의 전문성을 이끌어내 더 나은 의사결정을 내리는 '네트워킹' 조직이다. 네트워킹 조직에서는 상사의 옳고 그름보다 '무엇이 옳은가'가 더 중요하며 이는 구성원들이 아이디어와 커뮤니케이션이 수평적으로 흐를 때 가능하다.

또 다른 측면에서 보면 능력의 차이가 '서열'과 더 이상 관련이 없듯, '위대한 리더' 혹은 '리더십'의 개념도 갈수록 약해질 것이다.

리더는 추종자가 있을 때 존재한다. 앞으로 인류의 진화가 거듭될수록 '추종자'라는 개념은 사라지지 않을까? 그리고 '리더'도 마찬가지로 사라지지 않을까? 그리 작지 않은 규모의 회사들이 6명으로 구성된 집단 리더십을 통해 성공적인 비즈니스를 운영하고 있다.

이들의 경우 의사결정 과정에서 3 대 3으로 의견이 갈린 경우, 적어도 한 사람 이상이 설득되어야 중요한 의사결정이 이루어지므로 더 활발한 토론 과정을 거칠 수 있다.

우리는 스위스 지도자 이름을 기억하기 어려울 것이다. 왜냐하면 스위스는 7인으로 구성된 연방위원회가 운영하는 나라이기 때문이다. 이 흐름은 아직 작은 시작이고 광범위하게 확산되기까지 수십 년은 걸릴 것이다.

그렇다면 오늘날의 리더들은 이런 변화에 저항해야 할까? 아니면 받아들여야 할까?

서열을 중시하는 한국 사회가 고민해 봐야 할 중요한 화두라는 생각이다.

평등

　　　　　　　　　　음식점에서 빈자리가 나기를 기다리고 있을 때 누군가에게 순서를 빼앗기지나 않을까 노심초사하지는 않는다. 잠시 자리를 비울 경우라도 뒤에 온 사람에게 자리를 봐 달라고 부탁하고 자신의 일을 본다.

　법전에 나와 있는 것은 아니지만 '누구나 차례를 기다려야 하고, 순서가 되면 먹을 수 있다'는 보이지 않는 규범과 누구든지 예외 없이 그 규범에 따르고 있다는 신뢰가 있기 때문이다. 우리가 일상생활에서 자연스럽게 접할 수 있는 평등의 모습이다.

　누구에게나 똑같이 적용되는 규범, 실제로 그러한 규범이 지켜지고 있다는 확신, 이러한 공감대가 형성돼 있는 영역은 비단 음식점만이 아니다.

　하루에도 수없이 들여다보는 스마트폰과 컴퓨터 안에는 이용자와 기계를 연결해주는, 촘촘히 짜인, 누구에게나 똑같이 적용되는 거대한 운영체계가 있다. 자연으로 눈을 돌리면 어떠할까. 공기, 바람, 중력, 시간 역시 우리 모두에게 차별 없이 늘 주어지는 자산이다.

　초등학교 시절의 교육과정을 보더라도 이러한 모습이 배어 있음을 짐작하게 해줄 때가 있다. 산수시간을 보자. 네 가지 연산을 배울 때 가장 먼저 배우는 것이 더하기이다. 그다음이 빼기, 다음은 곱하기, 마지막은 나누기이다.

　물론 가장 어려운 것이 나누기인데, 나누기를 제대로 하려면 앞의 세 가지를 알아야만 한다. 물론 나누기를 하려면 나눌 수 있는 숫자가 존재해야만 한다. 그것을 무시하고 0을 나누겠다고 달려드는 사람은 없다. 그러기에 더하기, 빼기, 곱하기를 먼저 배우지 않을 수 없는 것이다. 나눌 만한 숫자를 만들어 내야 나누기를 할 수 있다는 사실 역시 깨달아야 하기 때문이다.

가장 어려우면서 연산의 완성 단계라고 할 수 있는 나누기. 결국 우리는 나누기를 알기 위해 인생에서 나누기를 잘해야 하므로 교육이라는 과정을 거치는 것이 아닐까. 평등의 중요성과 어려움을 함께 배우는 셈이다.

더불어 살아야 하는 세상이 더하기, 곱하기만 할 줄 아는 사람들로 가득 차 있다면 어떻게 될까. 나누기를 잘하는 사람 치고 고초를 겪었다는 이야기는 들어보지 못했지만 자신의 것은 물론 남의 것을 제대로 나누는 일은 여전히 난제 중 난제이리라.

바퀴도 가끔은
쉬고 싶다

시인 황동규는 바퀴를 보면 굴려보고 싶다고 했다. 바퀴와 친밀하다는 이야기로 들린다. 난 바퀴에 무관심하다. 그것이 굴러가는 바퀴든 멈추어 있는 바퀴든 내겐 큰 의미가 없다. 그저 굴러가는 모양이라고, 아니면 서 있네 정도의 알은체를 할 뿐이다.

어디에선가 읽은 기억이 난다. 인류의 발전은 굴러가는 바퀴의 속도와 비례한다든가. 다시금 생각해 보니 그분이 맞는 것 같다.

　인류문명의 원동력은 바퀴에서 시작되었을 것이다. 바퀴의 역사 제일 앞에는 굴림대가 있다. 먼 옛날 이집트의 피라미드라든가 캄보디아의 앙코르와트 사원, 마야나 잉카 문명을 꽃피울 수 있었던 것도 이 굴림대의 역할이 컸을 것이다.

　굴림대는 곧 어느 누군가에 의해 잘려 둥글게 굴러가게 되었고 바퀴축이나 바퀴살도 만들어 붙이면 점점 속도를 더하게 되었다. 속도가 더해지면 더해질수록 세상은 가까워지고 사람 사이도 그만큼 가까워졌다.

　오늘날 세상 모든 사람들은 이 바퀴가 맞물려 돌아가는 세상에 산다. 하늘을 나는 비행기도 사실 따지고 보면 이 바퀴가 없다면 불가능한 일이지 않은가. 요즘 흔히 쓰는 말로 지구촌이라는 말이 나오게 된 것도 생각해 보면 다 이 바퀴의 힘이다.

　이 시대는 바퀴의 세상이다. 바퀴가 세상을 돌아가게 하니 사람들은 바퀴에 세상을 맡겨두고 여유롭고 한가하게 살면 그만이다. 그런데 나부터 그렇게 살지 못한다. 다람쥐 쳇바퀴 돌 듯 정신없이 돌아가고 있다. 다람쥐가 쳇바퀴를 돌리면 속도가 붙어 갈수록 다람쥐의 발놀림도 덩달아 빨라진다.

　우리의 일상생활도 이와 흡사하다. 역사의 수레바퀴가 너무나 급하게 우리를 이곳에 데려왔다. 멈추려야 멈출 수 없는 바퀴들이 종횡무진으로 달린다. 디지털이란 바퀴를 달고 인터넷 세상에서 초고속으로 시공간을 오가는 요즘의 세상이다. 어느 누가 감히 이 흐름을 멈추게 할 수 있겠는가.

무한의 속도가 붙은 바퀴들이 어디를 향해 가는지 아무도 모른다. 요즘은 그 무한한 질주가 두렵다는 생각마저 든다. 바퀴도 가끔은 쉬고 싶을 것이다.

문정희 시인의 「바퀴에게」라는 시에서 노래한 것처럼 달리느라 마구잡이로 뭉개진 길가의 작은 꽃들이 있음을 바퀴에 보여주고 싶다고 했다.

아마 바퀴들도 가끔은 주저앉아 뭉개지고 치여도 피어나는 그 작은 들꽃들을 보고 싶을 것이다. 흘러가는 구름이나 밤하늘에 빛나는 별들을 보고 싶을 것이다.

길의 진화

돌궐제국의 명장 톤유쿠크는 일찍이 "성을 쌓는 자는 망할 것이요, 길을 만드는 자는 흥할 것"이라고 말했다.

자신이 가진 것을 지키기에 급급하고 외부와 소통하지 않는 자는 망할 것이요, 소통하고자 하고 진취적인 사고를 가진 사람은 흥할 것이라는 뜻이라고 생각된다.

길은 사람이 외부와 소통하고 이동하는 데 필수적인 요소다. 로마가 유럽을 정복할 수 있었던 배경은 사통팔달의 도로를 만들었기 때문이고, 독일이 2차 세계대전을 일으킬 만한 국력을 키울 수 있었던 배경은 고속도로의 원조격인 아우토반이 있었기 때문이다. 20세기 주요 운송기관이 마차나 기차에서 석유를 에너지원으로 하는 자동차로 바뀌면서 길은 더욱더 필요하게 되었다.

자동차가 도입되기 전에는 길 가운데에 사람이 다녔다. 기록사진을 보면 광화문 앞 육로거리에 사람과 말과 수레가 섞여서 다녔다. 하지만 자동차는 속도가 사람이나 다른 기관보다 빠르고 위험하다. 자동차는 기계여서 알아서 사람을 피하는 말이 끄는 마차처럼 사람과 함께 다닐 수가 없다. 건물에는 사람이 오가야 하니 건물 앞으로 인도가 만들어지고 가운데로는 자동차 길이 나게 되었다.

자동차가 효율적으로 지나다니기 위해서 도로 포장이 필요했는데, 마침 자동차의 에너지원인 휘발유를 만들면서 나오는 마지막 찌꺼기 아스팔트가 적당했다. 이로써 석유를 기초로 한 20세기 문명의 에너지 사이클이 완성된 것이다.

지구 표면의 점점 더 많은 부분이 아스팔트 포장된 도로로 덮이고 있다. 하지만 검은색 아스팔트가 깔린 길은 여름철 도심을 덥게 만드는 또 하나의 주범이 되기도 하고 여간 골칫거리가 아니었다. 이러한 패러다임에 혁신적인 진화가 시작되었다.

최근 미국의 친환경연구팀은 자동차 도로를 아스팔트 대신 태양전지판으로 포장하는 기술을 연구 중이라고 한다.

이 전지판은 자동차가 다녀도 손상되지 않을 정도의 강도를 가져야 할 것이고, 자동차가 비 오는 날에도 미끄러지지 않을 정도의 마찰력을 가져야 할 것이다.

상상해 보라. 전국에 깔린 모든 도로가 태양광 발전소가 되는 세상을. 생각만으로도 기대되는 세상이다.

비주류의
반란

　　　　　　　　　주변 사람들과 와인을 마실 때 종종 영화 〈사이드웨이Sideways〉 이야기를 하고는 한다. 두 명의 중년 남자가 미국 LA 북쪽 샌타이네즈밸리로 일주일간 와인투어를 다니면서 벌어지는 잔잔한 이야기인데 일상이 어지러울 때 나른한 위안을 주는 영화이다. 생소했던 피노누아Pinot Noir 와인의 복잡하고 다채로운 맛에 대한 주인공의 예찬과 대중적으로 사랑받는 카베르네 쇼비뇽이나 메를로의 무난하고 개성 없는 맛에 대해 주인공이 느끼는 지루함의 대비가 소소한 재미를 준다. 이 영화 덕분에 와인의 비주류인 피노누아의 매출액이 10% 이상 증가했다고 하니 가히 비주류의 반란이라 해도 과언이 아니다.

　　다른 이야기지만 오래전에 케이블TV에서 방송했던 「퀴어 아이 Queer Eye for the Straight Guy」라는 리얼리티 쇼가 있었다. 5명의 남성 동성애자로 구성된 전문가팀이 각각 패션, 뷰티, 음식, 문화, 인테리어에 대해 평범한(?) 남성 이성애자의 마초적인 삶을 송두리째 바꿔주는 프로그램이다. 이 프로그램에서 우리 주변의 익숙한 남성들이 패셔너블한 모습으로 변해가는 모습이야말로 또 다른 비주류의 반란을 보는 느낌이었다.

　　위의 예가 적합한지 모르겠지만 저성장의 시대에 돌입한 우리 산업도 비주류의 반란이 절실한 것 아닐까? 조선업, 철강업 등 중국의 빠른 추격으로 힘들어하는 대한민국의 메인 산업들이 다른 경쟁력을 확보할 시간적 여유를 가질 수 있도록 말이다. 코트라KOTRA와 한국문화산업교류재단이 발간한 '2014 한류의 경제적 효과에 관한 연구'에 따르면 2014년 한류의 생산 유발 효과가 12조 5598억 원에 달한다고 하니 그동안 메인 산업의 저편에 있던 한류 문화 콘텐츠, 화장품, 성형 및 미용 관련 산업이 힘든 경제의 틈을 채워 주고 있음이 고마울 따름이다. 또한 주류 패션 업체의 입장에서 보면 변방의 의류 유통 업체인 오렌지팩토리의 중국 진출이야말로 비주류 반란의 대표적인 성공 사례가 아니겠는가.

　피노누아는 포도 재배부터 와인을 만들기까지, 그리고 마시는 순간까지도 다루기가 힘든 와인이지만 관심과 이해를 갖고 보살펴 주면 마침내 최고의 맛과 향을 선사한다. 우리가 경쟁력 있는 비주류에 더 많은 관심을 기울여야 할 이유는 산업 곳곳에서 이미 증명되고 있다.

돈의 배반

　　　　　　　　　　정치인과의 인간관계는 맺고 끊음을 분명히 하는 것이 좋다. 정권이 바뀌면 정적을 치기 위해 그와 가까운 기업인을 조지는 것이 정치 역사다. 6개월 이상 검찰 수사와 세무조사를 받으면 기업은 망가진다. 금융그룹의 모 회장은 "정치 실력자와 가까이하려는 기업인은 교도소 담장을 걷는 것과 같다."라면서

"잠시 좋을지 몰라도 정권이 바뀌면 사정의 표적이 된다. 정치를 멀리해야 100년 기업으로 성장한다."라고 강조한다.

정치 건달과 브로커가 활개치고 소개 문화가 미덕인 한국 사회에서 아차 하면 구렁텅이에 빠진다. 그걸 피하려고 선거 직전 대기업 총수들이 해외 유랑 신세가 된다. 좋은 인연으로 만났다가 악연이 되기도 한다. 위로 올라갈수록 사람 만남에 스스로 엄격해져야 한다. 대인춘풍 지기추상待人春風 持己秋霜이라 할까. 남을 대할 때는 봄바람처럼 따뜻하게 하고, 자신에게는 가을 서리처럼 차갑게 하라. 세상은 돈, 권력, 명예를 다 주지 않는다. 하늘은 공평하다. 동서고금에 세 가지를 다 주는 법은 없다. 세계 굴지의 H중공업이 더 어려워진 것은 오너의 정치적 비용 탓이다. 대주주의 정치 야망 때문에 좋은 게 좋다고 제때 제대로 구조조정을 못 했고, 전라도와 충청도에 선심성 공장을 지어준 것도 경영에 부담이 됐다.

또 자리에 오래 있으면 꼭 탈이 난다. 그래서 임기가 있다. 나이 70세를 넘어서는 자리를 탐하지 말라고 한다. 금융계 원로인 라응찬 전 신한금융 회장과 윤병철 전 하나은행 회장의 인생역정은 대조된다. 라 전 회장은 행장 3연임에 이어 회장 4연임을 욕심내다가 경영 내분으로 느지막이 오명을 남겼다.

반면 윤 전 회장은 아름답게 퇴임한 금융인이다. 주위의 연임 권유를 뿌리치고 일찍이 김승유 회장에게 자리를 넘겨주고 사회 공헌 활동에 전념하고 있다. 박수를 받을 때 떠나라고 한다. 최인호의 소설 『상도』에서 임상옥이 석숭 스님께서 한 말을 회상하는 장면이 나온다.

"사람만이 항상 높은 곳을 찾아 앉으려 하고, 좋은 곳을 찾아 앉으려 하고, 한 번 앉으면 그곳을 떠나려 하지 않는다."라는 글귀가 나온다. 임상옥이 일천 배를 하면서 욕망의 유한함을 깨닫고 그 욕망의 절제를 통해 스스로를 만족하는 자족이야말로 부자의 상도임을 깨닫는다. "권력을 이용해 부를 얻은 자는 돈이 배반을 한다."라는 기업인의 말이 귀에 생생하다.

행복한
소비

불황에는 립스틱이 호황이라는 속설의 유래는 1930년대 미국의 대공황까지 거슬러 올라간다. 당시 미국 전역을 강타했던 심각한 불황 속에서 소비는 움츠러든 반면 립스틱과 같은 비교적 저가의 미용품 매출이 늘어나자 경제학자들이 입을 모아 이런 현상을 '립스틱 효과'라 명명했다. 비슷한 맥락의 넥타이 효과도 존재한다.

형형색색의 화려한 립스틱과 넥타이의 향연은 저성장 시대에 돌입한 한국에서도 흔히 볼 수 있다. 작은 투자로 큰 만족감을 주는 상품에 대한 관심이 늘어나는 것이다. 그 무엇 하나 장담할 수 없는 불확실성 시대에 돈을 아끼면서도 저마다의 품위를 유지하려는 소비 심리가 표출된 것이라고 볼 수 있다.

한편으로는 스몰 럭셔리도 대세다. 높은 가격을 지불하고 가구를 바꾸는 대신 작고 고급스러운 인테리어 소품을 사서 집을 꾸민다거나 해외여행 대신 럭셔리한 캠핑을 즐기는 글램핑족도 늘고 있다고 한다. 팍팍한 일상에서 작은 사치를 통해 삶에 활력과 즐거움을 추구하는 것이다. 결국 스몰 럭셔리는 소비를 절제하는 분위기가 팽배한 사회적 분위기에서 잠시나마 벗어나는 일종의 탈출구 역할을 하는 소비 트렌드로 자리 잡았다.

먹는 것도 빠질 수 없을 것이다. 당장 주머니에 몇천 원밖에 없어도 친구 혹은 가족들과 부담 없이 배불리 먹을 수 있는 행복을 찾는 이들도 있고, 가족이 함께 모이는 생일만큼은 조금 더 고급스러운 케이크로 특별함을 되새기는 사람들도 있다. 이렇듯 소비를 통한 행복의 형태는 넓은 범위의 품목에서 다양한 모습으로 발현된다.

경제 상황이 좋지 않으면 사람들은 어떻게든 자기 방식대로 불황을 견디는 방법을 똑똑하게 찾아 나간다. 목적지는 비교적 값싼 립스틱이 진열된 화장품 매장 진열대일 수도 있고, 아니면 부담 없이 배불리 먹을 수 있는 음식점일 수도 있다. 어쨌든 저마다의 소비 방식 그 이면에는 한 가지 공통점이 있다. 바로 일상의 소소한 작은 행복 추구다.

변모하는 경제지표 속에서 소비자들의 관념과 소비 패턴이 변하듯, 기업 역시 달라진 소비자들 니즈를 충족할 수 있는 새로운 가치를 찾아 이야기할 때가 되었다. 좋은 제품, 최고의 품질과 같은 딱딱한 홍보 문구보다는 행복한 순간을 함께한다는 메시지가 소비자 공감을 얻는 한마디가 될 수 있을 것이다.

한국의
맛

　　　　　　　　　　서양 음식이 마치 음악을 듣듯 시간적 순서대로 먹는 형식을 취한다면 한국의 음식은 그림을 감상하듯, 전체적으로 한 번에 놓여있는 음식을 이것도 먹어보고 저것도 먹는 것이 서양 음식과는 다르다.

　그래서 우리에게는 반찬을 비롯하여 불고기, 잡채, 신선로, 빈대떡 등 맛있는 음식을 상 위에 동시에 하나 가득 올려놓고 '상다리가 휘게'라는 표현도 있는 것 같다.

　또 우리 음식은 갖은 양념을 넣고 부글부글 끓이는 것들이 많은데 마늘, 파, 생강, 고춧가루, 참기름 등 많은 양념들이 어우러져 만들어 내는 풍부한 맛을 가지고 있다. 여기에 갖은 야채와 고기를 넣은 고기전골, 해물을 넣은 해물 전골 등도 그렇고 갖은 나물과 고추장에 비벼 먹는 비빔밥, 비빔국수 등도 이것저것 섞어서 오만 가지가 어우러진 맛을 즐겨 먹는 것으로 이것이 우리네 습성이다.

　이렇게 많은 재료를 섞어서 전체가 어우러진 맛을 선호하는 한국인은 언어도 '우리'라는 표현을 좋아하듯, 서로 엄청 헐뜯다가도 위기가 오면 어우러져 그 저력을 발휘하곤 한다.

　먹는 것은 어떤 문화나 생활, 습관, 성격을 알 수 있는 즐거운 수단인 것 같다. 어렵게 각 나라의 다른 성격과 특징을 알 수 있는 자리가 마련되었다니 오감으로 느낄 수 있는 좋은 기회라고 생각된다. 그러나 문화를 막론하고 사랑하는 가족, 친구와 어머니나 할머니의 손맛이 깃든 음식을 먹는 것이 가장 행복하고 맛있는 음식으로 기억되는 게 아닐까.

말의 중요성

말을 조심해야 한다는 의미로 "아 다르고 어 다르다."라는 속담이 있다. 사람이 사용하는 언어에는 철학과 사고방식, 예절과 배려심이 담겨 있다. 말은 같은 내용이라도 어떻게 표현하는가에 따라 전달 효과는 물론 사람 기분을 좌우한다.

얼마 전 한강변 산책길에서 재미있는 안내 문구가 적힌 간판 하나를 발견했다. '물고기 안전지대' 처음엔 무슨 뜻인지 잘 몰라 가까이 가서 보니 작은 글씨로 낚시와 수영을 금지한다는 내용과 위반 시 벌칙도 적혀 있었다. 단순히 낚시와 수영을 금지하라고 하는 것보다 자연과 환경 보호의 뜻이 내포된 기발하고 예쁜 표현 아닌가!

어느 식당에서는 '100세 이상 흡연 가능'이란 문구가 적혀 있었다. 담배를 피우지 말라는 금연이라는 상투적이고 규제적인 단어보다 얼마나 긍정적이고 재미있는 표현인가. 예전에는 고속도로 톨게이트를 '표 파는 곳', '표 받는 곳'이라 했지만 지금은 '표 사는 곳', '표 내는 곳'으로 바뀌었다. 공급자 위주 표현에서 소비자 위주로 전환된 것이다.

"사법은 정의로워야 할 뿐 아니라 정의롭게 보여야 한다Justice must

not only be fair but also be seen fair."라는 법률 격언이 있다. 당사자 승복이나 이해를 얻기 위해서는 사건 처리의 최종 결과가 중요하다. 하지만 진행 과정 절차나 용어 선택도 그에 못지않게 중요하다.

오만과 편견을
버려라

최근 대중의 관심을 받는 인디음악을 소재로 한 영화 〈비긴 어게인〉은 여주인공 키이라 나이틀리의 매력이 한껏 발산되어 젊은 세대는 물론 5060 세대들에게도 통기타 시대의 향수를 떠올리게 했다.

키이라 나이틀리는 2006년에 개봉된 〈오만과 편견〉의 여주인공이기도 한데 그 영화에서는 귀족 신분인 남주인공의 오만한 태도에 대한 편견을 깨고 신분 차이를 극복하여 사랑을 쟁취해가는 우여곡절 많은 사랑이야기를 잘 표현하고 있다.

"편견은 내가 다른 사람을 사랑하지 못하게 하고, 오만은 다른 사람이 나를 사랑할 수 없게 한다."

이는 비단 젊은이들의 사랑뿐만 아니라 사회생활에서도 가장 경계해야 할 잘못된 행태가 아닌가 한다. 또한 은퇴한 시니어들이 인생 후반전을 맞이하면서 특히 조심해야 할 점들이 바로 오만함과 편견이라고 볼 수 있다. 30여 년의 인생 전반전을 살아오면서 시니어들은 나도 모르는 사이에 자신만의 생각, 가치관으로 인해 고정관념이 쌓이게 되는데, 이것이 오만함과 편견으로 나타나게 되고 젊은 층에게 상당한 거부감을 일으키게 하는 상황이 된다. 더구나 재취업을 하게 되는 경우엔 최우선 순위가 되어야 할 덕목이 된다. 지금까지 자신이 경험하고 알고 있는 지식과 경험만으로는 급변하는 미래에 적응하기가 쉽지 않다.

즉 변화해가는 세상의 트렌드를 읽고 필요한 공부와 경험을 지속적으로 해 나가지 않는다면 성공적인 인생 후반전을 장담할 수 없을 것이다. 이뿐만 아니라 사회적 가치관의 변화가 큰 영향을 미치는 경우도 많다. 전에는 크게 문제시되지 않았던 사회적 관행들이 이제는 더는 용납되기 어려운 세상으로 변화하고 있는데, 이를 인지하지 못하고 과거의 생각과 경험만으로 행동하다보면 커다란 낭패를 볼 수도 있다는 말이다.

대표적인 것들이 소위 갑질 논쟁과 성희롱 같은 경우라고 볼 수 있다. 그래서 세상이 어떻게 변화해 가는지에 대한 트렌드를 제대로 읽어야 하며, 나이가 들수록 오만함 대신에 겸손함을, 편견 대신에 열린 마음을 가져야 할 것이다. 오만함이란 건방지게 구는 것만은 아니다. 여러 사람이 대화 중인데, 자기 혼자만 독점하여 남들에겐 말할 기회를 잘 주지 않는 것도 오만이다. 한마디로 상식적인 수준을 넘어서서 오버한다면 그게 결국 오만함으로 보일 수 있는 것이다.

편견도 이러한 오만함에서 비롯되는 경우가 많다. 자신만의 상식이나 경험을 가지고 지레 판단하여 결정짓기 때문에 여간해서는 생각을 바꿀 수 없는 고정관념으로 굳어지는데 이런 것이 바로 편견이라고 할 수 있을 것이다.

겸손한 마음을 가지게 되면 자연스레 마음도 열리게 된다. 욕심이 줄어드니 만족도도 높아지고 상대방에 대한 이해도도 높아져 대인 관계가 좋아지게 된다. 반대로 오만과 편견이 지속된다면 대인 관계에 대한 만족도가 급격히 떨어지고 결국 나 자신이 불행해지는 사회적 관계망의 악순환으로 나타나게 될 것이다.

"편견은 내가 다른 사람을 사랑하지 못하게 하고, 오만은 다른 사람이 나를 사랑할 수 없게 한다."

다양성의 가치

다양성 포용은 기업에 있어서 새로운 이야기가 아니다. 지구촌의 울타리가 존재하지 않는 오늘날, 기업 차원에서 다양성을 포용한다는 것은 단순히 하나의 기업 문화 확립을 넘어 기업 경영상에서 핵심적으로 고려되어야 하는 가치가 되었다. 다양성과 포용성은 창의적 사고의 발판을 마련하며, 소비자를 위한 경영 전략의 기본이 되고, 이는 기업의 장기적인 성장과 직결된다.

한 글로벌 자동차 대표는 경쟁이 심화된 세계무대에서 살아남을 수 있는 경쟁력으로 '다양성을 포용하는 문화'라고 말했다. 각기 다른 분야에서 경험한 내용을 열린 커뮤니케이션을 통해 듣고 표현하면 새로운 아이디어로 이어진다는 것이다. 기업은 다양한 배경과 경력을 가진 직원들이 성별, 나이, 학력, 장애 등에서 차별 없이 능력만 있다면 최상의 잠재력을 발휘하도록 지원해야 한다.

오늘날 기업 활동에 있어 다양성과 이를 포용하는 문화는 선택이 아닌 필수가 됐다. 다양한 사회·문화적 배경을 가진 인재들을 하나로 아우르고 이들 개개인의 잠재력을 실현시켜 시너지 효과를 극대화할 수 있는 기업만이 글로벌 시장에서 경쟁력을 가지고 지속 가능한 성장을 이룰 수 있다. 세계무대에서 눈부신 활약을 기대한다면 다양성의 가치를 다시 한 번 심도 있게 고민해 볼 때다.

관계의
재구성

"관계가 풍요로워질수록 관심은 빈약해진다."

지난 주 OECD의 '2015년 더 나은 삶 지수' 조사 결과 발표가 있었다. 우리나라의 경우 11개 지표 중 시민 참여, 교육, 안전 등을 제외하고 대부분의 지표는 최하위권에 그친다는 부정적인 내용이지만 충격적인 것은 언론에서 제목으로 뽑은 부분이다. '情 떨어진 한국' 어려움에 부딪혔을 때 도움을 청할 수 있는 사람이 있다고 응답한 비율이 72%로 OECD 36개 조사국 중 최하위라는 것이다.

우리나라만큼이나 사회적 관계를 중시하고 이런저런 조찬모임을 통해 끈끈하게 관계를 만들어 가며, 퇴근 후까지 네트워크를 만들기 위해 대학에서 진행하는 다양한 과정에 참여하는 열정적인 나라가 또 어디 있을까.

이런 관계에 집착하는 나라의 우리가 어려울 때 도움을 청할 수 있는 사람이 가장 빈곤하다고 하니 가히 아이러니라 할 수밖에 없다.

인간의 고독은 두 가지로 나눠진다고 한다. 로빈슨 크루소의 고독과 대중 속의 고독. 우리가 느끼는 대부분의 고독은 후자로서 혼자라서가 아니라 타인, 사회, 공동체로부터 소외되고 있기 때문에 고독한 것이라고 한다. 가끔 휴대폰에 저장된 사람들의 명단을 본다. 수백 명이 넘는 이름 중 내가 어려움에 처했을 때 전화를 걸어 도움을 요청할 수 있는 사람이 몇 명이나 될까?

아마도 열 손가락 안으로 좁혀지는 것을 부인할 수 있는 사람은 많지 않을 듯싶다. 나이가 들수록 관계의 넓힘보다 더 중요한 것은 관계의 좁힘인 듯하다. 적은 수이지만 나에게 관심과 애정을 갖고 있는 사람들로의 관계 재구성 말이다. 지금이야말로 군중 속에서 나를 외롭게 하지 않을 주위의 소중한 사람들로 관계를 재구성할 필요가 있는 때 아닐까.

벼농사
DNA

동북아지역은 오랫동안 벼농사 중심의 생활공동체를 형성해 왔다. 특히 쌀은 이 지역에서 삶의 생명줄이고 문화 그 자체였다. 논에 물을 대어 경작하는 수도水稻 재배는 가장 중요한 경제활동이었다.

동양의 통치자들은 치산치수를 나라경영의 으뜸으로 여겼다. 백성들이 배불리 먹을 수 있도록 쌀을 생산하는 것은 치국과 국부의 대명사였다. 이들 나라는 벼농사 외에도 한자를 공유하고 유교문화권을 형성해 왔기에 생활풍습도 비슷한 면이 많다.

하지만 우리에게는 독특한 벼농사 DNA가 있다. 우리의 벼농사는 마을 단위에서 절기에 맞추어 남녀노소가 총동원되어 협업을 할 때 좋은 수확을 거둘 수 있었다.

우선 비가 올 때 물을 잘 가두어야 하고 적기에 모내기를 해야 함은 물론이다. 자기 논에 혼자서 작업하는 것보다 동네 사람이 모여 공동으로 일을 해야 작업능률을 높이고 벼농사의 생명주기도 맞출 수 있다는 사실을 체화했다.

초등학교와 중학교 시절 모내기를 하던 생각이 난다. 당시 고무장화는 상상도 못 할 시절에서 종아리에 거머리가 몇 마리씩 붙어 있던 기억이 난다. 단체로 못줄을 따라 모를 심을 때 옆의 어른들의 속도를 따라가지 못해 애먹었던 기억도 난다. 이 과정에서 동네 어른들의 능숙한 모내기 솜씨도 알게 되고 새참을 먹으며 오롯한 정을 느꼈다. 협동과 끈끈한 정이 우리만의 벼농사 유전자를 만들었던 것이다.

우리나라는 과거의 농업 주도 사회구조에서 비약적 산업화로 경제 체질이 바뀌었다. 급속한 산업화와 도시화로 말미암아 개인주의 행동이 만연하고 협업의 정신이 쇠퇴하고 있다. 그러나 오늘날 경제구조가 산업 간 기술 융·복합으로 바뀌게 되면서 우리 몸에 밴 공동체

문화의 유전자를 다시 찾아야 할 필요가 있음을 느낀다.

흔히 일본의 도요타 자동차가 세계적 경쟁력을 지니게 된 배경에는 협력업체와 공생을 추구하고 필요부품의 무재고(無在庫)주의 등 경영혁신을 이룩한 결과라고 해석한다. 여기서 흥미로운 점은 벼농사에서 몸에 밴 협업과 개인 간 신뢰가 도요타 정신의 바탕이라는 주장도 있다. 우리 민족에게는 고유의 공동체 인성, 즉 두레와 품앗이 그리고 최근에는 새마을 정신이 있다.

우리 경제도 대기업과 중소기업들이 함께 가야 멀리 간다는 협업과 동반성장의 정신을 일깨워야 할 시점이다. 우리 몸속에 체화된 벼농사 DNA를 살려 우리 경제가 대도약하는 계기가 만들어지길 기원한다.

여성 후배 파이팅

최근 회사에서 여성들의 약진이 두드러진다. 학교에서 상위권 성적 여학생이 남학생보다 많고, 신입사원을 채용할 때 특별히 배려하지 않아도 여성 합격자 비율이 남성 부럽지 않을 뿐만 아니라 신문에서 자주 보게 되는 사법연수원 졸업식의 환호하는 사진에서조차 여성의 지면 점유비율이 점점 높아지고 있으니 말이다.

우리 때만 해도 여성들은 사회 어디서나 항상 소수였다. 그때나 지금이나 대한민국 여성의 DNA는 별반 다르지 않을 텐데 과거와 지금의 차이는 무엇 때문인지 종종 생각해 보곤 한다.

좋은 사람을 만나 결혼해서 편하게 사는 것이 최고라는 우리 부모님들의 딸에 대한 애정과 오빠나 남동생 공부를 위해 기꺼이 희생해야 했던 어려운 형편과 더불어 여성의 능력에 대한 사회적 인식 때문 아니었을까.

그 DNA 중 여성의 경쟁력이 과연 무엇일까? 나는 감히 이 세 가지를 꼽고 싶다.

멀티태스킹 능력, 친화력과 집중력. 집에서 TV를 켜놓고 드라마를 보며 요리하다가 세탁기가 다 돌아가면 빨래 널고 다림질하다 커피 마시는 것을 한 치의 실수 없이 동시에 수행하며 쌓아온 멀티태스킹 능력은 이런저런 바쁜 회사 업무를 동시에 수행하는 데 있어 엄청난 경쟁력의 원천이 된다.

친화력은 또 어떤가. 처음 보는 여자들끼리 2시간 정도 대화를 진행하는 데 소재의 빈곤이나 대화 사이의 간극으로 인한 어색함이 전혀 없으니 말이다. 이와 더불어 최근 여학생들이 남학생보다 성적이 좋은 이유가 유해한(?) PC게임에서 자유로울 수 있는 집중력 덕분이라는 말처럼 이 또한 아주 중요한 장점 아니겠는가.

여자가 행복해져야 주변이 따뜻해지는 것 같다. 사회생활을 하는 여성 후배들이 모든 부문에서 완벽해지려고 자신을 학대하지 말았으면 좋겠다. 기업 경영에서 한정된 자원의 배분이 중요하듯, 여자에게는 한정된 시간의 배분이 가장 중요한 것 아닐까.

문학으로
모든 질병을 치료한다

문학으로 모든 질병을 치료한다니 호기심이 발동했다. 저자 프로필을 보니 드물게도 한의학과를 졸업했으면서도 문인의 길을 걸어온 이철호라는 사람이었다.

음악 치료, 미술 치료, 연극 치료, 춤 치료는 들어 봤으나 문학 치료라는 말은 생소한 단어였다. 그러나 문학으로 치료 효과가 있을 수는 있겠다는 생각이 들었다. 저자의 주장은 문학작품을 읽거나 작품 활동을 하면서 그 순간은 자기 상황을 잊고 생각을 다른 곳으로 유도하는 기능을 꼽았다. 다음으로는 평소 마음속에 억압되어 있던 여러 가지 감정들을 해소하고 정화시키는 카타르시스 기능을 들었다.

문학작품 속에 빠져들다 보면 자신이 마치 주인공이라도 된 양 눈물을 흘리거나 감동을 얻게 된다는 것이다. 아리스토텔레스도 "비극이 그것을 보는 관객에게 연민과 공포심을 불러일으킨 뒤 다시 관객 자신의 연민과 공포심을 몰아낸다."라고 했다.

한방에서는 모든 질병의 원인이 심신의 부조화에서 나온다고 본다. 인간의 심리 상태나 감정, 마음가짐이나 정신적 질환이 인체의 모든 기관과 밀접한 관계가 있다는 주장이다. 저자는 문학 치료법으로 여성 질환, 남성 질환, 갱년기 증상, 임신증, 불면증, 우울증과 화병, 알코올 중독, 도박 중독, 콤플렉스를 이기는 방법, 남을 이기는 방법 등 환자의 체질과 증상에 따라 읽어야 할 문학 장르를 소개했다.

저자 자신도 백혈병이라는 진단을 받고 1년밖에 살 수 없다는 절박한 상황에서 문학에 심취하여 투병 생활을 했는데 기적처럼 병을 물리치고 건강을 회복했다는 것이다. 지치고 힘든 사람에게 절망과 좌절감을 딛고 일어서는 용기와 희망을 줬다는 것이다. 그때 삶에 대한 뜨거운 애착과 강인한 극복 의지를 찾게 해준 것이 문학이었다고 한다.

재미있는 일화가 들어있다. 중국 제나라 어의였던 '문지'라는 사람은 '격노법'이라는 것을 썼다는 것이다. 우울증을 심하게 앓고 있던 왕의 옷을 마구 짓밟아서 왕이 격노하여 자신은 끓는 물에 던져져 죽고 말았지만 왕은 그 덕분에 우울증이 호전되었다는 것이다. 이와 같이 문학은 "자신의 울분을 토해내기 위해 시작되었으며, 문학은 혼자서 움튼다."라는 말이 있다는 것이다. 독서를 하면서 남의 일에 카타르시스를 느낀다. 다행히 나는 주인공처럼 그런 상황은 아니라서 다행함을 느낀다.

Part. 3 지혜

법정이 전하는
중년의 삶

친구여,
나이가 들면 설치지 말고
미운 소리, 우는 소리, 헐뜯는 소리
그리고 군소리, 불평일랑 하지를 마오.
알고도 모르는 척 모르면서도 적당히 아는 척
어수룩하소.
그렇게 사는 것이 평안하다오.

친구여,
상대방을 꼭 이기려고 하지 마소.
적당히 져 주구려.
한 걸음 물러서서 양보하는 것,
그것이 지혜롭게 살아가는 비결이라오.

친구여,
돈, 돈 욕심을 버리시구려.
아무리 많은 돈을 가졌다 해도
죽으면 가져갈 수 없는 것.
많은 돈 남겨 자식들 싸움하게 만들지 말고
살아 있는 동안 많이 뿌려서
산더미 같은 덕을 쌓으시구려.

친구여,
그렇지만 그것은 겉 이야기,
정말로 돈은 놓치지 말고 죽을 때까지
꼭 잡아야 하오.
옛 친구를 만나거든 술 한 잔 사주고
불쌍한 사람을 보면 베풀어 주고
손주 보면 용돈 한 푼 줄 돈 있어야 늘그막에
내 몸 돌봐주고 모두가 받들어 준다오.
우리끼리 말이지만 이것은 사실이라오.
옛날 일들일랑 모두 다 잊고 잘난 체
자랑일랑 하지를 마오.
우리들의 시대는 다 지나가고 있으니 아무리
버티려고 애를 써 봐도 가는 세월은
잡을 수가 없으니
그대는 뜨는 해 나는 지는 해

그런 마음으로 지내시구려.
나의 자녀, 나의 손자 그리고 이웃 누구에게든지
좋게 보이는, 마음씨 좋은 이로 사시구려.
멍청하면 안 되오, 아프면 안 되오.
그러면 괄시를 한다오.
아무쪼록 오래오래 사시구려.

감정적 상처에 맞서는
10가지 생각법

① 모두에게 사랑받을 필요는 없다.
② 내가 존재해야 세상도 존재한다.
③ 혼자는 외로운 것이 아니라 자유로운 것이다.
④ 누구도 나에게 상처를 줄 권리는 없다.
⑤ 쓸데없는 비난은 무시하면 그만이다.
⑥ 완벽하다고 욕 안 먹는 것이 아니다.
⑦ 소모적인 처세보다 담백한 의사 표현이 낫다.
⑧ 어떤 문제도 나 혼자 잘못해서 벌어지지 않는다.
⑨ 자신을 사랑하는 사람이 남에게도 사랑받는다.
⑩ 인생은 나를 사랑해주는 한 사람으로도 충분하다.

이승민, 『상처받을 용기』 中

왜 산에
가야 하는가

1. 사람은 산을 걷는 것만으로 만병을 낫게 할 수도 있다.
2. 인간은 태초에 산을 걸으며 진화해 왔다. 걷지 않으면 병이 생긴다.
3. 나이가 들수록 자주 산에 가야만 한다. 왜냐하면 사람도 자연의 일부라서 자연과 조화를 이루며 살아야 하기 때문이다.
4. 그리고 산속에서 뿜어나는 음이온 등 여러 물질이 사람의 모든 질병에 자연 치유 능력이 있기 때문이다.
5. 그러나 문명의 이기로 자연을 파괴하고 자연을 멀리하고 살고 있는 도시 사람들은 운동이 많이 부족하다.
6. 부족한 운동을 산행으로 보충하는 것이 자연의 섭리에 따라 사는 것과 같은 것이다.
7. 사람과 자연과의 연관이 태초부터 그러하기 때문이다.
8. 산에 가는 것은 우리의 숙명이다. 우리 선조는 모두 산에서 태어났고 옛날에는 대부분의 사람들이 농민이었다.
9. 농부란 산에서 나무를 하는 산사람과 같은 것이다.
10. 그러나 현대인은 산을 떠나 별로 걷지 않고, 많이 앉아만 있게 되어 병이 생긴다.
11. 병이란 것은 기가 정체되고 순환이 안 되어 생기는 것이다.
12. 기가 쌓이는 에너지의 장기는 바로 간이다. 간이 약화되면 피로가 쌓인다.

13. 현대인은 모두 간이 약화되어 있다. 그래서 균형을 바로잡아 주어야 한다.
14. 정체된 기를 잡는 첫 번째가 바로 걷기이다.
15. 그중에 산행은 제일 좋은 걷기이다. 그래야 병을 치유할 수 있다고 말한다.
16. 약을 쓰지 말고 기분 좋게 욕심을 버리고 천천히 걸으면서 참선하듯 운동하는 것이 중요하다.
17. 그렇게 2~3시간 정도 걷다 보면 마음이 맑아지고 무념 상태가 된다.
18. 곧 걸음은 참선이고, 무아의 경지에 진입하는 방법론이다.
19. 걷는 것에 있어서는 기간을 두지 않는다. 왜냐하면 걷는 것은 만병을 다스리고 천수를 누리며 죽을 때까지 하는 건강 비법이기 때문이다.

이백과 산행

뭇 새들 높이 날아 사라져 버리고 衆鳥高飛盡
외로운 구름 두둥실 한가로이 떠 있네 孤雲獨去閑
마주 보아도 물리지 않는 것은 相看兩不厭
오직 너 경정산뿐이로구나! 只有敬亭山

계절에 따른 산의 모습은 정말 변화무쌍하다. 칙칙한 겨울옷이 화사한 봄옷으로 바뀌는가 싶더니 어느새 짙은 녹색 옷이 등장하고 있다. 산은 언제 봐도 새롭다.

이백이 경치를 구경하러 경정산에 올라간 모양이다. 늦은 봄철이 아니었을까? 새는 높이 날아가 버리고, 흰 구름만 뉘엿뉘엿 두둥실 떠가고 있는데, 울긋불긋 핀 꽃이 푸르른 초목과 어우러진다. 그 속에서 이백이 산을 바라보며 관조하고 있다. 항상 새로운 모습으로 다가서는 산에 어찌 싫증을 느낄 수 있으랴. "너 참 표변豹變하는구나!" 하고 감탄을 연발한다. 별천지 속 신선이 따로 없다.

그러나 이백은 고독의 시인이다. 어디에 가도 자기 자리가 아닌듯한 느낌으로 평생을 살다 간 사람이다. 귀족이 아닌데 귀족들과 어울려야 했고, 젊어서 고향을 떠난 후 다시는 고향에 돌아가지 못한 채 중국 천지를 떠돌아다닌 사람이다. "머물지 않으니 신비한 마음이 생긴다應無所住 而生其心."라는 부처님 말씀처럼 이백은 신분적이든 공간적이든 안주할 수 없었다. 이러한 삶이 고통과 고뇌를 수반했고, 시로 승화한 것이리라.

이날도 이백에게 마음 상한 일이 있었던 모양이다. 단체 산행을 갈 때 때때로 시간과 모임 장소가 바뀌기도 한다. 그런데 담당자가 깜빡 잊고 변경된 위치나 시간을 이백에게 알려주지 않았나 보다! 직급이 높았으면 어떻게라도 통지했을 텐데, 와도 되고 안 와도 되는 사람이라면 그런 수고를 하지 않았을 것이다.

뒤처진 채 혼자 따라가는 모습은 외롭고 쓸쓸하다. 뭇 새들 다 날아가 버린 텅 빈 공간에서 한 조각구름만 이백과 동행한다. 마음속

분노가 불현듯 솟아오른다. "수없는 수모를 겪었지만 이번만큼은 용서가 안 된다. 너희들 반드시 이 빚을 갚아주마!" 하고 씩씩거리는 순간, 듬직한 산이 시인의 눈앞에 다가선다. "역시 산은 달라! 아무리 보아도 지겹지 않아! 인간들은 싫다!"라는 외침이 들려온다.

재물 없이 베풀 수 있는
7가지 보시 布施

첫째, 신시 身施 몸으로 남에게 봉사하는 것

둘째, 심시 心施 남에게 동정심 등 따뜻한 마음을 베푸는 것

셋째, 안시 眼施 눈으로 남을 볼 때 남이 평온한 느낌을 받을 수 있도록 하는 것

넷째, 화안시 和顔施 온화한 얼굴 표정을 통하여 남에게 도움을 주는 것

다섯째, 언시 言施 남에게 친절하고 따뜻한 말을 해 주는 것

여섯째, 상좌시 床座施 남에게 자리를 찾아 주거나 양보하거나 편안하게 해주는 것

일곱째, 방사시 房舍施 남에게 자기의 방을 이용하게 하거나 집에 와서 쉬거나 묵게 하는 것

불경 『잡보장경 雜寶藏經』의 무재칠시 無財七施

육불합六不合과
칠불교七不交

중국의 부호 이카싱의 어록 중에서 교우관계를 얘기한 것으로 유명한 글이라고 한다. 우리도 이제껏 살아오면서 점점 더 느끼게 되는 건 친구나 인간관계가 귀중하다는 것을 느끼지 않는지. 나이가 들수록 사람을 잘 만나야 한다는 걸 뼈저리게 알게 되었다는 친구들이 하나둘 늘어간다. 그는 세탁소 점원으로부터 시작해서 30조 원에 달하는 재산을 모았다고 하는데 그에게서는 배울 점이 세 가지나 된다고 한다.

개인 재산가라는 게 첫 번째로 배울 점이고, 두 번째로는 그런 부자이면서도 비행기는 늘 이코노믹석을 타고, 10만 원 이하의 양복과 5만 원 이하의 구두를 착용하는 검소함이라고 한다. 세 번째 배울 점은 아시아에서 가장 많은 기부를 한다고 하며 그 기부하는 돈은 회사의 돈이 아니고 언제나 본인 개인 재산에서 내는 일이라고 한다. 그가 말하는 육불합과 칠불교에 대해서 우리 모두 읽고 또 읽어 마음에 새겨 기억해가며 살아가는 게 좋다고 생각이 들어 소개한다. 먼저 칠불교는 사귀지 말아야 하는 사람들이다.

1. 불효하는 사람
2. 사람에게 각박하게 구는 사람
3. 시시콜콜 따져드는 사람
4. 받기만 하고 주지 않는 사람

5. 아첨을 잘하는 사람

6. 권력자 앞에서 원칙 없이 구는 사람

7. 동정심 없는 사람

여섯 종류의 사람과는 동업을 꾀하지 말라는 육불합이 무엇인지 알아보자.

1. 개인적인 욕심이 너무 강한 사람
2. 사명감이 없는 사람
3. 인간미가 없는 사람, 그런 사람과는 함께 있어도 즐겁지가 않다고 한다.
4. 네거티브한 사람, 이러한 사람은 당신이 가진 긍정의 힘을 소모시키는 사람이라고 한다.
5. 인생의 원칙이 없는 사람, 그는 자신의 이익을 취하는 것이 인생의 원칙으로 생각한다. 다시 말해 손해 보는 일은 절대 하지 않는다.
6. 감사할 줄 모르는 사람, 은혜를 모르는 사람은 반드시 배신한다.

그분이 말하는 모든 것이 경험에서 얻어낸, 순수한 사람의 마음을 들여다본 것들은 아닌지. 말초적인 어떤 인간들의 속내 같은 것들, 커다란 어떤 것을 설정하기 위한 목표들이 아닌 인간미가 젖어들어 있는 말이어서 공감이 가고 좋아서 소개하는 것이다. 우리도 이렇게 노력한 것들을 지켜가는 과정에서 나를 찾아내고, 이웃을 사랑하며, 나아가 사회와 나라를 사랑할 줄 아는 마음으로 키워갔으면 좋겠다. 고령화 시대에 앞장을 서야 할 우리 시니어들의 마음가짐으로 어떤지.

이백의 별천지

왜 이런 산골에서 사느냐고 묻네만 問餘何意棲碧山
그저 웃을 뿐, 마음은 편안하다오. 笑而不答心自閑
복숭아 꽃잎이 묘연히 흘러가는 이곳은 桃花流水杳然去
속세와는 다른 별천지라네. 別有天地非人間

후세의 평자들이 격찬해 온 '산중문답山中問答'이란 시다. 시골 삶에 대한 예찬을 넘어 초탈한 마음의 세계를 보여준다. 상대방의 물음에 대해 '답하지 않고 웃으며笑而不答' 말로 표현할 수 없는 '심자한心自閑'의 세계로 나아간다. '복숭아꽃이 묘하게 흘러가는 별천지'가 그것이다. "마음이 한가로운 저는 세속을 초월한 무릉도원에 있습니다!" 하며 대단히 넉살스럽게 말하고 있다. 과장된 표현인데 자연스럽게 느껴진다.

다만 상대방의 비웃음에 대해 개의치 않고 초탈하는 것은 이백의 인생역정이나 호방한 성격과 맞지 않는다. 평생을 세속적인 영달을 얻기 위해 노력했고, 그것이 제대로 되지 않아 고뇌했다. 초탈의 경지와는 거리가 있다고 봐야 한다. 오히려 "너 같은 속물이 어찌 내 삶을 비웃느냐?"라며 분노하지 않았을까.

이백에게 말을 건네는 사람은 서울의 강남 같은 데서 거주하는 돈깨나 지닌 사람이다. 누추한 벽촌에 사는 이백을 보고 경멸하는 투로 말을 꺼낸다. "이 형, 이런 누추한 곳에서 어떻게 삽니까? 에어컨도, 수세식 변소도, 냉장고, 와이드 TV도 없고, 온통 살을 물어뜯는 모기만 득실거리는 이곳에서 어떻게 지내고 있소? 생활이 참 고달파 보입니다그려." 하고 비아냥거린다. 자신은 "강남의 좋은 아파트에서 벤츠 승용차와 온갖 편리한 전자 장비 그리고 오페라, 미술관 등 갖가지 문화생활을 즐기고 있노라."라며 이백을 여지없이 깎아내린다.

이백은 화가 난다. "이 속물!" 하면서 한바탕 욕지거리를 해주고 싶다. "돼지 눈에는 돼지만 보인다더니! 네가 어떻게 내 경지를 알겠느냐? 이곳이 바로 무릉도원이다."라고 말하고 싶다. 하지만 이런 말을 해도 이백의 처지를 잘 아는 상대방이 수긍할 리 만무하고, 입만 아플 것 같다. 그저 웃을 뿐이다. 속물 친구에 대한 울분을 시로 푼 것 같다. 나는 지금 별천지에 살고 있다고…….

도연명의 산중문답

사람들 속에 초가집 짓고 사니 結廬在人境
말과 수레 소리 들리지 않네. 而無車馬喧
어찌 이렇게 살 수 있느냐 묻기에 問君何能爾

마음이 멀어지니 사는 곳도 한가하다. 心遠地自偏

동쪽 울타리 아래 국화를 꺾다가 採菊東籬下

문득 고개 드니 남산이 다가선다. 悠然見南山

산기운 맑아 저녁노을 고운데 山氣日夕佳

새들은 짝을 지어 날아서 돌아오네. 飛鳥相與還

자연 따라 사는 참뜻을 此間有眞意

말로는 표현할 수 없어라! 欲辯已忘言

이백의 '산중문답山中問答'에 영감을 준 시다. 이백은 평생 명리를 추구했고 초야에 묻혀 농사를 짓지 않았다. 전원의 삶을 상세히 설명하기 어렵다.

"왜 산중에 사느냐?"라는 물음에 '무릉도원 운운'하며 얼버무릴 수밖에 없었다. 반면 도연명은 "곡식 다섯 말 때문에 허리를 굽힐 수 없다."라며 벼슬을 벗어던지고 실제로 귀농했다. 농촌생활의 회환과 경험이 풍부하다 보니 전원생활의 즐거움이 진솔하게 전개되고 있다.

수레 탄 사람을 볼 수 없는 세상인심의 각박함, 자신의 삶에 대한 시인의 고민이 엿보인다. 평생 글만 짓던 사람에게 농사일은 고달팠을 것이다. 자식, 아내에 대한 미안한 감정, 친척 어른들의 비난, 속세와 타협하지 못한 패배자라는 자책 등 인간적인 고뇌가 어찌 없었으랴!

그러면서도 다짐을 한다. "나의 선택이 잘못되지 않았다. 지금이 옳다. 마음은 이미 속세에서 멀어졌다."라고······.

국화를 따라가 고개 드니 남산이 외려 쳐다본다. 자연과 일체가 되는 깨달음의 순간일까? 산 기운은 날 저물어 더욱 아름답게 느껴지고 새들이 자유롭게 돌아오는 광경을 넋을 잃고 바라본다. "도회지에 사는 당신들이 이 기쁨을 어떻게 알겠느냐."라고 말하는 것 같다. 이 즐거움을 도무지 말로 표현할 수 없다고 한 번 더 부연한다. "나는 행복해!" 하는 절규로 들린다.

'귀전원거歸田園居'란 시에서도 "마차 다니지 않는 한적한 이곳, 사립문 닫고 빈방에 앉으니 잡된 생각 사라진다野外罕人事/窮巷寡輪/白日掩柴扉/虛室絶塵想."라며 자신의 수도승 삶을 옹호한다.

전원생활의 즐거움 뒤에 슬픔과 회한이 숨어 있지 않을까?

新 관동별곡

송강松江 정철은 관동별곡關東別曲에서 이렇게 노래했다.

> 소향로 대향로를 눈 아래 굽어보고 / 정양사 진헐대에 다시 올라 앉으니 / 여산같이 아름다운 금강산의 진면목 여기에서 다 보인다 / (중략) 석양 현산의 철쭉을 밟아 경포로 내려가니 / 넓고 아득하구나 저 동해의 경계여/이곳보다 아름다운 곳이 또 어디 있단 말인고

예로부터 관동의 절경을 많은 문사들이 노래했지만 송강의 관동별곡은 우리나라 가사 문학의 백미에 해당한다. 치악산을 지나면서 펼

쳐지는 백두대간의 장엄한 수림은 먼발치에서 보아도 세속의 번민을 씻어준다.

강원도에는 청정 경포대, 내설악 등반로, 대관령 스키장, 동해안을 따라 청량한 해풍 속에 달릴 수 있는 자동차 길이 있다. 그뿐인가. 소양호 부근에서 닭갈비와 막국수를 먹을 때 강원도의 정취는 우리를 상쾌하게 만들고 마음을 푸근하게 열어준다. 정동진 해돋이와 낙산사, 봉정암, 상원사 등 천년 고찰은 바쁜 일과에 찌든 도시민에게 해탈의 맛을 보게 한다.

적설을 구경할 수 없는 동남아, 홍콩, 대만 등지로부터 스키를 즐기려고 대관령을 찾는 관광객을 자주 접한다. 평창 동계올림픽이 확정되면서 이제 강원도는 세계적 주목을 받게 되었다. 동북아의 천연 겨울스포츠와 컨벤션 산업의 거점으로 비상할 수 있다.

흔히 강원도는 산업화에서 뒤졌다고 말한다. 산세가 험준하고 교통이 불편하여 개발이 늦어진 측면이 있다. 그러나 그 대가로 청정 자연자산을 유지하고 있다. 평창 동계올림픽 기간에 미래 청정산업의 진흥을 위한 투자 유치 행사도 곁들였으면 한다. 이들 친환경산업은 강원도의 미래를 밝게 할 것이다.

금강산은 고성에서 지근거리에 있다. 금강산을 빼고서 송강이 읊은 관동별곡의 현대적 재음미는 어려울 것 같다. 백두대간 자연경관과 어우러지는 동계올림픽을 준비하면서 친환경산업이 발달한 강원도의 미래상을 그려본다.

금강산 관광이 빨리 재개되어 新 관동별곡이 노래되기를 기대해 본다.

이백과 백로

   백로 한 마리 가을 물에 내리네. 白鷺下秋水
   서리같이 가볍게 날아 내리네. 孤飛如墜霜
   마음이 한가로워 가지를 못하고 心閒且未去
   외로이 우두커니 물가에 섰네. 獨立沙洲傍

 이백의 백로자白鷺鷥란 시다. 백로 한 마리가 물에 내리는 순간을 '찰칵' 찍은 것 같다. 서리가 내리는 것을 본 적은 없다. 아침에 맺혀 있는 것을 발견할 뿐…. 사람들이 느끼지 못할 정도의 미미한 움직임을 '서리처럼'으로 시인은 묘사한다. 슬로비디오같이 천천히 내려오는 장면을 숨 막힐 정도로 긴장된 공간으로 그렸다. 정중동의 표현으로 시인의 천재성이 돋보인다.

 동적인 움직임이 정적으로 바뀐다. 한 마리 해오리가 물에 내려섰듯이 이백 자신도 물가에 그냥 서 있다. 물가를 떠나지 못하고 자연과 일체가 된 모습이다. 속세에서 선경의 세계로 넘어가는 순간일까? 무릉도원을 발견한 걸까? 풍물도 한적하고 마음도 한적해진다. 혼잡한 환경에 묻혀 사는 현대인이 동경하는 세계를 표현한 시 같다.

 그러나 가을은 고독과 우수를 연상시킨다. 차가운 가을 물가에 이백 홀로 서 있는 모습은 더욱 쓸쓸해 보인다. 수심에 가득 차서 주위를 잊은 건 아닐까?

 오래전 김포공항에서 비행기가 오르내리는 광경을 본 적이 있다. 이륙할 때는 굉음을 내며 힘차게 올라갔다. 그러나 착륙하려는 비행기는 너무나 서서히 조금씩 내려오고 있었다. 왜 저리 조심해서 내려올까 하며 의아해했다.

권력이나 금력의 세계도 오르내림이 있다. 오를 때는 정신없이 앞만 보고 가지만 내려올 때는 조심해야 한다. 높은 산에 올라가면 정상은 좁고 머물 자리도 많지 않다. 그만큼 자리다툼이 치열해진다. 내려오기도 쉽지 않다. 자칫 헛디디면 떨어지고, 떨어지면 백 척 낭떠러지다. 서서히 조심스럽게 내려오는 백로를 보고 이백이 상념에 빠져든 게 아닐까?

이백도 황궁에 잠시 있었다. 당 현종 시절 한림공봉翰林供奉이란 벼슬에 있다가 2년을 채우지 못하고 쫓겨났다. 자신의 행동에 후회스러운 점이 없을 수 없다. 백로가 내리는 모습을 보고 '나도 저랬어야 하는데' 하며 자책했을지도 모른다. '올라갈 때 못 본 꽃을 내려와서 보게 된' 것 같다.

이백과 기녀

> 비단버선 물결 타니 먼지가 사뿐이네. 羅襪凌波生網塵
> 기생신세 어찌 해로할 낭군을 바라리. 那能得計訪情親
> 좋은 술 마다하지 않고 마시고 취하며 千杯綠酒何辭醉
> 발그스레한 네 모습 사람을 죽이는구나. 一面紅惱殺人

이백이 단칠랑이란 기녀에게 선사한 시贈段七娘로 전해진다. 그녀의 춤이 일가견을 보였던 모양이다. 가는 허리에 경쾌하고 부드러운 춤사위, 물결 타듯 바닥을 스치고 있는 아름다운 여인이 느껴진다. 이백이 춤추는 모습에 푹 빠졌나 보다! 버선발 뒤축에 일고 있는 먼지를 볼 정도니….

그런데 이렇게 재주 있는 아가씨가 한없이 불쌍해 보인다. 뛰어난 재주도 기녀라는 신분의 한계를 넘을 수 없다. "재주 있으면 뭐 하나. 술집에서 일하고 있는데! 너같이 재주 많고 예쁜 녀석이 왜 이런 데 있느냐? 좋은 집안에서 태어났더라면 누구나 선망하는 처녀가 되었을 텐데."하는 한숨이 들려온다.

이백은 뛰어난 재능에도 불구하고 신분의 벽에 부딪혀 고통받는 사람들을 동정했다. 기녀들은 대부분 재주가 뛰어나고 예쁘기까지 하다. 그런 여인들이 신데렐라가 되고 싶어 하는 것은 당연하다. 그러나 현실은 그렇게 녹록지 않다. 봉건시대에 여성의 사회 진출은 제한적이었고, 가난하고 천한 집안에서 태어났다면 그 재주와 미모를 받아줄 데는 기루 등에 한정됐다. 귀족들만이 예술을 향유할 수 있었고 노래, 춤 등 주요 예술이 기루에서 전승됐기 때문이다.

인간은 운명에 휘둘리는 나약한 존재다. 오히려 재주와 미모가 고난의 씨앗이 된다. 재능과 끼는 평범한 사람과 결혼해서 자식을 낳고 살아가는 보통 사람의 행복과 멀어지게 만든다. 기녀를 도덕적인 잣대로만 볼 문제가 아니다. 이백도 자신의 재능 때문에 방랑하고 있으며 귀족들의 노리개가 되고 있다고 생각한다. 동병상련을 느끼지 않을 수 없다.

기녀들은 자신들의 서글픈 처지에 아랑곳하지 않고, 손님들에게

술을 권하며 분위기를 돋운다. 그런 모습이 더 안타까워 보인다. 한 잔 두 잔 술을 주고받는 가운데, 예쁜 얼굴이 발그레해지며 더욱 사랑스러워진다. 서글픔이 매력으로 전환되고 이백도 아름다운 여인을 사랑하는 남자로 돌아왔다.

좋은 운을 불러들이는 방법

요시카와 나미의 책 『지금부터 시작하는 성공 습관』에서 나오는 성공을 부르는 습관 몇 가지를 소개하겠다.

1. 행운의 여신은 반짝이는 곳에 찾아온다. 머리와 얼굴에서 윤기가 나도록 자신을 가꾸고 명랑하게 행동하자. 당신에게서 발산되는 빛이 당신의 삶을 풍요롭게 해준다.

2. 긍정적인 말을 쓰자. 말은 음(音)이 되어 당신을 감싸고 있는 에너지에 영향을 미친다. "돈이 없어.", "정말 못살겠어." 이런 빈곤한 말은 빈곤한 울림이 돼 빈곤을 낳는다.

3. 집 구석구석을 깨끗이 청소하자. 풍수에서는 지저분한 집에는 돈이 들어오지 않는다고 한다.

4. 등을 꼿꼿이 펴서 발끝부터 에너지가 잘 활성화되도록 하자. 에너지라는 것이 원래 발에서 꼬리뼈를 통해 등뼈로 전달된 후 오른쪽 방향으로 나선을 그리면서 머리끝까지 상승하기 때문이다. 등을 쭉 펴고 활기차고 씩씩하게 걸어보자.

5. '시험'을 피하지 마라. 감당하기 힘든 일이란 신이 보낸 선물이다. 시련을 감수하려 애쓰는 사람에게 기회가 온다.

6. 덕을 쌓아라. 덕이란 별것 아니다. 누군가에게 따뜻한 말을 건네는 것, 따뜻한 눈빛으로 바라보는 것, 격려하고 응원하는 것이다. 덕이 쌓이면 기적이 일어난다.

7. 빠르게 착수하라. '해야지, 해야지.' 하며 실행하지 못할 때 더 괴롭다. 차라리 바로 해 버리면 마음이 편하다. 그리고 그 일은 스스로 움직이기 시작한다.

상처받을 용기

강북 삼성병원 기업정신건강연구소 전문의 이승민 씨의 신간이다. 내가 이 책을 산 이유는 부제, '모두에게 사랑받을 필요는 없다'는 문구 때문이었다. 관계가 넓어질수록 내게 잘해주는 사람도 늘지만 비난하는 사람도 늘게 마련이다. 이

것이 피곤한 것이다. 악플에 깊은 상처를 받기도 했다. 세상에는 좋은 사람들이 대부분이지만 암적인 존재도 늘 상존하고 있다. 사람들은 100% 또는 되도록 많은 사람들로부터 사랑을 받고 싶어 한다. 그렇지 않으면 피곤하기 때문이다. 사람들은 서로 어울려 산다. 사회적 동물이기 때문이다. 거기서 관계의 중요성이 등장한다. 관계를 잘 이루어 나가는 사람은 문제없으나 관계를 잘못해 나가는 사람들은 손가락질을 받고 본인도 엄청 스트레스를 받는다. 내게 큰 문제가 없어도 사회는 언제나 나를 비난할 수 있다.

이 책에서 저자는 "사람들은 언제나 나를 공격할 준비가 되어 있는 것 같다."라고 했으며 "어제의 동지가 내일의 적이 되기도 하고 특별한 친분이 없는 사람이라면 나를 공격하는 데 더더욱 거리낌이 없다."라고도 했다. 일반적으로 "상사는 무조건 나를 비난하고 지시하기만 하고, 부하 직원들은 알게 모르게 나를 무시하고, 동료들은 사사건건 내 흉을 보며 뒷담화를 한다."라는 것이다.

이런 현상을 막기 위해서 각양각색으로 노력하는 것도 중요하지만 차라리 맷집을 기르라는 것이다. 노후를 대비하여 돈을 저축해 두듯이 앞으로도 나를 향한 세상의 비난을 이겨 내기 위해서는 맷집을 길러 놓는 것이 최상의 방어책이라는 것이다.

그런 환경을 바꾸기는 어렵다. 내 능력 밖이다. 그러나 자기 보호는 내 능력으로 할 수 있는 일이라는 것이다. 꾸준한 운동으로 몸을 가꾸듯이 강인한 체력을 길러 놓으라는 것이다.

비난받는 이유는 여러 가지란다. 못나서 비난받는 것도 아니다. 누군가는 땀을 많이 흘린다고 싫어할 수도 있고 비염을 앓는다고 싫어할 수도 있다는 것이다. 그리고 이유 없이 싫어하는 사람도 있다. 사람은 누구나 인정받기를 원한다. 그러나 세상은 그렇게만 돌아가지 않는다. 원래 남을 칭찬하는 데 인색하거나 남을 낮춰야 자기가 올라간다고 생각하는 사람도 많다. 그러므로 자존감을 키우고 세상의 중심이 될 용기로 인정받지 않아도 괜찮다고 생각하라는 것이다. 누구나 욕을 먹고 살기 때문이다.

모두에게 사랑을 받는 사람은 없다고 한다. 사실은 나도 헐뜯으며 살지 않는가. 어떤 사람을 지칭해서 하는 뒷담화는 재미있고 술맛도 난다. 그러므로 방어적인 입장에서 스스로에 대한 믿음을 가지고 나약하게 흔들리지 말라고 한다. 상처? 그 정도는 아무렇지도 않은 것처럼 하라는 것이다.

매달리지 않는 연습을 하고 남들이 마당발이든 눈치 100단이든 부러워하지 말라는 것이다. 화가 생기면 스스로를 갉아먹을 뿐 절망할 필요가 없다는 것이다. 다시 혼자일 때 완벽해진다면 자신을 중심으로 생각하라고 한다. 세상이 존재하려면 내가 존재해야 한다. 내 안에 나를 채워 넣어서 영혼을 살찌우라고 한다. 세상은 나를 싫어하는 사람보다 나를 좋아하는 사람들이 많다는 사실을 알아야 한다. 내가 좋아하는 사람들, 나를 좋아하는 사람들과 어울리기에도 시간이 모자란다. 내 생각이 그렇다.

나를 비난하는 몇 안 되는 사람들을 대상으로 에너지를 낭비할 필요가 없다고 생각하는 것이다. 정 귀찮게 나오면 응분의 대가를 치르게 하면 된다. 그만큼 정신적으로 무장하고 있으면 여름철 귀찮은 파리처럼 치부하면 된다. 파리가 계속 붕붕대다가는 한 방에 목숨을 잃게 되는 것이다.

전문의로서 부러울 것 없을 것 같은 저자마저도 스트레스는 생기는 법이라며 온갖 운동과 직장인 밴드 활동, 세계 여행 등을 꿈꾸며 산다고 했다. 꿋꿋하게 내 주관대로 살아가는 사람들에게 용기를 주는 책이다. 그래야 하는 합리적인 이유도 들어 있다.

나는 품위 있게
나이 들고 싶다

불과 몇 년 사이에 100세 시대라는 단어에 익숙해지고 있다. 생활 수준의 향상과 의학기술의 발달 등으로 생명 연장이라는 혜택을 누릴 사이도 없이 장수에 따른 리스크를 걱정해야 하는 것이 아쉬운 현실이다.

이 책을 쓴 한혜경 교수는 현직 사회복지학과 교수로서 동아일보에 연재했던 '한혜경의 100세 시대'라는 칼럼의 원고를 바탕으로 이 책을 준비했다고 한다.

노인복지와 관련한 연구를 위해 현장에서 은퇴자들을 직접적으로 접한 저자가 전하는 다양한 사례는 바로 나와 내 친구의 이야기처럼 들린다. '호모 헌드레드homo hundred'라는 말이 낯설지 않은 시대이지만 아무도 자신을 나이 든 사람으로 인식하지 않는다.

이 책은 언제나 현역이고 싶으며 마음은 청춘인 시니어들에게 나이 듦으로 인해 직면하는 삶의 여러 이슈들을 꼼꼼하게 지적하고 있다. 문체는 가볍지만 저자가 제기하는 문제 의식은 날카롭다. 저자가 지적한 이슈들을 하나씩 나의 사고와 생활방식에 대입해 보면 자신의 노후 준비 정도를 가늠할 수 있을 것이다.

저자는 책의 서문에 행복한 100세 시대를 만드는 비결을 제안한다.

첫째, 혼자 노는 '고독생'에서 벗어나 교류하라. 그간 일로 인해 건성으로 쌓았던 인간관계는 허상일 수 있으니 세대를 초월해 활력을 주는 우정을 쌓으라고 전한다.

둘째, 가족관계를 리모델링하라. 은퇴 이후 가장 중요한 과제는 바로 가족관계, 그중에서도 특히 부부 사이의 관계라는 것을 모르는 사람은 없다. 그런데 이런 관계는 하루아침에 쌓아지지 않는다. 자녀에게 올인하는 것은 노후 빈곤의 주된 원인이 된다. 이로 인한 갈등에 대해서 자녀에게 책임을 전가할 수는 없는 노릇이므로 지금 솔직하게 이야기를 나누어야 한다.

셋째, 80세까지 일하려면 '경력 모자이크'를 만들어라. 평생직장의 개념은 이제 사라졌다. 개인은 평생 학습을 통해서 자신을 계발하는 노력을 멈추지 않아야 한다.

넷째, 혼자 사는 기술을 익히되 '이웃'과 '마을'에 투자하라. 은퇴 이후 집에 있는 남편을 비하하는 여러 우스갯소리를 들으면서 씁쓸한 기분을 감출 수 없다. 남녀 구분 없이 가사 일을 할 수 있어야 하고 독립적인 삶을 살 수 있는 신체적, 감정적 능력도 키워야 한다.

다섯째, '자기 성찰'을 통해서 능동적인 삶을 기획하라. 인생은 이게 글자 그대로 마라톤이 되었다. 마라톤을 뛰는 사람의 주법은 단거리와는 다르다. 타인의 기준이 아니라 자신만의 기준으로 살 수 있는 기획이 필요하다. 한국사회에서 역사상 가장 교육 수준이 높고 청소년기부터 경제적 혜택을 누려 본 베이비부머들이 기대하는 노년의 삶을 한 단어로 요약하면 '품위 있게 늙어가기'가 될 것이다.

품위란 단순히 경제적으로 여유가 있는 것만을 말하지 않는다. 나이가 든다는 피할 수 없는 현실로 인해 불안해하지 않으며, 즐거운 마음으로 할 수 있는 일을 찾는 것은 품위 있는 삶의 한 단면이다. 부부간의 관계나 자녀와의 관계에서 심각한 갈등이 없이 서로의 삶과 생활방식을 존중할 수 있는 유연한 사고도 품위 있는 삶의 기초가 될 것이다.

삶의 여백을 찾자

기업 컨설팅을 주로 하는 한스컨설팅의 한근태 대표가 저술한 책 『일생에 한 번은 고수를 만나라』에 보면 아래와 같은 내용이 나온다.

"하수들은 생활이 불규칙하다. 변수가 많다. 일관성이 떨어진다. 쓸데없는 약속이나 이벤트가 많다. 차분히 앉아 있지 못한다. 무언가 엄청난 일을 하는 것 같지만 실은 눈에 띄는 열매가 없다. 고수들은 생활이 심플하다. 잡다한 약속이 없다. 규칙적이다. 쓸데없는 일에 시간과 정력을 빼앗기지 않는다. 할 일이 명확하다. 리듬 깨지는 것을 싫어한다. 일을 할 때는 온전히 일에만 집중한다. 그들만의 루틴

이 있다."

바야흐로 베이비부머들의 은퇴가 본격화되고 있다. 1차 베이비부머는 1955년생부터 1963년생까지의 약 710만 명이다. 당장 은퇴가 없는 자영업자나 전문직, 교수직을 제외하더라도 매년 수십만 명이 인생의 대전환점을 맞이하고 있는 것이다.

30년 공부해서 30년 가까이 앞만 보고 달려와 이젠 좀 쉴 수 있나 했더니 갑자기 수명이 늘어나 100세 시대란다. 이는 앞으로 30년가량을 더 살아가야 한다는 얘기이니 준비해 놓은 건 없고 조급한 마음에 하루 종일 분주하게 여기저기 기웃거리며 생활의 중심을 못 잡고 바쁘기만 한 일상을 보내는 은퇴자들이 의외로 많이 있는 것 같다.

물론 경제적으로 여유가 있고 노후에 할 일을 미리 준비해 왔다면 좋겠지만, 대부분 은퇴자들은 그렇지 못한 게 딱한 현실이다.

사실 그동안 치열한 경쟁사회에서 살아남기 위해 분주하게 일을 하느라 미래를 생각하고 준비할 시간과 여유는 별로 없었다. 열심히 달리기만 했을 뿐 어디가 종점인지 그 이후엔 뭘 해야 하는지 깊이 생각해 본 적이 없다.

살면서 가끔은 쉼표도 찍고 삶의 여백을 가지면서 자신을 되돌아보는 시간을 가지고 세상 돌아가는 것도 객관적 시각에서 바라보는 것이 필요한데 이런 여유를 가지지 못하고 살다 보니 삶의 속도는 나이 듦에 따라 시속 50km, 60km로 점점 빨라져만 가서 마음은 점점 조급해지는 것 같다.

그림을 그리거나 사진을 찍을 때도 전체를 꽉 채우는 것보다는 일부분을 일부러 비워두는 이른바 '여백의 미'가 효과적인 경우가 많다고 한다.

사람도 아주 완벽한 사람보다는 조금은 부족한 면이 보여야 인간적으로 느껴져서 호감이 더 가는 게 인지상정이기도 하다. 일도 꼼꼼하게 잘하고 외모도 뛰어난 커리어우먼들이 의외로 남자친구를 사귀기 힘든 것도 이런 맥락으로 해석할 수 있을 것이다.

조각처럼 이목구비가 뚜렷한 얼굴보다 조금 엉성해 보이지만 여백의 미가 있는 얼굴에 더 친근함이 느껴지는 경우가 많다. 위키백과를 찾아보면 여백이란 "회화에서 실제로 사물이 존재해야 할 곳에 어떠한 효과 없이 공간을 비움으로써 혹은 마치 미완성으로 보이는 듯 과감히 생략된 공간을 뜻한다."라고 되어 있다. 공백은 단순히 비어 있음을 뜻하지만, 여백은 그려지진 않았으나 누가 보아도 그 공간에 무엇인가 있음을 암시하는 공간이다.

한마디로 보는 사람의 상상에 맡긴다고나 할까?

어린애들을 훈계할 때도 너무 잔소리를 많이 하는 대신에 꼭 할 말만 몇 마디 하고는 침묵으로 그 애 자신이 스스로 잘못을 느끼게 만드는 게 고수의 방법이다.

톱니바퀴가 맞물려 연속해서 잘 돌아간다면 외견상으로는 아무런 문제가 없다고 보일 수가 있지만, 우리 인생은 너무 단조로워져서 오히려 스트레스가 쌓일 수 있다고 생각한다. 인생 3막을 준비하면서 우리 모두 이젠 삶의 쉴 틈도 가끔 찍고, 여백도 찾아가면서 함께 더불어 살아간다는 마음가짐을 가져보는 게 어떨까?

좋은 아이디어도 릴렉스한 분위기에서 많이 나온다. 바둑에서도 하수는 항상 보이는 수를 결행하여 결정지으려고 하지만 고수는 여러 가지 경우의 수를 상상하여 미완성의 맛으로 남겨 둔다.

채움보다 비움과 남겨둠이 더 효과적인 때가 많다고 생각한다. 설사 나중에 채우지 못하더라도 그 과정에서 키워지는 상상의 설렘은 우리의 마음을 더 풍요롭게 할 수 있다.

우리 모두 삶의 여백을 찾자.

포스트
삼성

이 책의 저자 윤덕균 씨는 서울 공대 졸업, 카이스트 산업공학 박사이다. 2009년 서울시 교육개발원 베스트 강사상을 받았으며 2010년 중앙공무원 교육원에서 베스트 강사상을 수여받았다.

작년 삼성전자의 매출과 순이익이 급감하면서 그렇지 않아도 삼성전자의 미래에 대해 걱정이 많던 터에 나온 책이라 흥미진진하다.

각종 도표와 수치, 자료들이 한눈에 쏙 들어온다. 삼성전자가 우리 경제에 차지하는 비중은 막대하다. 국내 상위 100대 기업에서 순이익 부문은 25% 수준이다. 삼성 그룹 전체 영업 이익 중 92%이다. 매출 규모가 전국 GDP의 18%가 되어 삼성전자의 부침은 우리 경제에 미치는 영향이 막대하다.

2013년 494개 상장사 연결 순이익 61조 중 절반만 삼성전자가 차지했다. 2011년 소니를 비롯한 NEC, 파나소닉, 후지쯔, 샤프. 5대 전자 회사가 170억 달러 손실을 기록했을 때 삼성전자는 150억 달러 영업이익을 달성했다.

천하의 소니가 2010년 시가 총액으로 비교해 볼 때 397억 달러였는데 삼성전자는 944억 달러로 소니의 2.7배를 기록했다.

세계 휴대폰 시장의 1인자였던 핀란드의 노키아를 삼성전자와 비교했다.

핀란드는 한창 잘나가던 시절인 1998~2007년 사이 핀란드 국내총생산이 25%를 차지했었다. 이런 회사가 2007년 애플 아이폰의 등장으로 3년 만에 속절없이 추락하여 2013년 마이크로 소프트에 회사가 넘어갔다.

삼성전자가 차지하던 비중, 같은 품목인 휴대폰을 중심으로 한 매출과 순이익으로 볼 때 노키아는 반면교사 감이다.

일본의 대표 기업 소니의 몰락도 변화하는 추세를 못 따라잡으면 한순간에 붕괴될 수 있다는 것이다.

저자는 삼성전자의 문제를 공대 출신 인재들에서 지적했다.

이 회사가 기술개발 핵심인력으로 전자공학과, 기계공학과 출신을 꼽고 있는데 우수 인재들이 의사와 법조계, 경영계통으로 빠지는 것이 우려된다는 것이다.

미국 특허 건수를 봐도 2012년 5천여 건으로 IBM에 이어 2위였는데 특허 건수가 정점을 찍고 내리막 추세에 있다고 지적했다. 빠르게 변하는 세계에서 영원한 성장 산업은 없다는 것이다.

삼성그룹 고 이병철 회장이 황무지였던 반도체 사업에 뛰어들어서 오늘의 성공을 이루었듯이 경영자의 최고 덕목은 유망산업 예측으로 봤다.

그동안은 '대마불사'라고 대기업은 죽지 않는다는 말이 노키아와 소니의 예로 볼 때 '대마필사'도 될 수 있다고 경계한다.

일본과 미국, 핀란드의 예로 볼 때 그들은 어떤 선택을 했는지 언급했다. 핀란드는 노키아는 몰락했지만 오히려 국가 경제는 여전히 탄탄하다는 것이다. 노키아에 있던 우수 인력들이 소규모 창업을 하면서 출구를 찾은 덕분이라고 한다.

일본이나 미국 역시 공대 기피 현상 때문에 고민이라고 한다.

책 제목은 『포스트 삼성』이지만 다른 비즈니스 분야에 관한 얘기도 많다. 일본의 소니는 삼성전자에 추월당했지만 일본은 여전히 부품산업과 실버산업은 큰 격차로 앞서가고 있다는 것이다.

다행히 대일 무역역조는 빠르게 감소하고 있으나 대중국 수출이 폭증한 데 대해 우리 부품산업의 미래가 달려 있으니 고부가가치로 대응하는 전략이 필요하다는 것이다.

실버산업은 앞으로 우리나라에서도 유망산업이라고 했다. 일본 전체 부유층에서 66세 이상이 차지하는 비중이 47%, 75세 이상이 15%라고 한다. 우리도 빠르게 일본을 닮아가면서 실버산업에 대해 눈길을 돌릴 필요가 있다고 했다.

저자가 중국 천진 사범대와 이공대에서 각각 객원교수, 객좌교수를 역임한 이유도 있겠으나 앞으로는 최고의 시장인 중국과 인도로 눈을 돌리라고 권한다. 중국은 슈퍼 파워로 커 가고 있으나 틈새시장이 있다는 것이다.

삼성전자가 위협으로 보는 것은 중국 업체들이 대거 휴대폰 시장에서 선전하고 있다는 사실이다. 세계 최대시장에서 가격 경쟁력으로 밀리기 때문에 삼성전자의 휴대폰 사업은 위기에 직면해 있다는 것이다. 물론 삼성전자는 휴대폰 사업 말고도 반도체 시장의 최강자이다. TV를 비롯한 가전 부문에서도 선두자리를 놓치지 않고 있는 강점이 있다. 미래의 한국경제는 융합이 답이며 결국 여기 필요한 인재가 답이라고 결론지었다.

삼성전자가 인재 확보를 최우선 과제로 삼고 있는 이유이다.

살아 있는 동안
꼭 해야 할 49가지

탄줘잉이라는 중국 사람이 쓴 책이다.
저자가 쓴 글이라기보다는 여기저기 버킷리스트에 참고해야 할 이야기들을 동서양에서 모은 것이므로 편저가 맞다.

그간 우리가 염두에 두었던 점은 남은 생 동안이나마 하고 싶은 일을 적어서 다 해 보고 죽어야 죽을 때 후회가 없다는 개념이었다.

다소 주관적이고 사안에 따라서는 비도덕적일 수도 있고 남에게 폐를 끼칠 수도 있으나 내 위주로 생각하는 것을 버킷리스트의 작성요령처럼 알고 있었다. 미국 영화 '버킷리스트'가 그렇게 주입해 준 효과 때문인지 모른다.

그러나 이 책은 내 위주가 아닌 주위 사람들을 같이 참여시킨다는 개념이 다르다. 버킷리스트를 관통하는 주제는 시간의 흐름이다. 세월이 가면 나도 죽고 부모님을 비롯하여 은사님, 주변 사람들도 다 죽는다. 마음에만 담아두지 말고 나 포함, 그들이 죽기 전에 실행에 옮기라는 것이다.

신입사원에게 사장이 돌아가서 어머님 발을 씻겨드리라는 대목이 나온다. 어느 대학교 광고에서도 본 장면인데 그 당시 콧등이 찡했었다. 어머님은 이미 오래전에 돌아가셨으니 시간이 가면 '아차!' 하며 하고 싶어도 못하는 일이 많다. 날마다 15분씩 책을 읽으면 일 년에 36권의 책을 읽을 수 있다고 한다. 그러려면 침대 머리, 화장실, 식탁, 가방 등 모든 곳에 책과 함께하라는 내용이 나온다. 다행히 하루에 1시간 이상씩 책을 읽는 덕분에 이 분야는 초과 달성하고 있어 위안이 된다. 누구나 어렵게 살고 있지만 내가 보인 선행이 전염되어 다른 사람들에게 이어진다는 내용도 좋았다.

나이 들어서 굳이 대가를 바라고 선행을 베풀지는 않는 편이다. 그저 판단이 그렇게 내려지는 것이고 대가를 바라지 않는 것이 맞는다는 경험 덕분이다.

버킷리스트의 핵심은 '있을 때 잘해'로 압축할 수 있다. 현재가 바로 실행해야 할 때라는 것이다.

세월이 가면서 모든 것은 변한다. 모든 관계의 사람들도 다 같이 늙어가고 나도 신체 기능이 퇴화한다. 나중에 후회하지 말고 지금 마음껏 누리고 행복을 느껴보라는 것이다.

책에서 얘기한 살아 있는 동안 꼭 해야 할 49가지 모두 와 닿는 것은 아니다. 사람마다 가치관이 다르고 동양·서양 문화가 다르고 내가 처한 환경이 달라서 각자가 쓰는 버킷리스트는 모두 다를 수 있다.

대부분은 마음 씀씀이에 달려 있다. 무리하게 버킷리스트를 짜낼 필요 없이 지금 이대로가 버킷리스트에 들어갈 수도 있겠다. 죽기 전에 뭘 해야 할지 아등바등하기보다는 별일 없이 이렇게 유지되는 것이 행복이라면 굳이 버킷리스트를 고민할 필요도 없겠다.

내 조각을 내려놓는 행복

1976년도 발표되었던 책 『잃어버린 조각을 찾아서 The missing piece』를 다시 읽었다. 저자 '쉘 실버스티인'은 한국전쟁에도 참여한 적이 있었다. 이 책의 주제를 살리려 한 〈이가 빠진 동그라미〉란 제목의 노래도 들었다. 1979년도 '활주로'란 이름으로 활동했던 가수의 노래다. 인터넷판으로 보고 들으며, 세상 참 많이 변했음을 느꼈다. 약간의 시간이 지났을 뿐인데도 말이다.

이러한 문명의 변화와 상관없이 같은 질문과 대답이 반복된 것은 무척 많다. 그중에서도 '삶이란 나만의 행복 찾기' 과정이 으뜸 아닌가 하는 생각에 다시 빠졌다. 물론 꼬리에 꼬리를 무는 질문, 그때마다 스스로 답을 내리곤 하는 우리네들이다. 물론 하기 위해.

과연 '나만의 것'이 존재할까? 나이가 많아질수록 더 뚜렷하게 보일까? 아니다. 그 어떤 결과도 영원하지 않음에 언제까지 고개 숙이고 산책을 해야 할까? 이도 아닌 듯하다. 그 어디에도 없다고, 내 안에 있다고도 한다. 아니, 절대자와 함께하라고 하기도 한다. 그러면 내가 가만히 있을까?

소크라테스의 말처럼 '나 자신을 알기'는 어떤 과정을 통해 느껴지는가?

나만의 방법으로 만들어 가겠지만, 그 과정마다 생기게 될 나의 즐거움이란 과연 어떤 것인지? 또 완벽한 것을 추구하는 만큼 과연 나는 즐거운지? 여러 가지 질문을 해서 던져 놓고 그저 물끄러미 그것을 바라보는 지금은 조금 전보다 기쁜 느낌이 더 들 뿐이다.

동그라미가 잃어버린 자신의 조각을 찾으려고 했을 때, 그에게는 미지의 희망과 즐거움이 있었다. 그러나 자신의 것이라고 느낀 후부터 그 희망과 즐거움이 점점 사라짐을 동그라미는 느낀다. 무엇인가 행할 목표가 있을 때 바로 그것을 향해 끊임없이 추구하는 과정이 진실 되고 아름다운 일인 것. 결과보다는 과정이 중요하다는 것을 과연 어떻게 만지고 있어야 할 것인가!

현대사회 조직의 흐름에 발맞추어 앞서거니 뒤서거니 살아가는, 혹은 사라져 가는 지금 우리의 삶의 모습, 자칫 과정은 없고 결과만 찾아 떠돌아다니는 듯하다. 더욱 하루가 다르게 변해 가는 과학 문명 시대는 '무엇을 추구하며 어떻게 그곳에 이르는가?'보다는 '그곳에 이르렀는가? 못 이르렀는가?'라는 결과론이 매번 승리의 함성만이 지나는 또는 다가서는 시간마다 넘치고 넘친다.

더더군다나 내 것을 내려놓는 동그라미처럼 '자신의 것'을 버리는 것만으로는 전체 문제가 해결될 것 같지는 않다. 왜냐하면 현대사회의 구조는 자신의 완벽함처럼 이미 완전한 것만을 필요로 하기 때문이다.

물론 어느 한 개인의 노력만으로 이 같은 사회적 문제를 제도적으로 해결하기는 어렵다. 오히려 이러한 생각을 하는 사람들은 사귐에 의해 철저히 소외당하거나 배척당하여 인간 생존이라는 기본권조차 위협받기 때문이다.

이러한 개인들은 현실 도피나 다른 극단적 방법의 삶을 누리게 되는 바, 그저 우스개 뉴스거리의 한 귀퉁이를 서성일 뿐이다.

인간은 사회적 동물이다. 그래서 인간은 사회를 떠나서 로빈슨 크루소처럼 살 수 없는 존재, 인간은 사회와 항상 연관 관계를 가지며 살아갈 수밖에 없는 것, 과연 나를 희생해서 다른 이의 기쁨을 더해주려는 사람이 얼마나 있겠는가?

교과서에나 있는 말로 돌리기엔 분명 너 나 할 것 없이 부끄럼을 감출 수 없다. 그러나 분명 끊임없이 변화하려는 일환으로 자신의 일부를 떼어 누군가에 도움을 주고, 새로운 '자기 조각을 찾는' 희망을 만드는 일은 우리를 새로운 기쁨으로 향하게 한다. 이러한 스스로 변화를 일으키려는 노력이 주변을 즐거운 웃음소리로 가득하게 한다. 어떤 경우든 개개인 모두가 '완벽함이란 없다'는 스스로의 부족함을 이해하고, 서로 도우려는 최소한의 생각을 하고 있으리라는 믿음에 웃음을 한 번 더 지어본다.

당연히 진정한 기쁨이란 결국 누군가를 돕는 일에서 출발함을 서로 알고 있다. 자신의 것을 조금씩 양보하려는 자세가 행복한 나를 유지하는 일인 것이다. 새로운 시간을 내 것으로 만드는 미래를 향한 자세란, 동그라미처럼 내 것 일부를 스스럼없이 내려놓는 일이다. 즉 또 내어놓은 조각을 찾아, 아니 새로운 내 조각을 기꺼이 만들어 가려는 자세와 그 과정이니 이 행복함을 어떻게 표현하랴!

진정 사랑한다면
열정과 헌신이 식지 않아야

에릭 프롬Erich Fromm의 『사랑의 기술』이라는 책에서 '사랑은 다듬고 연마해야만 하는 기술'이라고 말하고 있다. 사랑을 유행가나 타령만큼 쉽게 생각할 일이 아니다. '사랑=받는 것이다'라는 등식을 벗어나 우연한 기회에 경험하게 되는, 운 좋으면 누구나 언제든지 경험하는 즐거운 감정이 아니라는 것이다. 지식과 노력이 요구되는 기술이라는 것이다.

현대 문화는 욕구의 거래에 초점이 맞추어져 있는지도 모르겠다. 서로 유리한 거래를 하기 위해 값싸거나 더 좋은 물건을 찾아내는 것 그리고 무엇이든 원하는 것을 고르고 내 것으로 만드는 그 자체가 즐거움인지 모르겠다. 그래서 간택의 기회를 높이기 위해서 인기 있고 개성 있는 좋은 상품이 되기 위해서 노력하는지도 모르겠다. 문화적 배경이 사랑을 거래의 대상에 올려놓고 있지는 않은지 인문학 강좌가 확산하는 이유가 이런 시대적 잡음을 걸러내야 하겠다는 순수함이 발동한 것일지도 모른다. 그래서 진정한 사랑의 본질을 찾고 싶은 것이다. 사랑도 기술이 필요하다는 전제를 두면, 이론의 습득과 실천의 습득이 필요하다.

예일대학교 심리학 교수 스텐버그Robert J.Sternberg는 사랑의 세 가지 구성 요소를 중심으로 '사랑의 삼각형 이론triangular theory of love'을 제시하였다. 온전한 사랑은 사랑의 세 가지 요소로 나타나는 사랑의 삼각형에서 변의 길이가 모두 같을 때 나타는 것이라고 했다. 사랑을 구성하는 세 가지 요소는 친밀함intimacy, 열정passion 그리고 헌신commitment이다.

첫째로 꼽은 사랑의 요소인 친밀감은 어떤 관계에서 가까움, 유대band, 결속bind together 등의 감정을 뜻한다. 사랑하면 상대에 대해 관심을 끌게 되고 잘되기를 바라고 서로 이해하고 정서적인 도움을 주고받는 것, 친하게 의사소통하는 것, 상대방을 중요하게 생각하는 것 등이 친밀함과 관련되는 특성이다. 친밀감은 상당한 시간을 통해서 형성되는데 만남의 횟수와 교제 기간에 비례해서 서서히 증가하다가 어느 순간부터 차츰 둔화하는 특성이 있다.

둘째로 꼽은 사랑의 요소인 열정passion은 이성 관계에서 낭만이나 성적 욕구의 매력 또는 흥분을 느끼게 하는 것인데, 일반적으로 사랑의 상대를 이상화하며, 가장 중요하게 여기는 것을 포함한다. 열정은 두 사람의 관계 초기에 급속하게 발전하지만, 교제 기간이 길어지면서 그 강도가 약해지고 다른 형태로 변화하게 된다. 이성 간에는 성적 욕구가 주요 부분을 차지하지만, 그 외의 다른 욕구들, 즉 자아 존중감이나 타인에 대한 지배와 복종, 자아실현 같은 욕구들이 열정에 이바지하기도 한다.

셋째로 꼽은 사랑의 요소인 헌신commitment은 자기 사랑에 대한 책임감을 뜻한다. 단기적으로는 상대를 사랑하겠다는 결심이요, 장기적으로는 그 사랑을 어떤 경우에도 지속하겠다는 결단이다. 저 사람

또는 대상을 사랑하겠다고 '결단'하고 그 사랑을 지키겠다는 '헌신'의 요소에 따라 관계가 성공 혹은 실패하게 된다. 헌신은 사랑의 친밀감과 열정의 결과로 나타나는 경우가 많아서 사랑의 관계가 장기화하면서 점차 강해지는 특성을 보인다. 사랑하는 관계는 오르막과 내리막이 있기 마련인데 사랑이 침체하고 어려움을 겪을 때, 사랑의 헌신 요소가 강한 사람들은 이 시기를 잘 극복하고 좋은 관계를 회복할 가능성이 크다. 헌신의 요소에 의해 어려운 시기가 지나면 앞으로 좋은 시기가 올 것이라는 긍정적인 기대를 하기 때문이다.

일반적인 이성과의 사랑을 인생 주기에 따라 사랑의 요소를 섞어보면, 열정만 있는 혼자만의 사랑인 '풋사랑Infatuated Love'을 시작으로 열정과 친밀감이 더해진 '낭만적 사랑Romantic Love'을 하다가, 친밀감과 열정 그리고 헌신을 모두 갖춘 가장 이상적이고 성숙하고 완벽한 '온전한 사랑Consummate Love'을 하지만, 오랜 기간 결혼 생활을 한 부부에게는 열정이 식어 친밀감과 헌신만이 남아 있는 친구나 동료를 대하는 것과 유사한 '동반자적 사랑Companionate Love'으로 귀착된다. "부부라기보다는 친구야." 하면서 얼버무리는 것이 바로 이런 흐름을 설명한다.

어떤 조직이나 단체에 가입해서 활동하는 것도 사랑의 모양이 변한다. 그러나 대부분은 그곳에 대한 자신의 '사랑'이 변함없다고 착각한다. 이참에 내가 몸담고 있는 조직이나 단체에 대한 사랑을 점검해 보자. 헌신이라는 결단과 책임이 따르지 않으면 온전하게 사랑하고 있지 않는 것이다. 그래서 의지적 사랑이야말로 온전한 사랑이라는 결론이다.

가정의 달이니 시니어 부부간에도 온전한 사랑을 하고 있는지 점검해보자. 친밀감과 열정 그리고 헌신의 세 가지 요소를 균형 있게 담고 있는지! 사랑도 기술이 필요하기 때문이다.

내 마음
다치지 않게

저자 최민정은 미술심리치료사라고 하여 흥미로웠다. 정작 저자 이름은 '설레다'라는 닉네임을 사용했다. '설레다 토끼'라는 뜻이란다. 짝귀를 가진 토끼와 당근이 일러스트로 사용되었다. 노란 포스트잇 그림 한 컷이 치유의 힘을 발휘한다는 것을 알게 되었고 매일 일기처럼 그려온 것들을 모아 한 권의 책으로 만들었단다. 7년 동안 저자와 독자들의 마음을 담아 700장을 그렸다고 했다.

저자가 여성이기에 책 내용 하나하나도 상당히 감성적이다. 남성들은 인정해야 한다. 죽었다 깨어나도 따라가지 못할 여성들의 감성의 미묘함을 보여준다. 원래 남성들에게는 '외로움, 슬픔, 원망, 미움, 배신, 불안, 질투' 같은 단어가 들어가 있지 않다. 만약 있다 해도 질이 다르다. 그 차이이다.

'마음 프린트'라는 글을 읽어보면 바로 인정하게 된다. 마음을 오해 없이 전달한다는 것이 어려운 일인데 마음 프린트라는 것이 있으면 좋겠다는 발상이다. 감정에 따라 종이 색도 정하고 서체도 변환할 수 있으면 좋겠다는 것이다. 남자들은 도저히 생각 못 할 발상이다.

'용서'에서는, 용서는 억울함이 동반되어 있는데 차라리 공멸하면 했지 도저히 용서 못 하겠다는 마음을 갖게 된다고 한다. 그러나 내 마음으로 돌아오면 나 자신이 현명해지고 평화로워진다는 것이다. 내가 중심이다. 남자들 같으면 곧바로 응징에 들어갔을 것이다. 용서는 성직자들이나 하는 얘기로 치부한다.

'폭음'에서는, 만약이라는 술이 있다면 엄청난 인기를 끌었을 것이란다. 만약은 지나간 일에 대한 후회이다. 아예 마시지 말란다. 남자들 같으면 지나간 일은 쉽게 잊는다.

'보라 당근'에서는, 당근은 주황색이지 보라색이 아니니 색안경을 끼고 보지 말라는 글이다. 안경을 낀 사람은 자신이 안경을 낀 것을 모르고 그냥 세수하는 사람도 있다는 것이다.

'걱정'에서는, 걱정은 빨리 번식하는데 알고 보면 현재의 일이 아니라 과거나 미래에 대한 걱정이라는 것이다. 걱정을 씻어낼 걸레를 준비하란다. 그래서 여자들은 걱정이 많은 모양이다. 남자들의 대부분은 확률상으로 걱정은 거의 무시해도 된다고 알고 산다.

'소멸'에서는 존재의 이유에 대해 걱정하는 모습을 그렸다. 의자도 존재의 이유가 있고 컵도 펜도 다 존재의 이유가 있는데 정작 나는 무엇이냐는 것이다. 거기까지는 생각해 본 적이 없다.

'가면 얼굴'에서는 가면을 쓰고 살다 보면 가면이 나중에는 진짜 얼굴처럼 딱 달라붙어 안 떨어질 수 있단다. 사회생활에서는 가면이 가끔 필요하지만 남자들은 그리 자주 쓰지 않는다.

미술 심리치료란 미세한 감정의 변화를 캐치하고, 그것을 그림으로 표현하고 그 그림을 통해서 치료하는 기법이다. 미술치료에 관심을 가져보려고 했었는데 이 책을 읽고 나니 아무래도 남자보다는 여자들이 더 경쟁력이 있을 것 같다는 생각이 든다. 상담받으려는 사람과 같은 마음이 되어야 하는데 남자들의 감성으로는 무리라는 생각이 든다. 여성 심리에 관심이 많은 사람들이라면 일독을 권할 만하다.

둔하게 삽시다

정신과 전문의 이시형 박사가 새로 쓴 책이다. 30년 전『배짱으로 삽시다』이래 이번이 80번째 책이란다. 그래서 그전의 책 내용과 겹치는 부분이 많다. 이시형 박사는 세로토닌 전도사라 해도 과언이 아닐 정도로 행복의 호르몬인 세로토닌을 강조한다. 현대인들이 국민소득도 늘고 했는데 행복지수는 오히려 떨어진다. 잘 산다는 의미는 무엇인지 정신과 방식으로 설명한 책이다.

책 제목에서 보듯이 둔하게 살아야 행복하다는 역설이다. 현대인들은 너무 민감하게 돌아간다. 치열한 경쟁에서 살아남으려니 그렇게 살아야 했다. 그러나 위만 보고 살다 보면 더 높은 것을 지향하게 되어 있다는 것이다. 적당히 이 선에서 만족하고 사는 것이 행복이란다.

욱하는 성격에 별것도 아닌 일에 화를 내거나 폭력을 행사하는 일도 둔하게 살지 못하기 때문이란다. 단순히 눈이 마주쳤을 때 째려봤다는 이유로 살인도 한다. 사실은 째려 본 것이 아니라 그냥 쳐다

봤을 뿐인데 마음의 여유가 없다 보면 상대방을 적대적으로 보는 것이다.

삶의 질은 감동에 달려 있다고 한다. 감동이 인생을 풍요롭고 멋있게 만든다는 것이다. 영화나 예술 작품이 바로 감동을 주는데 삶의 환희, 생동감, 활력소가 된단다. 그러므로 사는 맛, 멋, 보람, 삶의 악센트를 선사한다는 것이다. 영화 한 편을 보고 흘리는 눈물이 웃음보다 다섯 배 높은 치유 효과가 있다고 한다. 위인전이나 감동적인 휴먼 스토리, 소설도 같은 효과를 준단다. 국가대표 축구팀의 선전, 뮤지컬 콘서트에서의 열광 등이 큰 효과가 있다는 것이다.

또한 이 책에서는 '그렇다면 감동의 재료는 무엇인가'에 대해서도 설명했다. 외부적인 요소로 '진선미'라고 정의했다. 그래서 미스코리아를 뽑을 때 진선미로 뽑는 모양이다. 이것이 인간의 본성이라는 것이다. 진실 된 것, 착한 것, 아름다운 것에 감동을 하게 되는데 부정적인 생각보다는 긍정적인 생각을 갖게 한다고 한다. 내부적으로는 마음에 여백이 있어야 한다는 것이다. 그래야 감정이입도 되고 공감 회로가 작동한다는 것이다. 바쁘게만 사는 사람이 왜 위험한가를 지적한 것이다.

인생에는 목표와 목적이 있다고 했다. 목표는 그때그때 목표를 향해 도전하고 이루어낸다. 그러나 목적은 인생 전체를 얘기한다. 현대인들은 눈앞에 닥친 단기적인 목표만을 위해 급급하다는 것이다. 한창 감수성이 예민하던 청소년 시절부터 시험과 각종 단계의 목표에 익숙하게 살다 보니 그렇게 되었다는 설명이다. 목표 보다 목적을 향해 간다면 조급증이 있을 수 없다. 인생 전체를 보기 때문이다. 진학

하고 군에 가야 하고 진로를 설정해야 하고 취업해야 하고 결혼해야 하는 숨 가쁜 시간을 지나고 나면 목표보다는 목적으로 가야 맞다.

　최근에야 알게 된 사실이 둔한 사람이 인기가 있다는 것이다. 머리가 팽팽 돌아가게 생긴 사람 주변에는 사람이 없다. 더 이상 경쟁할 일도 없는데 빈틈이 없는 사람은 피곤한 것이다. 그렇다고 둔한 사람이 둔한 것도 아니다. 같이 어울릴 정도면 학력이나 환경이 사실은 비슷하다는 것이다. 겉으로는 둔하게 보여도 속으로는 계산이 안 돌아가는 것이 아니다. 다만 계산을 겉으로 표현하지 않기 때문에 사람이 편해 보이는 것이다.

작은 파도
이야기

　　　　　　　　　　옛날 옛적에 아주 작은 파도 하나가 망망대해 바다에서 아주 행복하게 살았다. 그 파도는 시원하게 부는 바람과 신선한 공기를 매우 좋아했는데, 오랫동안 운이 좋은 탓인지 그 흔한 폭풍우 한번 맞닥뜨리지 않고 여유롭게 바람과 공기를 즐기면서 살았다.

　그러던 어느 날 해안가에 다다르게 되었다. 멀리서 파도가 부서지는 소리가 들렸다. '이 소리가 무슨 소리지?' 하는 궁금증에 머리를 최대한 들어 올리고 해안가를 바라보았다. 그러자 파도가 바위에 부딪쳐 산산조각 나는 모습이 어렴풋이 보였다. 갑자기 공포가 엄습해 왔다. "나도 얼마 있지 않아 저렇게 부서지고 말 거야! 저렇게 부서지고 나면 나는 어떻게 될까. 옳지, 다음에 오는 다른 파도에 물어보자고." 바로 뒤에 오는 첫 번째 파도에 물어보았다. 그러자 첫 번째 파도는 걱정에 찬 모습으로 대답했다.

"우린 모두 바위에 부딪쳐 부서지고 말 거야! 완전히 가루가 되어 사라져 버린다고······." 그러자 바로 그 뒤에서 오는 두 번째 파도가 두 파도의 얘기를 엿듣고 말했다. "바보들, 너희는 잘 모르는구나. 우리는 그냥 파도가 아니라고! 우리는 바다의 일부야. 그러니 그런 걱정일랑 하지 마! 우리가 부서진다 해도 바다는 부서지지 않고 살아남잖아."

이상은 『모리와 함께한 화요일』에 나오는 작은 파도 이야기를 약간 각색해서 옮긴 것이다. 우리는 모두가 언젠가는 죽는다는 것을 다 알고 있다. 그러나 그것을 믿고 사는 사람은 드물다. 실제로는 우리가 언젠가 죽는다는 것을 잊고 살아간다. 마치 영원히 살아갈 것처럼. 우리가 죽는다는 것을 믿고 살아간다면 우리의 삶은 여러 면에서 달라질 것이다. 먼저 우리가 중요하다고 생각했던 여러 가지를 버릴 것이다. 그동안 우리가 소홀히 해왔던 몇 가지에 대해서 다시금 생각하게 될 것이다.

2001년 9월 11일, 영화에서나 봄직한 911테러 장면이 전 세계로 생중계되었다. "어떻게 저런 일이 일어날 수 있을까? 이게 영화야, 현실이야?" 하고 의아해하는 순간에 2,977명의 무고한 시민이 현장에서 사라졌다. 부상당한 사람도 6,000명이 넘었다.

죽음에 임박한 사람들은 제일 먼저 무엇을 떠올렸을까? 사업일까?

돈일까? 아니면 아끼던 물건일까? 아니다. 바로 가족이다. 죽어가는 마지막 순간에 걸어 온 전화와 남긴 문자메시지에는 가족에 대한 사랑이 절실하게 묻어 있었다. 앞으로 같이하지 못하는 안타까움과 미안함, 그런데도 꿋꿋이 살아가기를 비는 마음이 담겨 있었다. 돈이나 사업에 대한 것은 한마디도 없었다.

모리 교수는 책 말미에 "Death ends life, not a relationship."라고 적었다. 굳이 번역하자면 "죽음은 우리의 삶을 앗아갈 수는 있지만, 우리의 관계를 앗아갈 수는 없다." 우리가 죽는다 해도 우리의 삶의 관계는 영원히 남을 것이기 때문에 남겨진 관계가 증오와 복수심만이 남는다면 얼마나 삭막할까. 적어도 죽는 순간에는 사랑하는 관계만이 남아야 하지 않겠는가.

'Love each other or perish!'

'서로 사랑하라 아니면 멸망하리니……'

아름다운 죽음, 웰다잉 well dying

우리 사회에서 웰빙well-being이란 말이 최근 유행하고 있다. 웰빙이란 한마디로 '행복' 혹은 '잘 산다'는 의미일 것이다. 인간이라면 누구나 행복하게 잘 살기를 바란다. 그러나 과연 어떻게 사는 것이 잘 사는 것일까. 흔히 웰빙의 의미를 단지 '잘 먹고 잘 산다'는 뜻으로만 이해하기도 하는데 사실 '잘 산다'는 말에서 '잘'에 부여되는 의미는 여러 가지일 것이다.

　웰빙과 관련하여 사람들이 쉽게 간과하는 문제, 그러나 쉽게 간과해서는 안 되는 문제가 바로 죽음이다. 어떤 사람이 아무리 문제없이 살았다 한들 죽음을 편안히 맞이하지 못했다면, '잘' 살았다고 말할 수 없을 것이다. 우리는 웰빙을 웰다잉과 관련해 생각해 볼 필요가 있다. 행복한 삶, 건강한 삶만 생각하지만 행복한 죽음, 건강한 죽음이란 말도 있다. 만일 어떤 사람의 마지막 모습이 결코 행복하지 못하다고 한다면 그가 세속적으로 아무리 행복하게 살았을지라도 그가 진정 행복한 삶을 살았다고 말할 수는 없을 것이다.

　오진탁 한림대 철학과 교수(생사학연구소 소장)에 따르면 죽음 앞의 인간은 네 가지 평등과 아홉 가지 차별이 있다고 한다. 네 가지 평등은 다음과 같다.

　첫째 사람의 평등, 누구나 죽는다.
　둘째 시간의 평등, 우리는 언제든지 죽을 수 있다.
　셋째 장소의 평등, 우리는 어디서든지 죽을 수 있다.
　넷째 누가 언제 어디서 어떻게 죽을지는 아직 정해져 있지 않다.

　이와 같이 인간은 네 가지 이유로 죽음 앞에서 평등한 존재라고 말하고 있다. 이에 반해 죽음과 관련한 아홉 가지 차별은 다음과 같다.

　① 절망 혹은 두려움의 반응
　사람들은 죽음이 곧 절망을 뜻한다고 생각해 죽음에 대한 두려운 감정을 지니고 있다.

② 부정의 단계

죽어가는 당사자가 자신의 죽음을 인정하지 않아 주위 사람들로부터 고립되는 것이다.

③ 분노

왜 죽어야 하는지, 화를 내는 사람도 있다. 더 오래 살고 싶다는 의지가 분노로 표출된다.

④ 타협 혹은 삶의 마무리

삶의 마무리 단계로, 운명 또는 의사와 타협을 하여 삶을 조금이라도 연장하고자 한다.

⑤ 슬픔

임박한 죽음을 앞두고 슬픔에 잠기게 된다.

⑥ 수용 혹은 순응

죽음을 더 이상 피할 수 없는 현실로 받아들이는 단계이다.

⑦ 희망

죽는다고 절망하지 않고 사후 세계에 대한 희망과 기대를 지니고 죽음을 맞이한다.

⑧ 유머 혹은 웃음

죽음을 부인할 수 없는 상황을 수용하면서 여유 있게 가족과 작별인사를 나눈다.

⑨ 밝은 죽음

밝은 마음으로 죽음을 맞아들이면서 다른 세상으로 여행을 떠난다.

사람은 누구나 죽음을 맞이하지만 그 죽음을 맞이하는 마음가짐에 따라 행복한 죽음과 행복하지 않은 죽음이 나눠질 수 있음을 죽음에 대한 네 가지 평등과 아홉 가지 차별이란 개념으로 설명하고 있다.

고령화 사회, 고령사회, 초고령 사회라는 용어가 더 이상 낯설게 느껴지지 않는 시대에 사는 우리로서는 중국에서 산아제한정책을 쓰며 넘쳐나는 출산을 막았던 그 시절과는 정반대로 죽음을 맞이하는 사람이 걷잡을 수 없이 늘어나는 삶을 맞이하게 될 것이다. 아름다운 죽음을 맞이하고자 하는 노력, 웰다잉을 향한 노력이 우리 사회의 관심사가 되는 이유이다.

룰라바이 Lullaby
- 존엄사 앞둔 24시간

룰라바이는 '자장가'라는 뜻이다. 이 영화에서는 병상에서 마지막으로 죽음을 맞이하는 아버지(리차드

젠킨스 분)에게 아들(조나단 역)이 침대 옆에서 아버지의 손을 꼭 잡고 자장가를 불러준다. 앤드류 레비타스 감독이 만들었고 차승원을 닮은 가렛 해드룬드가 아들 역으로 나온다. 아들은 집을 나가 음악을 하며 자유분방하게 사는 자유인이다. 그러니 아버지의 사랑을 받지 못하고 자랐다. 반면에 여동생은 아버지의 관심과 사랑을 받고 자라 변호사로 성공했다.

아버지는 백만장자이다. 투병생활을 12년간 이어 온 아버지가 가족을 소집했다. 아들도 투정을 부리며 억지로 가는 길이다. 병상 옆에는 아내가 간호를 맡고 있다. 바쁜 딸(제시카 브라운 핀들레이 분)도 나중에 왔다. 그렇게 가족이 다 모인 가운데 아버지는 내일 아침 8시에 인공호흡기를 뽑고 생을 마감하겠다고 선언한다. 물론 가족은 반대한다. 가족이 모여 그동안 쌓인 갈등이 다시 불거지지만 죽음을 앞둔 아버지 앞이다 보니 결국 화해한다.

백만장자인 아버지는 살던 집은 아내에게 주고 나머지 유산은 사회단체에 이미 기부했다고 유산 분배에 대해 선언한다. 아들과 딸의 반응은 그냥 잠잠하다. 기부 문화가 정착된 나라라서 그럴 수도 있겠다 싶다.

아버지가 결정한 존엄사에 대해 딸은 가처분 신청을 해서 집행하지 못하도록 조치했다. 그러나 의사는 존엄사 결정을 받아들이고 아들은 방황한다. 아버지와 살가운 관계로 지내지 못했기 때문이다. 아버지는 대변을 쏟아내고 침대에 누운 채 기저귀를 갈아야 했다. 하지만 간병인은 날이 새야 올 수 있으므로 아들이 갈아야 한다. 침대에 같이 누워주면 환자가 더 좋아할 것이라는 간호사의 권고에, 처음엔 대변이 묻어 더러운 침대에 어떻게 눕느냐고 항변했지만 결국 아버지 옆에 스스로 눕는다.

낮이 되어 병실 복도에 나가 소리 지르니 암으로 죽어가는 소녀가 와서 오히려 위로해 준다. 이 소녀와 잠시 친해져서 병원에서 같이 춤도 춰준다. 이루어질 수 없는 사랑이지만 암으로 죽어가는 그녀를 위해 뭔가 해주고 싶은 마음이 생겨서 그렇게 한 것이다.

시내에 나갔다가 옛 애인 에밀리(에이미 아담스 분)를 만나지만, 따뜻한 옛 추억보다는 그의 자유분방함 때문에 냉혹한 평가를 받는다. 결국 아버지가 볼 때도 그랬을 것이다. 똥내 나는 침대에 같이 누워 한 아버지와의 마지막 대화는 30년 동안 타고 다니던 자동차 유산 얘기였다. 절대 팔면 안 되고 3,000km마다 엔진 오일을 갈아줘야 한다는 조건도 붙었다. 백만장자의 유산 치고는 참으로 보잘 것 없지만 그렇게 하겠노라고 약속한다.

드디어 다음 날 아침 9시, 의사가 모르핀 주사를 놔 주고 가족이 입회한 가운데 아버지는 스스로 인공호흡기를 떼고 죽음을 맞이한다. 가족이 아버지의 손과 서로의 손을 꼭 잡아준다. 임종은 이렇게 하는 것이 가장 편안하게 보내는 방법 같다. 흥행 면에서는 재미없는 영화이다. 그러나 시니어의 입장에서 보면 많은 것을 생각하게 한다. 의식이 없는 환자의 경우는 가족이 존엄사를 판정해야 하지만, 이 영화에서는 환자 자신이 의식이 또렷한 데도 스스로 존엄사를 결정한 점이 다르다.

Part. 4　발견

성경 안과 밖 이야기
- 지방색과 사투리

현재 이스라엘 국토 면적은 우리나라 경상남북도 면적보다 조금 작지만, 남북의 길이는 500km로 승용차를 타고 6시간 정도 달려야 할 정도로 길다.

하지만 동서의 길이는 자동차로 달리면 불과 40분 정도밖에 걸리지 않는다. 그런데 이 작은 땅에도 지방색이 존재했다.

"스블론 땅과 납달리 땅과 요단강 저편 해변 길과 이방의 갈릴리여."(마4:15)

우리나라에도 '말은 제주도로 보내고 사람은 서울로 보내라'는 말이 있듯이, 성경 시대에도 이스라엘 수도인 예루살렘과 변두리 시골인 갈릴리 지방 사이에 지방색에 따른 차별이 매우 강하게 나타났다.

"나다니엘이 가로되 나사렛에서 무슨 선한 것이 날 수 있느냐 빌립이 가로되 와 보라 하니라."(요1:46)

갈릴리 지방 나사렛에서는 절대 선한 인물이 날 수 없다고 여겼다. 왜냐하면 예수 당시까지도 나사렛을 포함한 갈릴리 지방은 유대인의 생각 속에 하나님께 버림받은 땅으로 뿌리박혀 있었기 때문이다.

그러나 놀랍게도 나사렛 예수께서 부활하시고 승천하신 후부터 갈릴리 지방이 서서히 이스라엘의 중심지역으로 변했다.

A.D.70년 이스라엘 민족이 로마에 멸망당하고 예루살렘에서 추방당한 뒤부터 랍비들이 갈릴리 지방을 중심으로 유대 민족을 이끌어 갔다.

A.D.200년경과 A.D.900년경에는 장로들의 유전을 글로 쓴 '미쉬나'와 미쉬나의 주석인 '그마라'가 갈릴리에서 각각 작성되었다.

앞에서 언급했듯이 미쉬나와 그마라를 합쳐서 '탈무드'라고 부른다.

성경에도 사투리 문제를 언급한 기록이 있을까? 물론이다.

그곳에도 사람이 살았기 때문이다. 우리나라에서도 경상도 사람 중 일부는 '쌀'이라는 발음이 안 돼서 '살'이라고 발음한다. 성경에도 이와 비슷한 상황이 사사기 12장 6절에 기록되어 있다.

"그에게 이르기를 십볼렛이라 하라 하여 에브라임 사람이 능히 구음을 바로 하지 못하고 씹볼렛이라 하면 길르앗 사람이 곧 그를 잡아서 요단 나루턱에서 죽였더라. 그때에 에브라임 사람의 죽은 자가 사만 이천 명이었더라."(사12:6)

본문은 길르앗(요단강 동편 위 지역) 사람 입다가 에브라임지파 사람들과 전쟁하던 중 일어난 사건이다. 전세가 불리하자 에브라임 군사들이 요단강을 다시 건너서 유다 지방으로 도망가려 할 때 길르앗 군사들이 나루턱에 앉아 있다가 그들을 선별해서 죽였다. 그런데 그 선별 기준이 바로 사투리였다. 에브라임 사람들은 "십볼렛"이라는 발음을 못하고, "씹볼렛"이라고 했기에 에브라임 사람들을 쉽게 구별해 낼 수 있었다.

이는 히브리어 알파벳 중에 '쉰'과 '싸메르'의 발음을 구별하여 소리 내지 못하는 것을 미리 알고 행한 것이었다.

이처럼 이스라엘 내에서도 억양과 말투로 확연히 구별할 수 있을 만큼 사투리가 심했다고 충분히 유추해 볼 수 있다.

신약성경에도 사투리를 언급한 부분이 있다. 북쪽 갈릴리 지방 말투와 남쪽 유다 말투가 달랐다. 우리나라로 치면 말하는 사람의 말투를 듣고 호남 사람, 영남 사람 그리고 강원도 사람인지를 짐작할 수 있었다는 말이다.

베드로가 예수를 모른다고 세 번이나 부인하는 과정에서 사람들은 그가 갈릴리 출신이라는 사실을 그의 말투에서 알았다.

"조금 후에 곁에 섰던 사람들이 나아와 베드로에게 이르되 너도 진실로 그 당이라. 네 말소리가 너를 표명한다 하거늘."(마26:73)

아마 베드로의 말투가 갈릴리 방언이었나 보다. 결국 그가 갈릴리 사람인 점을 부인할 수 없게 되었다.

우리나라 식으로 상상해 보라. 베드로가 경상도 방언으로 "아니라요, 내는 예수의 제자가 아입니더." 또는 전라도 방언으로 "아니랑께요, 나는 예수의 제자가 아니랑께요."라고 했다고 생각해 보라. 금방 들통이 나질 않겠는가?

아니면 베드로가 표준어를 썼다고 해도 사투리에 익숙한 사람은 그 억양에서 이미 차이가 나니 숨길 수 없었을 것이다.

촌뜨기와 귀머거리의
위대한 도전기

도전挑戰이란 무엇인가? 위인은 아무렇게나 태어나는 것이 아니다. 그들의 삶은 특이했다. "훌륭한 인간의 특징은 쓰라린 환경을 이겼다는 것이다."라고 베토벤이 명언을 남겼다. 보통 사람들은 대부분 조그만 시련이 와도 포기하려고 한다. 그러나 이와 같이 극복하는 사람들을 우리는 무엇이라고 하는가. 바로 '위인'이라는 위대한 단어이다. 이처럼 위인의 자리에 서기까지 쓰라림을 극복해야만 한다.

어린 시절에 몇 권의 위인전을 읽었다. 그때는 별다른 뜻도 모르고 그냥 건성으로 읽었던 것이, 조금 나이가 들어 읽어보니 조금씩 이해가 되었다. 여러 위인 중에 나폴레옹이 말한, 여러 말들이 있었다. 그 가운데 "내 사전에 불가능이란 없다." 이 말은 너무 유명하여 남녀노소는 물론 동서양에서 많이 애용된다.

지금 새삼스럽게 의미를 다시 한 번 더듬어 봤다. 불가능不可能이란 할 수가 없음을 말함이다. 이 불가능한 것을 가능可能 즉, 할 수 있음이나 될 수 있는 것인데, 이러한 가능이 있기 때문에 존재한다. 이것은 신이 만들어 놓았다 한다.

어떤 일이 너무 쉽게 이루어진다 생각해 보라. 그렇게 쉽게 된다면 흥미라는 것이 없을까 해서, 신이 만들어 놓은 일종의 놀이인 것이란다. 나폴레옹은 프랑스 황제로 1804년 국민투표에 의해 그 자리에 오르고 이탈리아 왕을 겸했다. 뛰어난 전략가였지만 후에는 워털루 싸움에서 크게 져서 세인트헬레나 섬에 유배된 후 사망했다.

그는 노력이 탄생시킨 영웅이었다. 새벽 4시부터 16시간 동안 계속되는 훈련 생활에서도 조금도 굽히거나 지치지 않는 굳센 의지를 지녔었다. 나폴레옹은 시간을 아껴가며 정신없이 책을 읽었다. 또 책을 사 보기 위해 이를 악물고 돈을 아껴 썼단다. 이 노력에 의해 나폴레옹은 역사적인 인물로 탄생됐다. 특히 역사책을 좋아해 그 속에서 위인들의 결단력과 실천력을 배워 큰 야망을 가진 인물이 됐다.

9살에 부리엔 사관학교에 입학했다. 심한 사투리로 인해서 '촌뜨기', '너절한 촌놈'이라고 놀림감이 되었다. 그래서 친구들과 멀리하고 도서관에서 역사책과 위인전을 읽으며 자랐다. 그는 독서광으로 전쟁 중에도 마상에서 많은 책을 읽었다. 그래서 책과 함께 성공한 인물로 꼽히고 있다. 나폴레옹은 '책 속의 책'에서 세계 최초로 이동도서관을 생각해 낸 인물이라고 평가했다. 그도 역시 '촌뜨기', '촌놈'이란 별명을 지니고 어려운 환경을 잘 극복해 나갔다.

베토벤은 가혹한 운명과 싸우며 살았다. 자신의 귀가 나빠진 것을 느끼기 시작한 때가 28세 때의 일이었다. 음악가로는 아주 치명적인 일이다. 이런 악조건과 쓰라린 환경을 이겨냈기 때문에 위대한 일을 한 사람인 대인물, 즉 위인(偉人)이 된 계기가 됐다. 베토벤은 한때 자살까지 생각했으나 새 용기를 가지고 작곡에 열중했다. 그 후 교향곡 제3번 '영웅'을 탄생시킨 유명의 위인 경지에 올랐다. 수없이 많은 위인이 있지만 특히 이 두 분의 전기를 읽고 감명을 받았다.

나뿐만 아니라 우리들은 조그만 어려움에도 낙담을 한다. 그러나 이런 가혹한 운명이나 환경 속에서도 싸우며 도전하는 정신을 배워야 되겠다는 생각이 떠올랐다. 더욱더 책을 가까이하여 도전 정신이 투철한 위인들의 위대한 삶을 알게 되었다. 비록 나이가 들어간다고 할지라도 이런 선구자들의 도전 정신을 이어받아, 우리도 용기를 지니고 끊임없이 노력하고 꿈을 펼쳐 나아가야만 하리라 믿는다. 그래서 도전은 참으로 언제나 어디서나 위대한 것이다.

항우의 부끄러움

전쟁의 승패는 알기 어렵고 勝敗兵家事不期
수치를 참고 견뎌야 진정한 사내대장부라 包羞忍恥是男兒
강동 자제들 뛰어난 재주 많으니 江東子弟多才俊
땅이 말려 돌아올지 어찌 알겠는가? 捲土重來未可知

당나라 두목의 〈제오강정題烏江亭〉이란 시다. 항우가 해하에서 포기하지 말고, 본거지인 강동으로 건너가서 군사를 다시 일으켰다면 승패를 알 수 없었을 것이라는 말이다. 유방은 70번 싸워 70번 패했음에도 다시 일어섰는데, 항우는 단 한 번의 패배로 몰락해 버렸으니 아쉬운 점이 없지 않다. 항우가 귀족의 자제로서 온실 속에서 자랐고 계속 승승장구하다 보니 실패를 이겨내지 못했다는 평도 받는다. 두목도 이런 안타까움을 시로 표현했으리라.

하지만 이 시는 북송시대 왕안석으로부터 호된 비판을 받는다. "장사들은 지쳤고 대세는 기울어졌는데 강동 자제들이 대왕과 더불어 땅을 말아 오려 하겠소?百戰疲勞壯士哀/中原一敗勢難回/江東子弟今雖在/肯與君王捲土來?"하며 항우의 재기를 불가능한 것으로 봤다.

항우의 포기가 옳으냐, 그르냐를 판단하는 것은 힘든 일이다. 다만 항우에게는 부끄러움이 있었다. "강동 자제 팔천 명을 데리고 전쟁에 나섰으나 모두 죽고 없다. 그 부형들이 나를 다시 추대한다 해도 무슨 면목으로 그들을 보겠는가?"하며 장렬한 죽음을 택했다.

도망치다가 부하들의 배신으로 필부의 죽음을 맞이하거나 목숨을 애걸하는 모습도 없다. 최후의 순간에도 유방에게 투항한 옛 부하를 알아보고 "내 목을 가져가서 공을 세우게."라며 여유를 보였다. 진정 항우는 영웅으로 죽었다. 후세 사람들이 항우를 애석하게 생각하는 것도 물러나야 할 때 물러날 줄 아는 영웅적 태도 때문이 아닐까?

그래서 나는 북송의 여류시인 이청조의 시가 좋다. "살아서는 사람 중의 호걸이요, 죽어서도 귀신 중의 영웅이라. 지금도 항우를 생각하는 것은 강동으로 건너가지 않았기 때문이네生當作人杰/死亦爲鬼雄/而今思項羽/不肯過江東."하며 항우의 깨끗한 승복承服을 높이 샀다. 남자에 대한 평가는 여자가 더 정확한 것 같다.

딸의 적통성

영국의 헨리 1세(1068~1135)에게는 윌리엄이라는 아들이 있었다. 그런데 이 아들이 프랑스에서 배를 타고 영국으로 돌아오다 풍랑을 만나 배 안에 있던 사람과 함께 물에 빠져 죽었다. 선원들도 모두 술을 먹고 취한 데다 풍랑으로 배가 바위에 부딪혀서 이런 비극이 일어났다.

헨리 1세는 너무나 낙담했는데 왕위를 이어갈 적통의 아들은 윌리엄밖에 없었기 때문이다. 다른 아들들이 있긴 하였으나 모두 노르만 혈통의 서자였으며, 헨리 1세는 반드시 앵글로색슨 혈통으로 왕위를 이어가야 한다고 생각해서 앵글로색슨 혈통인 마틸다 공주를 왕위 계승자로 정한다. 마틸다는 여러 어려움으로 왕위에 오르지 못했지만, 영국은 혼란의 시기를 거친 후 마틸다의 아들인 헨리 2세를 왕위에 올린다.

헨리 8세도 아들이 없어서 고심했던 건 우리가 잘 아는 사실이다. 셋째 부인인 제인 시모어에게서 아들인 에드워드 6세를 낳고 엄청 좋아했을 것 같은데, 이 에드워드 6세도 몸이 쇠약했는지 폐 이상 등으로 15세에 일찍 죽었다. 그런데 이 아들내미가 누나인 메리와 엘리자베스를 별로 못 미더워했는지 왕위 계승자로 지목하지 않았지만, 어찌 됐든 에드워드 6세의 큰누나였던 메리는 여왕이 되고, 아이를 낳아 가톨릭 국가로의 회귀를 공고히 하고 싶어 하던 메리가 결국 후사 없이 또 죽게 되자 엘리자베스 여왕이 그 왕통을 이어가게 된다. 엘리자베스 여왕 때 영국이 전성기를 맞은 것은 굳이 언급하지 않아도 될 터이다.

현재 영국 여왕인 엘리자베스 2세도 여왕이 되리라고 생각지 못하다가 큰아버지인 에드워드 8세가 그 유명한 미국 이혼녀 심슨 부인과 결혼하려고 왕위를 포기하는 바람에 둘째 아들이었던 아버지 조지 6세가 왕이 되고, 그 왕위를 계승하여 지금도 정정하게 영국의 위상으로 자리 잡아 세계인의 관심을 받고 있다.

이러한 과정 속에서 아무도 마틸다나 엘리자베스 1세가 여자라 안 된다고 생각한 사람은 없었다. 여자라서 잘할 수 있을까 의구심을 가졌던 건 부인할 수 없지만, 그건 잘할 수 있느냐 없느냐의 문제였지 그 이전에 되다 안 된다 문제는 아니었다. 딸이라도 적통이라면 혈통을 잇게 했던 바다 건너 저편 나라의, 천년을 이어오는 생각이 21세기에도 모던하게 느껴진다.

남산골
지공거사 地空居士

우스개로 지하철을 공짜로 탈 수 있는 65세 이상을 '지공거사'라 한다. 지공의 세월이 흘러가면서 한글성어를 지공거사 地空居士로 바꾸어 보자. 땅과 하늘의 이치를 알기 시작하는 세대라고 나름대로 의미를 붙여보자.

화창한 봄이 오면서 주말에 남산골, 청계산, 서울대공원 등을 자주 찾는다. 4월부터 시작된 벚꽃 잔치가 5월에 절정을 이루었고, 지금은 각종 꽃들이 짙게 푸르러가는 신록 속에서 자태를 자랑하고 있다. 어느덧 산책길은 초록의 터널이 되고 싱그러운 바람이 피로를 씻어준다. 남산골에 오르는 사람들도 지공거사들이다. 남산 중턱에 있는 목멱산장에서 산채비빔밥에 한방차를 마시고 나면 상쾌하다. 때로는 추억의 왕돈가스를 찾기도 한다.

등반길에서 오가는 거사들의 이야깃거리는 다채롭다. 다양한 전력 때문에 일상사보다는 거대담론들도 자주 오가곤 한다. 그런데 지공여사들이 끼어들면 주제는 금방 달라진다. 젊은 시절 설거지 한번 해주지 않았다는 질책에서 시집살이, 손자 이야기 등이 나올 때면 거사들은 한마디 끼어들 자리가 없다. 남산 전망대 근처에 달아 놓은 수많은 사랑 맹세의 자물쇠를 보고 있노라면 동행한 지공여사에게 감사할 따름이다. 현역 시절에는 가계소득을 책임지는 입장이니 가사의 면제는 당연했지만 지금은 사정이 다르다. 거사라 할지라도 가사도 분담해야 집밥을 얻어먹을 수 있으니 거사들의 체면이 예전 같지 않다. 많은 거사들이 부엌일도 함께 나누자고 다짐을 해보지만 산행길 핀잔은 여전하다.

지공여사들이 토론장을 점령하고 나면 주제는 건강 이야기로 넘어간다. 요즈음 100세 시대가 다가왔다는 이야기들을 자주 듣는다. 하긴 30년 전만 하더라도 70세가 되면 칠순 잔치를 했지만 근래에는 드문 것 같다. 요즈음 평균수명이 80세에 이른다는 보도를 보면서 아직 평균수명에도 못 미치고 있는 우리 일행들에게 거사라는 칭호는 좀 과하다고 위안을 삼는다. 하지만 땅과 하늘의 섭리를 깨닫는다는 의미로 지공을 받아들인다면 열심히 지공거사가 되도록 노력해봄직하다. 원래 남산골은 딸깍발이가 유명하지만 앞으로는 지공거사들이 많이 나올 것 같다. 지공여사의 똑같은 질책 소리가 들려오지만 6월의 남산길이 기다려진다.

가우디의
삶과 꿈

　　　　　　　　　　가우디는 1852년 6월 25일 바르셀로나 서쪽의 소도시 레우스에서 주물장인이었던 아버지 프란시스코 가우디와 어머니 안토니아 코르네트 사이에서 태어났다. 어린 시절부터 폐병과 류마티스 관절염 등 지병에 시달렸기 때문에 1874년 남들보다 늦은 22세의 나이로 바르셀로나 건축대학에 입학한다.

　하지만 재학 당시부터 파격적인 창의성과 대담성 사이를 오가던 그는 졸업 설계 프로젝트의 규정을 어겼다는 이유로 최하위의 성적을 받고 간신히 건축사 자격을 얻은 문제아였다. '천재 아니면 미치광이'라는 평가 속에 아슬아슬한 점수로 학업을 마치게 된 것이다.

　그렇게 천신만고 끝에 가까스로 건축가 자격증을 얻고 얼마 후 그는 예술가에게는 천군만마와 같은 평생의 후원자를 만나는 인생 최대의 행운을 얻게 된다. 바로 부유한 은행 가문 출신이자 스페인의 벨벳생산을 독점하는 중요한 직물공장의 소유주였던 에우세비구엘 백작을 만나게 된 것이다.

　우연히 찾아간 박람회장에서 가우디가 만든 가구를 발견한 구엘 백작은 가우디에게 중요한 인물을 위한 가구 제작을 맡겼고, 이후 10개가 넘는 프로젝트를 함께하며 무한한 신뢰를 유지한다. 그리고 가우디는 구엘 백작의 도움을 받으면서부터 아파트, 대학 건물, 교회 등 자신의 명작들을 쏟아내기 시작했다. 미로와 피카소, 축구, 지중해… 바르셀로나를 설명하는 수식은 많고 많지만 그래도 단연 이 도시의 상징은 가우디다.

그의 대표작인 사그라다 파밀리아 성당을 비롯해 300헥타르가 넘는 땅에 자신의 상상력을 집약시킨 구엘 공원 그리고 카라 밀라, 카사 바트온에 이르기까지 바르셀로나 시대와 근교에 걸쳐 무려 12개의 작품이 100년 전 가우디의 삶과 예술을 증명하고 있다.

1882년부터 세우기 시작하여 130년이 넘은 지금까지도 건설 중인 사그라다 파밀리아는 인간의 상상력을 무한대로 자극하는 가우디의 건축을 고스란히 담고 있는 전설이다. 사그라다 파밀리아는 원래 가우디의 스승인 '가야르'가 짓기 시작했으며 이후 그가 중도 하차하면서 착공 1년 후인 1883년부터 가우디의 손길이 닿기 시작했다. 처음에는 네오 고딕 양식으로 설계되었지만, 그가 맡으면서 모든 양식이 복합적으로 표현되기에 이르렀다.

예수와 성모를 상징하는 두 개의 탑, 예수의 탄생, 수난·영광을 표현한 상징물, 예수의 12사도, 성인들을 나타내는 기념탑 등 교회의 전체적인 구상은 초현실주의적인 분위기를 자아낸다.

하지만 1926년 가우디가 사망할 때까지 완성되지 않았으며 이후에는 전쟁으로 인해 공사가 전면 중단되었다가 1953년부터 다시 공사를 시작해 현재에 이른다. 여전히 미완성이지만 가우디 사후 100주기가 되는 2026년에 완공될 것으로 알려져 있다.

경계 거리의
심리학

사람은 누구나 모르는 사람이 어느 일정 거리 안에 들어오면 경계하는 심리가 있다고 한다. 경계 거리라고도 하고 제한 거리, 한도 거리라고도 하는 모양이다. 사람에 따라 다소 차이는 있지만 나라마다 무난하다고 생각하는 사람과 사람 사이의 거리를, 일본인은 1.8m, 미국인은 1.2m, 멕시코인은 0.8m라고 한다. 일본인은 그만큼 남을 경계하는 것이 버릇이 되어 있는지 모른다.

우리의 경우도 비슷할 것으로 생각한다. 반면에 스킨십이 발달한 미국인이나 유럽인들은 다소 가까운 편이고 낭만적인 멕시코 사람들은 남이 가까이 가도 경계의식이 안 생기는 것인지 알다가도 모를 일이다.

복잡한 버스나 지하철에서 사람들이 많아져 끼어서 가는 것은 어쩔 수 없지만 오히려 한산할 때는 모르는 사람이 가까이 오면 경계의식이 생기는 것은 사실이다. 길을 가는데 누가 옆으로 가까이 오면 경계의식이 생기기도 한다. 의도하지 않았다 하더라도 같은 방향에다가 보폭이 비슷할 경우 따라 오는 것 같아서 또는 이쪽에서 마음이 있어 따라가는 것 같이 보일까 봐 매우 신경이 쓰인다.

경계 거리라는 것은 일종의 피해의식인데 그만한 거리에서 더 가까이 올 때 공격해 올지 모른다거나 공격을 당했을 경우 너무 가까워 미쳐 내가 방어할 능력이 없다거나 싫은 감정 때문에 생기는 것이다. 하물며 동물도 경계 거리가 있다. 똥개도 모르는 사람이 접근하면 이를 드러내 놓고 으르렁대며 "더 이상 접근하면 물 것이다."라고 으름 장을 놓는다.

그러나 친한 사이나 사랑하는 사이에서는 이 경계 거리가 짧아진다. 내게 피해를 입힐 사람이 아니라는 것을 알기 때문에 경계를 풀고 편안해지기 때문이다. 간지럼을 많이 타는 부위를 남이 건드리면 상당히 간지럼을 타지만 본인이 같은 행위를 해도 간지럼을 덜 타는 것도 무의식 속에 다른 사람을 경계하는 심리가 존재하기 때문이다.

동호회 같은 모임에서는 사람들과 만나는데 서로 일정한 거리를 두는 것이 바람직하다. 각자 현업이 있고, 가정이 있고, 사생활이 있는데 너무 가까이 다가서면 역시 경계 의식이 생기게 된다. 너무 멀어도 안 좋지만 너무 가까워지면 뜨거웠다가 식을 수 있기 때문에 후유증이 생기기 쉽다. 그만큼 뒷감당을 해야 하는 것이다.

매슬로우의 욕구 5단계

미국의 심리학자 매슬로우Abraham Maslow는 '인간의 동기부여에 관한 이론A Theory of Human Motivation'에서 인간 욕구를 5단계로 구분하고 낮은 데서 높은 데로 옮겨 갈수록 인간다운 삶을 누린다는 이론을 주장했다.

첫째, 생리적 욕구Physiological Needs

둘째, 안전의 욕구Safety Needs

셋째, 소속과 사랑의 욕구Need for Belonging and Love

넷째, 존중의 욕구Self-esteem Needs

다섯째, 자아실현의 욕구Self-actualization Needs

먼저 생리적 욕구는 생존 욕구를 말한다. 인간도 생명을 타고난 생물학적 존재이기 때문에 본능적으로 가지는 살아 보려는 욕구이다. 기본적으로 살기 위해서 먹고, 자고, 배변하고, 섹스하는 것들을 말한다. 먹고사는 것이 해결되고 나면 그다음은 안전과 안정을 추구하는 욕구이다. 이 상태를 유지하고 보호받으려는 욕구가 바로 여기에 속한다. 기본적으로 먹고사는 데 지장이 없고 또 그것이 안정되었다고 생각되면 그다음에 보이는 것이 사랑과 소속감에 대한 욕구이다. 차원이 가족을 떠나 사회로 넓어지는 것이다. 직장에 취직하고 친구나 연인을 사귀고 동호회에 가입하려는 욕구 등이다. 다른 사람들과 어울리다 보면 그다음은 그 울타리 안에서 존경받고 싶은 욕구가 생긴다.

그 옛날 양반 호적을 사는 행위나 졸부들이 신분 상승을 위해 돈을 들여 사회적으로 인정받는 지위를 얻고자 하는 욕구도 여기에 속한다. 이것이 충족되지 못하면 사람들은 자의건 타의건 남들과 비교되면서 콤플렉스나 열등감을 갖게 되기 때문이다. 끝으로 5단계 욕구는 바로 자기실현을 하려고 하는 욕구이다. 자아실현을 통해서 내 존재를 남에게 확실하게 드러내 보이고 싶어 하는 욕구를 말한다. 자신의 잠재능력을 극대화하고자 하는 욕구도 포함되어 있다.

어쩌면 단순히 첫 번째 생리적 욕구만 해결되면 더 이상 욕심이 없는 사람이 행복할 수도 있다. 단순해 보이지만 속은 편할 수 있다. 기본 문제가 어느 정도 해결되면 어렵게 성취한 이 기본적인 욕구를 빼앗기지 않으려는 욕구가 발동된다는 것이다. 그래서 미래의 위험에 대한 안전 대책을 강구한다. 도난 방지 시설을 설치하거나 자신만의 울타리를 치기 시작한다.

기본적으로 먹고사는 문제가 해결되고 이를 안전하게 지켜줄 장치를 마련한 사람은 이제 가족의 범위를 벗어나 다른 사람들과 어울리는 것을 넘보기 시작한다. 다른 사람들과 친교하기 위해 동호회 등에 가입하여 자부심을 느끼려고 한다. 그렇게 남들과 어울리다 보니 그 다음은 그중에 자신이 돋보이고 싶은 욕구가 생긴다.

국회의원 금배지를 달아 보겠다고 인생을 험난하게 살거나 빚을 져가며 도전하는 사람들이 그런 욕구 때문에 모험을 하는지도 모른다. 또는 먹고사는 첫째와 둘째 단계를 이루고 나니 '국회'라는 그럴싸한 소속이 필요하고 기왕이면 명예도 따라오는 국회의원직을 넘보는 것이다.

동호회 내에서 서로 감투를 맡지 않으려고도 하지만 가끔 권력 암투가 벌어지는 것도 사실은 그런 욕구 때문인 경우가 많다. 마지막으로 욕구 단계에서의 가장 높은 정점은 자아실현의 욕구이다.

매슬로우는 "사람이 자신의 적성에 맞는 일을 하지 못하는 상황에서는 새로운 불만이 나타날 수 있다. 음악가는 음악을 만들어야 하고, 화가는 그림을 그려야 하며, 시인은 시를 지어야 한다."라고 했다.

인생은 그리 길지 않다. 좋아하고 관심 있는 분야의 책을 골라 집중적으로 읽는다든지 배우고 싶었던 피아노와 기타, 그림 그리기, 사진 찍기, 노래 부르기, 컴퓨터 공부에도 관심을 가질 수 있고 새로 영어 회화나 일본어, 중국어에 관심을 가져도 좋을 것이다. 한자 공부를 새로 시작해서 자격증에도 도전해 보고 영어 역시 토플 시험에도 도전해 보면 새로운 맛이 있을지 모른다.

죄수의 딜레마

게임 이론 중 가장 유명한 모형은 '죄수의 딜레마'다. 심문을 받는 두 공범자(배신과 협력 둘 중 하나를 선택할 수 있고 상대의 행동에 따라 결과도 달라지는 상황에서)가 상호협력하면 양쪽 모두 좋은 결과를 도출할 수 있음에도 불구하고 상대가 협력과 전략 중 어떠한 행동을 택하더라도 자신이 협력하는 것보다는 좋은 결과를 도출하는 '배신'을 모두 선택하게 됨으로써 양쪽 모두가 손해를 보는 결과가 된다는 것이다.

원래 죄수의 딜레마는 1회적 선택에 그치는 것이지만 계속적으로 이러한 선택을 해야 하는 상황이 된다면 어떻게 될까.

인공지능에 준하는 전략적 컴퓨터 프로그램들로 하여금 반복적으로 '죄수의 딜레마' 게임을 플레이하게 하였더니 우승자는 'Tit for Tat(맞받아치기, 의역하면 눈에는 눈, 이에는 이)'이라는 프로그램이었다고 한다.

그 메커니즘은 매우 단순한데 첫 게임에서는 '협력'을 선택하되 이후 게임부터는 상대방이 바로 직전 게임에서 취한 행위를 선택한다. 즉 시작은 친절하나, 상대의 배신에 대해서는 즉각적이고 일회적인 보복을 가하는 것이다. 이를 알기 쉽게 속담으로 표현하자면 "가는 말이 고와야 오는 말이 곱다." 정도이리라.

개인과 국가와의 관계인 형사절차에서도 이러한 룰은 적용된다고 할 수 있는데 초범인 경우는 선처받기 쉬우나 재범자는 중하게 처벌받는 것이 대표적인 예라고 할 수 있다. 어쨌든 이러한 이론은 복잡한 인간관계에도 적용된다.

양자 간 협력이 유지되는 것은 이타심보다는 '내가 배신하면 상대도 확실히 배신할 것이다.'라는 합리적인 계산에 바탕을 두고 성립한다는 것이다. 이러한 이기심, 복수, 배신, 치밀한 계산 등에 기하지 않고 협력관계가 형성될 수는 없을까.

사회 구성원 모두가 동시대를 살아가는 공동체의 일원으로서, 사적 이익에 얽매이지 않고 상생을 위하여 협력하는 세상은 가능할까. 언젠가는 두 죄수가 서로에 대한 신뢰만이 최선의 방책이라는 것을 알아차리고 공범을 믿고 협력하여 최선의 결과를 도출할 날은 과연 올 것인가.

100년 전 심리학자가
뜨는 까닭

초등학교 5학년 때 우리 학급의 급

훈은 "칭찬을 받자."였다. 근면, 협동, 정직류의 촌스러운 급훈이 범람했던 당시로선 참신한 축에 속했다.

그러나 모범적인 행동을 장려하려는 취지와 달리 부작용도 있었다. 아이들은 선생님이 보는 앞에서는 쓰레기도 줍고 친구도 도와줬지만 막상 칭찬해 줄 선생님이 없을 땐 못된 짓을 많이 저질렀다. 이 같은 교육 탓에 우리는 남의 시선에 유난히 신경 쓰고 남에게 좋은 평가를 받아야 한다는 강박이 강한 편이다.

체면을 중시하는 삶에 대한 피로감 때문일까. 지금 서점가에선 "타인에게 미움 받는 것을 두려워하지 말라."라고 주장하는 책 『미움받을 용기』(기시미 이치로)가 돌풍을 일으키고 있다. 넉 달간 무려 24만 부가 팔렸고, 『아들러가 가르쳐주는 용기의 심리학』 등 그의 다른 책까지 인기를 끌고 있다.

책 제목부터가 도발적이다. 사랑받지 않을 용기도 아니고, 미움받을 용기라니. 프로이트, 융과 더불어 3대 심리학자로 꼽히는 알프레드 아들러의 사상을 일본의 철학자가 대화체로 풀어 낸 이 책은 "타인에게 인정받기 위해 살 필요는 없다."라고 단호히 말한다. 또한 우리가 현재의 불행을 트라우마 탓으로 돌리는 것을 걱정하고, 과거나 미래보다는 '지금, 여기'에 충실하라고 조언한다.

100년 전에 죽은 심리학자의 이론이 지금 한국인을 사로잡는 이유는 뭔가. 열등감에 시달리거나 직장 상사와 갈등을 빚는 등 관계에서 상처받고 아파하는 사람들이 많다는 얘기다. 누군가 나를 미워할 때 특히 그가 직속 상사일 때 '그래, 미워할 테면 미워해 봐.' 하고 무시하기는 쉽지 않다. 잘 보이려고 애를 쓰고, 의중을 파악하려 전전긍

궁하고, 그래도 안 되면 상사를 험담하느라 시간을 허비하기도 한다. 일생에서 채워지지 못한 인정 욕구는 소셜 네트워크 서비스SNS를 통해 과시욕으로 표출해 버린다.

좋은 식당의 맛있는 음식, 값비싼 제품, 멋진 곳으로의 여행, 유명 인사와의 만남 등을 올린 후 '좋아요'를 애타게 기다리면서 존재감을 확인하려고 한다.

SNS에 넘쳐나는 허황된 자랑에 박탈감을 느끼고 페이스북이나 트위터를 떠나는 사람도 적지 않다. 알렉스 퍼거슨 전 맨체스터 유나이티드 감독이 "SNS는 인생의 낭비"라고 일갈한 것도 그런 이유다.

베스트셀러는 시대 요구를 투영하는 법이다. 최근의 경기 침체, 취업난, 스펙 경쟁 등 불안하고 각박한 세상살이도 아들러 열풍에 한몫했다. 경제성장률 하락, 최악의 청년실업, 자살률 급등 등 우울한 사회지표에 억눌려 있다 보니 현 상황을 벗어날 수 있는 '용기'란 화두에 격하게 공감하게 된 것이다.

2013년 출간된 이 책이 장기 불황으로 자존감이 낮아진 일본에서 무려 80만 부가 팔린 것도 같은 이치다. 사실 이 책은 아들러의 심리학을 뼈대로 하고 있지만 자기계발서에 가깝다. 불황기에는 예외 없이 처세서나 위로·힐링 서적들이 등장했던 현상이 되풀이된 것일 수도 있다.

미국 대공황기에는 데일 카네기가 쓴 『친구를 얻고 사람에게 영향력을 행사할 수 있는 방법』이 베스트셀러가 됐고, 일본 버블 붕괴기에는 절망적인 상황을 긍정적인 사고로 바꿔 나가려는 『뇌내혁명』이었다.

국내에서는 외환위기 때 긍정의 힘을 강조한 『시크릿』이, 2011년 외롭고 힘든 이들을 위로하는 『아프니까 청춘이다』가 젊은 층의 마음을 울린 것도 같은 맥락이다. 하지만 불경기에 약해진 마음을 노리고 나온 책쯤으로 폄하하고 싶지 않다.

과거 자기계발서들이 위로나 힐링에 치중한 것과 달리 아들러는 "모두에게 사랑받을 필요는 없다."라며 당당하게 살라고 주문한다. 상사가 화를 내는 것은 그의 과제일 뿐 나의 과제가 아니라며 "나와 타인의 과제를 분리하라."라는 참신한 해법을 제시한다.

누구나 이 세상에서 버티기 위해 부여잡는 게 한 가지씩 있다. 하느님의 사랑, 부모님의 유언 등등, 관계에 지친 사람들이 100년 전 심리학자로부터 얻은 '용기'로 이 시대를 버텨나갈 수 있다면 그 또한 어떠하리.

100년 전 아들러가 한 말이 인터넷, SNS로 인간관계가 확대된 이 세상에서 통한다는 게 신기할 다름이다.

"남의 이목에 신경 쓰느라 현재 자신의 행복을 놓치는 실수를 방해해서는 안 된다."

분노조절장애의
심리학

용의 목에 거꾸로 난 비늘 '역린'. 왕만이 표현하는 분노의 원천이다. 자칫 역린을 건드렸다간 군주의 강한 노여움을 사 목숨을 부지 못했다. 신하는 물론이고 자식도 예외는 없었다.

사도세자는 학문을 중시한 영조의 기대에 어긋나는 행실에 빠졌다. 대노한 영조의 책망에 그는 심신쇠약과 피해망상증을 보였다. 결국 그는 뒤주 안에서 불행한 생을 마쳤다.

요즘 욱하는 마음에 충동적으로 저지르는 묻지 마 폭행·살인이 빈발한다. 자신을 무시하는 세상에 복수하겠다며 흉기를 휘두른다. 여친의 절교 선언에 앙심을 품고 건물에 불을 지른다. 음주운전 단속에 적발되자 차를 몰고 경찰 지구대로 돌진한다. 작은 자극에도 짜증내고 못 참는 우발적 '분노 범죄'의 현 실태다.

세상만사와 복잡하게 얽힌 분노는 잠복-생성-활성화 과정을 거친다. 부지불식간에 분노가 쌓인다. 트라우마(심리적 외상)나 감정적 격변이 앙금처럼 가라앉는다. 자존심이 위협당할 때 보호본능에서 분노가 싹튼다. 무시당하거나 가치 없는 존재로 평가절하 되면 분노가 끓어오른다.

억압된 분노는 갑자기 폭발한다. 불황기 생존의 위기에 몰린 빈곤층은 분노에 취약하다. "굶주린 사람의 눈에는 분노가 포도송이처럼 주렁주렁 매달려 알알이 영글어 간다."

『분노의 포도』는 1930년대 미국 대공황기를 배경으로 한 존 스타인벡의 장편소설이다. 이 소설은 기계화로 경작지를 잃은 농민 일가가 서부로 이주하면서 겪는 비극적 삶을 그린 대서사시다.

경제가 악화되고 빈부격차가 확대될 때 분노는 용암처럼 분출한다. 분노는 인생의 본질이다. 그리스 철학자 아리스토텔레스는 "누구든지 분노할 수 있다. 그것은 매우 쉬운 일이다."라고 말했다.

하지만 올바른 목적으로, 올바른 대상에, 올바른 시간 동안, 또한 올바른 정도와 방법으로 분노할 수 있을까?

아리스토텔레스는 "(분노를 조절하는 것은) 누구나 할 수 있는 일이 아니다."라고 답한다. 개인심리학 창시자 알프레드 아들러(1870~1937. 오스트리아)의 이론이 최근 재조명받는다.

아들러는 인간의 행동발달을 결정하는 것은 열등감을 극복하려는 권력에의 의지, 즉 보상욕구라고 봤다.

사람은 남에게서 인정받고 사랑받고자 하는 욕구가 좌절될 때 분노와 적개심을 느낀다. 남의 시선을 의식하지 않는 용기와 인내는 분노를 이겨내는 힘이 된다. 분노 잠복기는 짧게, 회복기는 길게 그리고 활성기는 없애는 게 최선이다.

『악마의 시』를 쓴 인도 출신 소설가 살만 루시디는 분노 해소 방법을 두 가지로 제시했다.

첫째는 공감이다. 모든 사람이 비슷한 이유로 분노를 느끼는 공감은 분노를 누그러뜨릴 수 있다.

둘째는 사람이다. 공감을 나누는 사람이 나를 더 사랑해 준다면 분노는 해소될 수 있다. 가족과 사회 공동체는 실의와 절망에 빠진 사람을 보듬고 배려해야 한다.

세상에서 가장 완벽한 약
『내 몸 치유력』

　　　　　　　　　　이 책의 저자 프레데리크 살드만은 프랑스의 심장 전문의이다.

　의사이기 때문에 환자를 진료하고 처방을 내리는 역할을 하는데 의사 입장에서 봐도 굳이 약을 먹지 않아도 되는데 환자들은 내원을 한다는 것이다.

　저자의 주장은 우리 몸 자체가 가장 좋은 약이라는 것이다. 마치 한의사가 쓴 동양의학 서적처럼 보인다. 그 점이 이 책을 주의 깊게 읽게 만든다.

　질병이 생기지 않게 하기 위해서는 예방하면 되는데 그렇게 어려운 일도 아니라는 것이다. 심혈관계 환자들은 칼로리 섭취만 30% 낮추고 매일 30분만 운동하면 발병률을 40%나 낮출 수 있다는 것이다. 과체중은 소리 소문 없이 다가오는 암살자이므로 먹는 것을 줄이고 운동을 예방주사처럼 생각하라는 것이다.

　잠 잘 자고, 일상의 소소한 문제는 스스로 해결하고, 성생활을 즐기고, 스트레스를 비켜가고, 뇌를 단련하라는 내용은 다른 건강 서적과 비슷하다.

　손톱을 보면 건강 상태를 알 수 있고, 손금의 생명선을 보면 수명을 알 수 있다고 한 것을 보면 중국이나 동양의학에도 관심이 많은 것 같다.

　그 외에도 동양의학에 나오는 얘기가 많이 언급되어 있다.

검지의 길이가 약지보다 길면 테스토스테론 노출이 적어 전립선암에 걸릴 확률이 87% 낮아진다고 한다. 피부색, 얼굴색으로도 환자의 상태를 알 수 있다고 한다.

서양식 좌변기보다는 동양식 쪼그려 앉기식이 배뇨 구조상 비뇨기에 좋다고 한다. 프랑스의 부유층들은 아이를 낳으면 바로 시골 유모 집으로 보냈다고 한다. 제 발로 걷고 말할 때 집에 돌아오게 되는데 단순히 유아를 키우기 힘들어서 그런 것이 아니다. 면역성을 길러주기 위해서 그랬다는 것이다.

현대 의학에서도 검사를 해 보면 시골 아이들이 도시 아이들에 비해 알레르기성 질환을 앓을 확률이 76% 낮고 천식을 앓을 확률도 절반밖에 안 된다는 것이다. 시골에서는 온갖 균류, 박테리아, 미생물들을 쉽게 접촉하기 때문이라는 것이다.

혀를 교환하는 프렌치키스를 강권하는 이유도 키스로 인해 부작용이 생길 수도 있지만 면역력이 생겨 이로운 점이 비교할 수 없을 만큼 많기 때문이라고 한다.

재미있는 대목이었다. 아이슬란드 근해에서 발견한 한 조개는 나이 측정을 해 보니 400년 되었다는 것이다. 더 살 수도 있는데 인간이 심해에서 끄집어내는 바람에 더 못 살게 되었다는 것이다. 이 조개의 장수 비결을 분석 중인데 그 생의 비밀을 알아내면 인간도 몇백 년을 살 수 있을지도 모른다는 것이다.

캐나다의 송장개구리는 영하 7도에서 냉동 상태로 들어가 사망상태가 된다고 한다. 그런데 다시 온도를 높이면 언제 그랬냐는 듯 부활한다고 한다. 사람을 냉동상태로 보존했다가 몇 십 년 또는 몇 백

년 후에 다시 온도를 높여 살린다는 상상은 이미 했었다.

일부 배아, 정자, 난자, 줄기세포는 현재 실용 단계이다. 그러나 냉동 상태가 되면 바늘 모양의 얼음 결정들이 세포들을 찢어발겨 곤죽처럼 만들어 부활이 불가능하다는 것이다. 송장개구리는 자체적으로 동결 방지제를 생성하기 때문에 세포가 파괴되지 않는다는 것이다.

이 연구가 성공하면 인간도 냉동 상태로 재웠다가 언젠가 치료 방법이 나왔을 때 다시 부활시켜 치료가 가능하다는 것이다. 그래서 미국의 연구자들은 현대판 노아의 방주처럼 800종 8,400개체 이상의 동물들의 난모세포와 조직을 냉동 보존하는 작업을 시작했다고 한다.

인간이 죽은 후 17일 만에 근육에서 줄기세포를 배양했더니 정상 세포로 배양되었다는 보고도 있다. 눈으로 보기에 이미 부패가 웬만큼 진행되었는데도 줄기세포는 어느 기간 안에는 복원이 가능하다는 얘기이다.

이런 시도들이 활발히 진행되고 있다 보면 정말로 인간이 불로장생할 수 있는 비결이 밝혀질지도 모른다.

동의보감으로
말하다

한방건강TV 인기 간판 프로그램에 출연하는 한의사 오철 씨가 쓴 책이다. 동의보감은 의학 서적 최초로 유네스코 '세계 기록 유산'에 등재된 책이다. 그럼에도 불구하고 실제로 이 책을 꼼꼼하게 다 읽어 본 한의사도 주변에 거의 없다며 솔직하게 한의사의 세계에 대해 자성의 면도 썼다. 하긴 요즘 한의원은 어려운 처지이다. 한방 삼계탕이나 홍삼 제품이 저항력을 길러준다며 보약을 대신하고 있고 비아그라가 나오는 바람에 정력 보강 보약도 안 팔리는 실정이다. 심지어 병원은 아플 때 찾아가는 곳으로 인식되어 있지만, 한의원은 여기저기 치료를 받아 봤으나 결과가 시원찮을 때, 점쟁이나 무당을 찾아가는 마음으로 가보는 곳일 수도 있다며 자조한다.

동의보감은 한문으로 되어 있어 일반인은 봐도 내용은 알기 어렵다. 저자는 이것을 알기 쉽게 풀이했다. 어려운 내용을 재미있는 비유를 섞어 가며 일반인이 이해할 수 있도록 풀어 써 400쪽이 넘는 두꺼운 책을 지루하지 않게 읽을 수 있도록 썼다. 원래 한의학 서적은 우리 생활을 중심으로 되어 있어 재미있다.

동의보감은 총 25권으로 되어 있다. 목차 2권, 내경편 4권, 외형편 4권, 집병편 11권, 탕액편 3권, 침구편 1권으로 되어있는 대백과사전인 셈이다. 이 책은 내경편 4권에 대한 내용이다.

원문을 먼저 쓰고 한글로 그대로 번역하고 해설과 핵심에 대해 따로 써서 바쁜 사람은 해설만 읽어 봐도 되도록 썼다. 맥진과 침구법은 전문가용이므로 뺐고 충문은 기생충에 대한 내용이라 이미 기생충은 높아진 위생 수준과 현대 의학 덕분에 박멸 수준이라 뺐다고 한다. 그러므로 일반 독자가 알아둘 만한 내용만 썼다는 것이다.

동의보감 내경 편의 구성은 1권에 신형身形, 정精, 기氣, 신神, 2권에는 혈血, 몽夢, 목소리, 언어, 진액, 담음痰飮, 3권에는 오장육부, 간장, 심장, 비장, 폐장, 신장, 담부, 위부, 소장부, 대장부, 방광부, 삼초부, 포(자궁), 4권에는 소변, 대변으로 되어 있다. 각각의 하는 일, 탈이 났을 때의 증상, 치료법이 나와 있다.

원문 그림도 실려 있다. 드라마 허준에서는 스승 유의태가 사망하고 동굴에서 해부해 보며 내부 장기를 그려내는 것으로 되어 있었다. 드라마에서는 스승이 유의태로 되어 있지만 서로 다른 시대 사람이라고 한다. 저자의 말대로 그 당시 임진왜란의 전란으로 죽은 자가 흔했을 터이므로 사람의 내장을 들여다보는 것은 어렵지 않았을 수도 있겠다 싶다.

동의보감에서 얘기하는 주된 내용은 "천지와 사람은 하나"라는 것이란다. "하늘에 사시가 있듯이 사람은 사지가 있고, 하늘에 오행이 있듯이 사람은 오장이 있으며, 하늘에 육극이 있듯이 사람은 6부가 있다."라는 식이다. "하늘에 우레와 번개가 있듯이 사람에게는 기쁨과 분노가 있고, 하늘에 비와 이슬이 있듯이 사람에게는 콧물과 눈물이 있으며, 땅에 샘물이 있듯이 사람에게는 혈액이 있고"로 이어진다.

동의보감에는 도道에 대해 상당 부분을 할애했다고 한다. "형태를 갖춘 물질은 정신이 주도하는 기의 움직임과 별개로 취급되어서는 안 된다."라는 것이다. 정精, 기氣, 신神, 혈血을 통해 인체 생명 활동을 설명하지만 그중에 어느 하나만 중요하다기보다 모두 중요하다는 것이다. 그럴 것이다. 어느 하나만 고장 나도 몸은 아프게 되니 말이다.

한의사가 된 사람들은 한문보다 영어를 먼저 배우고 영어·수학 위주의 입시 지옥을 거쳐 어려운 관문을 통과한 사람들이다. 학부 시절에는 양의학 코스와 같이 실습용 시신을 해부하고 공부했다. 공부할 것도 많은데 새로 한자를 익혀 동의보감을 이해하기는 쉽지 않은 일인 것 같다. 이 책 덕분에 동의보감이 어떤 책인지 어렴풋이나마 알게 되었다.

내가 본 최고의 재난 영화
- 〈샌 안드레아스〉

영화 제목은 〈샌 안드레아스〉로 다소 낯설다. 미국 캘리포니아 주의 해저 단층대인데 이런 구조가 지진이 자주 일어난다. 실제로 1906년 샌프란시스코에 규모 8.3의 대지진이 발생하여 사망자 1,400명, 이재민 30만 명의 상처를 남겼다는 기록이 있다. 거기에 착안하여 만든 영화이다.

지진 규모를 9로 올려 생존 확률 1%를 가정하여 만든 영화이다. 영화의 줄거리는 L.A 소방국 대장인 드웨인 존슨이 대지진 와중에 가족을 구하는 과정을 그렸다.

지진으로 후버댐이 무너지고 L.A시가 폐허가 되고 샌프란시스코가 마치 폭격을 맞은 듯 잿더미가 된다. 실제 있는 건물, 야구장 등이 영상으로는 다 부서지고 무너진다.

이제껏 원자폭탄이 폭발하거나 외계인이 침략하거나 소행성이 지구에 충돌하거나 하는 상상의 영화들이 많았다. 소위 재난 영화인데 관객들은 부서지는 모습을 보고 카타르시스를 느낀다.

그러나 이 영화는 단연 압권이다. 후버댐이 무너지고, 초고층 건물들이 무너지고, 도시가 마치 물결 출렁이듯 하며 초토화되고, 초대형 크루즈선이 뒤집히고, 컨테이너선이 뒤집히고, 쓰나미가 덮치는 장면들을 도대체 어떻게 찍었을까 싶게 실감난다. 그야말로 장관이다. 3D나 4DX로 봤어야 했는데 아직 안 본 사람은 돈을 더 내더라도 반드시 그렇게 보기를 추천하고 싶다.

주연으로 나온 드웨인 존슨은 분노의 질문에 나왔던 사람이다. 프로레슬러 출신이라 체격이 우람하다. 같은 남자가 봐도 멋진 남자이다. 아내의 이혼 통보에도 불구하고 재난에서 아내를 구하고, 딸을 구하기 위해 헬리콥터로, 경비행기로 그리고 모터보트로, 차로 멋진 액션 연기를 보여준다. 딸로 나온 알렉산드라 다다리오도 청순한 매력과 함께 총명한 미국 여자의 매력을 잘 보여줬다.

아버지가 L.A 소방국 대장이니 재난에서 보고 배운 것이 많아 그렇다는 설정이지만 재난 영화가 재난 장면 자체만으로는 관객들에게 감동을 주지 못하는 것을 그녀의 역할이 잘 보충했다. 〈로코모션〉이라는 노래로 유명한 왕년의 호주 여배우 겸 가수인 카질리 미뇨그가 카메오로 출연한 것도 볼거리이다.

〈어벤져스〉나 〈매드맥스〉가 가상의 인물들이 나왔는데도 공전의 히트를 기록했지만, 이 영화는 실제 도시를 대지진으로 무너지는 모습을 상상으로 만든 것이라서 관객층이 더 넓을 것이다. 시니어들이라고 해도 이런 영화는 아주 재미있게 봤다는 얘기를 할 수 있을 것이다. 어떻게 단돈 1만 원으로 이런 대작을 볼 수 있을까 미안할 정도이다.

20년 후의 일(?)
- 영화 <아무르>를 보고

이 영화는 대표적인 노인 영화이다. 두 주연 배우 역시 80대 중반이다. 지루하기로 소문난 프랑스 영화인데 무려 120분짜리이다. 미카엘 하네케가 감독했고 내가 사춘기 때 '청소년 관람 불가'라서 몰래 봤던 영화 〈남과 여〉에 나왔던 장 루이 트렝티냥이 남편 역으로 나왔다. 부인 역에 엠마누엘 리바가 나왔는데 전혀 모르는 배우지만 눈빛 연기가 아주 좋았다. 성격파 배우라는 말이 있지만 이 정도 나이는 되어야 성격파 배우라는 말이 어울릴 것 같다. 표정만으로 연기가 풍부하다. 황금종려상 수상작이다.

이 영화의 줄거리는 간단하다. 평화롭게 늙어가던 부부가 있었다. 그런데 어느 날 아내에게 치매 및 반신 마비 증상이 나타나게 되고 그 후 남편이 아내를 돌보는, 힘든 간병을 하는 과정을 그린 영화이다. 그렇게 120분이 전개된다. 간병이란 말이 쉽지 여간한 사람은 집에서 혼자 감당할 수 있는 일이 아니다. 웬만하면 요양 병원에 보내는 것이 상식이다. 그러나 부부 애정이 남다르므로 그렇게 할 수 있었다고 본다. 그래서 영화 제목이 사랑Amour이다. 마지막 장면은 남편이 베개로 아내를 질식사시켜 안락사 시킨다.

두 배우의 나이가 실제로 80대 중반이다. 내게도 멀지 않아 다가올 나이이다. 주변에 둘러봐도 부부 중 한 사람이 치매나 반신불수 상태가 되면 그렇게 옆에서 간병할 부부는 거의 없는 것 같다. 실제로 대놓고 그렇게 얘기한다. 자식들도 마찬가지이다. 오히려 더욱 생각하기 어려운 일일 것이다. 그만큼 우리는 실리적이다.

안락사 문제는 또 다른 테마이다. 사람의 목숨이란 안타깝게 일찍 죽는 사람도 있지만 길게 사는 사람도 있다. 100세 시대 얘기 나온 지가 얼마 안 되는데 이젠 120세 시대 얘기가 나온다. 인간의 수명이 늘어날수록 안락사 문제는 좀 더 현실적으로 다가올 것이다. 내 주변에는 죽을 때 되면 미련 없이 곡기를 끊고 스스로 죽겠다는 사람이 많다. 치매에 반신불수라면 살아야 할 이유가 없다는 것이다. 그러나 그건 그때 가 봐야 알 수 있는 일이다. 병원의 무리한 생명 연장은 원치 않는다는 존엄사 얘기는 어느 정도 굳어져 가고 있는 것 같다.

인간미 있는 영화
<극비수사>

이 영화는 〈친구〉를 찍은 곽경택 감독 작품이다. 그래서 이번 영화도 부산 사투리가 많이 나온다. 같은 한국 사람으로서 부산 사투리가 명확하게 인식되지 못하는 것은 녹음기술의 문제인지 배우들의 발음 문제인지 어딘가 부족하다. 외화는 자막으로나마 전달은 확실하다.

1978년 실제 있었던 일을 영화화했다고 해서 더 관심을 모았다. 영화는 허구로 만드는 것인데 실제 있었던 일이라니 더 흥미가 있는 것이다. 그것도 세상에 알려진 얘기가 아니다. 소위 비하인드 스토리라니 사명감이라는 입장에서도 이 영화를 보게 만들었다.

이 영화의 줄거리는 한 아이가 유괴되고 형사(김윤석 분)와 도사(유해진 분)가 아이를 찾기 우해 동분서주한다는 얘기이다. 보통은 이런 유괴 사건은 공개로 수사에 들어가지만 두 사람은 극비로 수사해야 한다고 우긴다. 공개수사가 되면 범인이 압박감으로 아이를 살해하는 경우가 많다는 이유였다. 형사 같은 대부분의 공직자들은 이런 사건을 놓고 범인 검거가 우선이다. 방법은 나중 문제이다. 세론이 무능한 경찰을 지적할 때 내부에서도 질책이 쏟아지게 되는데 당연히 아이의 목숨보다는 범인 검거가 우선이 된다. 다른 공직자들의 태도와 달리 두 사람은 범인 검거보다는 아이의 생명을 우선시했다는 점이 인간미가 있어 보인다.

　아이 유괴 사건이 요즘은 부모들이 가까이 아이들을 보호하기 때문에 워낙 뜸하지만 70년대까지는 자주 일어났던 사건이다. 아이를 유괴한다는 것은 아이의 목숨을 담보로 하여 부모와 아이 모두에게 인간으로서 차마 해서는 안 될 천인공노할 비인간적인 행위이다. 실제 당사자로서는 피가 마를 일인 것이다. 영화에서는 33일간이었지만 밤낮으로 견뎌내기 힘든 괴로운 시간들이다.

　도사 김중산은 다소 엉뚱한 캐릭터이지만 유해진의 외관이 점쟁이 같지 않아 어려운 배역이었다. 도사의 스승은 아이가 죽었다고 했고 도사는 아직 살아 있다는 것을 놓고 스승과 제자의 대결이 펼쳐진다. 도사가 기필코 아이가 살아 있다는 것을 증명해보이기 위해 소신을 관철해나가는 모습은 관객의 응원을 얻어내게 했다. 영화 〈위플러〉에서처럼 이 시대에 어디서나 존재할 수 있는 스승과 제자의 양보할 수 없는 실력대결인 셈이다.

김윤석은 영화 〈추격자〉에서 보여줬듯이 형사 역에 잘 어울리는 배우이다. 날카로운 눈매의 카리스마도 있고 체격도 있어서 듬직한 느낌을 준다.

세상은 고생하는 사람 따로 있고 공치사에서 열매를 따 먹는 사람 따로 있을 수도 있다. 이 영화에서도 공형사와 도사는 실제로 사건을 해결하지만 공로는 엉뚱하게도 다른 형사들에게 돌아간다. 피를 토할 듯이 억울한 일이지만 아이를 살렸으니 문제를 일으킬 것 없이 감내하고 넘어간다. 남자는 그래야 한다.

부부관계도 리모델링이 필요하다

우리가 맞고 있는 100세 시대를 대변하듯이 은퇴한 남편을 풍자하는 말들이 요즘 SNS를 통해 자주 오르내리고 있다.

남편이 반드시 지켜야 할 '3소 5쇠의 법칙'이 있다. '3소'는 마누라가 하는 말에 '그렇소' 맞장구쳐야 하고, '맞소'라고 무조건 동의해줘야 하고, 그냥 '옳소'라고 해야 한다. '5쇠'는 집에 들어와 마누라를 위해서 집 안 청소부터 모든 집 안 잡일을 '마당쇠'처럼 하고, 밖에서 일어난 일은 철저히 비밀로 하는 '자물쇠'가 되고, 마누라가 준 돈을 아껴 쓰는 '구두쇠'가 되어야 하고, 마누라 하는 일에 간섭하지 말고 모르는 척하는 '모르쇠'가 되어야 하고, 밤에는 '변강쇠'가 되어야 한다.

가정의 평화와 화목을 위해서 매일 지켜야 한다는 것이다.

오래된 버전이지만, 나이 들면서 남편이 가장 필요한 5가지는 부인, 아내, 집사람, 와이프, 애들 엄마순이다. 그런데 아내는 돈, 딸, 건강, 친구, 찜질방순이란다.

또, 삼식三食이 시리즈 등 떠도는 유머들이 왠지 웃을 수만은 없는 씁쓸한 느낌이 든다. 이런 얘기들을 증명이라도 해 주듯이 실제 설문조사가 나와서 화제가 되고 있다.

YTN에서 '행복한 노후 조건, 어떤 조건들이 있을까요?'에 대한 보도에 따르면 아내가 은퇴한 남편에게 바라는 것 중에 2위가 집에서는 '가만히 있어라.'이다. 어지르지 말라는 것이다. KDB대우증권 미래설계연구소가 50세 이상, 잔고 일천만 원 이상인 고객 980명을 대상으로 벌인 설문조사 결과이다.

설문조사 결과 내용을 보면 아내가 남편에게 바라는 가사도움으로 1위는 청소(37%), 2위가 그냥 가만히 있어주는 것으로 14%를 차지했다. 3위가 음식물 찌꺼기 버리기(12%), 4위 빨래(11%), 5위 설거지(9%) 순이었다. 특히, 소득수준과 금융자산이 많을수록 남편이 가만히 있어주길 바라는 비율도 더 높았다고 하니, 은퇴 후에는 남편들이 가정에서도 설 자리가 없는 것 같아 한편으로는 가슴이 찡하다.

또한, 은퇴 후 행복한 노후를 위해 꼭 필요한 것으로는 남성은 1위가 건강(29%), 2위 배우자(23%), 3위는 돈(22%)순이었지만 여성은 1위가 건강(28%), 2위 돈(26%), 3위 배우자(16%)순으로 건강을 빼고는 남녀 간에 차이를 보였으나, 남녀 모두 4위는 취미생활, 5위 친구순이다.

남녀가 같이 1위는 역시 건강이지만, 2위부터는 남녀의 생각이 달랐다. 남성은 두 번째로 배우자를 꼽은 반면 여성은 돈을 꼽았다. 아내들은 남편보다는 돈이 더 중요하다고 생각했다는 것이다.

통계청(혼인이혼통계)분석 「2012 서울 부부 자화상」 자료에 따르면 '부부가 생활방식에서 공통된 가치관을 갖고 있는가?'라는 설문조사 결과가 연령대별로 다르게 나타난다.

2~30대는 그렇다(50.8%), 보통(38.6%), 그렇지 않다(10.6%)인 반면, 50세 이상은 그렇다(40.1%), 보통(44.4%), 그렇지 않다(15.8%)이다. 젊은 세대보다 나이가 들면서 공동가치관의 차이가 긍정적인 면은 감소하고, 부정적인 면이 증가한다.

오히려 부부가 오래 생활하면서 공통가치관이 더 많아야 함에도 그 반대이다. 바로 은퇴준비를 위한 부부관계의 리모델링 전략이 필요한 것이다.

부부관계 증진을 위한 가구 인테리어도 '따로 또 같이'로 해 보면 어떨까? 부부가 함께할 수 있는 공간과 따로 할 수 있는 공간으로 재배치해 보는 것이다. 즉, 함께해야 할 것과 각자 할 것을 구분하자는 것이다. '따로 또 같이'는 배우자와의 관계에서 적절한 균형과 조화를 이루며 바람직한 파트너십 관계를 만들어 가는 것으로 생각한다.

또한, 아내도 은퇴 준비가 필요하다. 우리나라 남녀 평균 수명은 통계청 자료에 따르면 2013 기준으로 남성이 78.51세, 여성이 85.06세이다. 여성이 남성보다 평균 수명이 7년 정도 더 길다. 결혼 당시 보통 2~3세 차이가 난다고 보면 아내가 10년 정도 더 오래 산다. 아내가 혼자서 살아가는 기간의 간병 준비 등 노후 대책이 필요한 것이다. 현재 남성 중심의 은퇴설계에서 벗어나 아내도 반드시 은퇴설계를 해야 한다.

경제협력개발기구 자료에서 남성의 가사분담 비율이 OECD국가 중 최하위라고 한다. 한국 은퇴설계연구소에 따르면 은퇴 후 전적으로 여성이 가사를 담당하는 경우는 61%, 남성의 35%만 일부 가사를 도와준다고 한다. 은퇴 후에도 여전히 대부분의 집안일은 아내가 담당하고 있다.

남편이 은퇴하면 전업주부인 아내도 집안일에서 은퇴시켜야 한다. 이제 은퇴를 위한 부부관계의 재설정도 필요하다.

사용설명서

일상생활에 쓰기 위하여 물건을 사게 되면 사용설명서가 딸려 오기 마련이다. 그 제품의 사양에서부터 사용 방법 등에 이르기까지 아주 상세하게 쓰여 있다. 냉장고를 비롯한 생활용품을 살 때는 사용 설명서가 따라오지만 결혼을 하여 평생을 함께 살아갈 신랑과 신부를 데려올 때는 신랑과 신부에 대한 사용설명서가 전혀 따라오지 않는다.

하나의 행복한 가정을 이루어 나가는 데 두 사람의 화합이 필요하다. 화합을 위하여 상대방을 어떻게 잘 활용할 수 있는지에 대한 지식이 필요하다. 신랑과 신부에 대한 사용 설명서가 비어 있는 상태로 같은 목표를 향하게 된다. 그래서 결혼은 두 사람의 사용 설명서를 채워가는 과정이란 생각이 든다. 사랑하는 두 사람에겐 늘 좋은 점만 보이기 마련이다. 눈에 콩깍지가 씌었다. 결혼하게 되면 본 모습이 한둘 보이기 시작한다. 결혼 생활에 문제가 생겨난다. 결혼은 곧 남남이 만나서 같은 목적을 위하여 두 사람이 뜻을 같이하는 관계 형성이다. 우리의 선조들은 부부를 일심동체라고 하였다. 결혼하기 전까지 두 사람이 살아온 환경이 다르고 성격이나 삶의 가치도 다르다. 일심동체가 될 수는 없지만 결혼을 통하여 얻고자 하는 목적을 달성해가는 데 있어서 부부는 마음을 모아야 한다.

그 효율성을 높이기 위한 기초 데이터로 상대방을 잘 이해할 수 있고 문제가 생겼을 때 해결의 실마리를 줄 수 있는 사용 설명서가 필요하다. 일반 상황에서 성격 분석을 통하여 원만한 소통을 하듯이 말이다. 예전에는 결혼하기 전에 대체로 궁합을 보는 풍습이 있었다. 지금도 완전히 사라진 것은 아니지만, 태어난 해와 월, 일, 시간을 알면 사주팔자를 알아볼 수 있었다. 새로 맞아들일 신랑이나 신부의 성격 분석을 위한 자료였던 셈이다. 다만 상대방의 성격에 따른 대응이 아니라 처음부터 서로에게 잘 맞는 사람을 고르는 과정의 하나였다. 결혼하기로 결정되면 신랑 친구들의 등에 함을 지어 예비 신부 집으로 보낸다. 이때 함 속에 사성을 써서 보낸다. 신랑 될 사람의 자기소개서인 셈이다. 요즘은 현대적 이론이 많이 생겨났다. 교류 분석이나 MBTI 성격유형검사를 통하여 상대방의 성격을 알아볼 수 있고 성격을 맞춰갈 수 있다. 결혼 초기에는 죽고 못사는 사랑하던 사이가 서서히 금이 가기 시작하여 끝내는 갈라서기도 한다. 대부분 성격 차이로 발생한다. 결혼을 위한 전제로 상대방에 대한 성격 분석서를 교환하는 방법도 있지 싶다. 그렇지 않은 경우 결혼을 하게 되면 상대에 대해 몰랐던 구체적 성격 등을 사용 설명서에 채워 가면 좋을 듯하다.

1, 3, 5, 7, 9.
홀수는 불안하다

나이가 들면서 술친구들이 줄어든다. 건강이 나빠져서 술을 못 마시는 사람도 있고 건강을 염려하여 술을 자제하는 사람도 있다. 원래 술을 못 마시는 사람도 많다. 그러니 아직 건강한지도 모르겠다. 아직도 술을 마실 수 있다는 것은 대단한 행운이다. 건강하다는 증거이다. 부모님으로부터 알코올을 분해할 수 있는 능력을 받은 것도 감사할 일이다.

동네 단골 찌개 전문점에 가면 유쾌하다. 그 집주인이 유쾌하게 만들어준다. 둘이 가서 막걸리 2병을 놓고 절절매고 있으면 술은 1, 3, 5, 7, 9로 마셔야 한다면서 한 병을 더 갖다 놓는다. 못 마시면 돈 안 받을 테니 그냥 남기고 가란다. 상술이다. 마트에 가면 막걸리 한 병에 기껏해야 1천 원 남짓한다. 1천 원 들여 안주를 더 주문하게 하고 3병쯤 마시면 그때부터는 술이 술을 불러서 한 병 더 시키게 된다. 그럼 다시 4병이 되니 1, 3, 5, 7, 9 원칙에 따라 5병을 채우라고 한다. 막걸리는 전용 잔으로 마시면 3잔이 나온다. 둘이 같이 마시는 것이 보통이므로 홀수라서 할 수 없이 한 병 더 주문하게 된다. 소주도 소주잔으로 채우면 7잔이 나와서 홀수로 떨어지게 만들어 놓았다. 맥주도 한 병에 맥주잔으로 3잔이 나와서 역시 홀수로 맞춰 놓았다.

우리네 생활 방식에서는 홀수보다는 짝수를 선호한다. 홀수는 왠지 불안한 숫자로 보이기 때문이다. 짝수가 안정적으로 보인다. 둘이 술을 마시면 '각 1병' 원칙에 따라 2병 또는 4병 방식으로 마시는 것이 모양새가 좋아 보인다. 그런데 잔에 따라 보면 술잔의 배분이 홀수로 나오니 애매해지는 것이다. 술잔도 짝수가 되어야 공평하다고 생각하는 것이다. 둘이 만두를 먹는데 마지막 하나가 남으면 서로 못 먹는 것이 사람 심리이다.

왈츠는 3/4박자의 음악이다. 한 마디에 1박자가 3개 들어 있다. 2마디가 되어야 6박자로, 짝수가 되면서 한 스텝이 끝난다. 처음에는 4마디가 되어야 12박이 되면서 준비 동작이 끝나고 비로소 춤을 시작하게 되어 있다. 홀수 박자로는 미완성인 셈이다. 홀수와 짝수의 미묘한 차이가 있다.

대부분의 술집에서는 손님이 몇 병을 마시든 주인은 간섭하지 않는다. 간섭할 시간도 없이 바쁘고 손님들 대화에 술병 숫자를 놓고 끼는 것도 방해가 된다고 생각하기 때문이다. 단골손님이 아니면 모르는 사이이므로 주인은 주문하는 대로 갖다 주면 의무를 다하는 것이고 손님은 마시고 돈 계산하고 나오면 끝이다. 술 문화가 삭막하게 변하고 있는 중이다.

장사는 회전률이라는 게 있다. 손님이 와서 앉으면 빨리 먹고 일어나야 다음 손님을 받을 수 있다. 마냥 앉아서 술을 더 시킨다고 좋아할 수 없는 것이 회전률이 떨어지기 때문이다. 어느 정도 술을 마시게 되면 목소리가 커지고 안주와 술을 주문하는 주기가 길어진다. 그러므로 주인 입장으로는 손해이다. 장사가 잘되는 음식점에서는 점심 식사 때 술을 안 팔거나 한 병으로 제한하는 집이 있다. 빨리 먹고 일어나야 다른 손님을 받을 수 있는데 술 마시는 손님은 오래 앉아 있기 때문이다.

불황이라 장사가 잘되는 음식점이나 술집은 많지 않다. 너도나도 먹는장사를 차리지만 경쟁이 치열하다. 사람이 먹을 수 있는 양이 한정되어 있기 때문에 한 끼에 많이 먹을 수도 없다. 체중 관리를 하는 사람도 많아서 안 먹는 풍조이다 보니 음식점들은 이래저래 죽을 맛이다. 덕분에 1, 3, 5, 7, 9를 권장받는지도 모른다. 오늘도 술자리는 어쨌든 짝수로 잔을 비우게 되어 있다.

부부의 황금률

영화 〈뷰티풀 마인드〉의 모델이었던 천재 수학자 존 내쉬와 그 부인이 교통사고로 한날한시에 사망했다는 소식이 알려졌다. 존 내쉬가 정신분열증을 극복하고 노벨경제학상을 받을 수 있었던 데는 수십 년간 한결같이 그의 곁을 지켜 준 부인의 공이 컸다.

하루라도 안 보면 못살 것 같던 날들은 흘러가고, 사랑의 열정도 모두 식어빠져, 사랑했지만 삶에 부대끼면서 원수처럼 되는 일도 흔하다. 서로 못마땅해하고, 옛사랑을 생각하며, 근사해 보이는 부부들을 보면서 후회한다.

다른 사람을 사랑하고 싶어도 처음부터 다시 시작하긴 귀찮고 번거로울 뿐 아니라 어느새 마음도 몸도 늙어 생각처럼 간단하지 않다. 바보같이 상대방을 바꿔 보려고도 하지만 결국 포기한 채 서로 거리를 두고 산다. 엉킨 실타래는 하루라도 빨리 풀어야 하는데 비난에 상처 받고 돌같이 굳어진 심장은 녹을 줄을 모른다. 겉보기에는 멀쩡한데 집에만 들어서면 찬바람에 온몸이 시리다.

누구나 꿈꾸는 결혼 생활은 바로 이런 것이다. 1912년 뉴욕 메이시 백화점 소유주 이사돌 스트라우스는 아내와 유럽여행을 마치고 귀국 여객선에 올랐다. 영국 사우샘프턴에서 첫 항해에 나선 타이타닉호였다. 빙산과 충돌한 타이타닉이 가라앉기 시작하자 여자와 아이들부터 구명정에 올랐다. 스트라우스 부인은 40년을 함께 살아왔는데 이제 와 멀어질 순 없다며 남편과 남는 길을 택했다. 소원을 묻는 신神에게 "부부가 한날 함께 죽게 해 달라."라고 한 신화에 나오는 필레몬 부부 같은 얘기다.

LG카드 조사 결과, 우리나라 40대 가장 31.7%가 가정에서 가장 큰 갈등 상대가 아내라고 했다. 그 누구보다 서로의 결점을 잘 아는 사이라서 그럴 터다. 그러나 지적보다는 감싸줄 줄 알아야 금슬지락琴瑟之樂을 누릴 수 있다. 대접받고자 하는 대로 대접하는 것이야말로 부부의 황금률이다.

결혼 생활의 빨간불은 아무 때나 켜진다. 스킨십이나 섹스 같은 육체적 접촉으로 애정이 다져지는데, 그게 대박 나고 여유 부리던 여자도 나이가 들면서 본능에 집착한다.

섹스에 허기진 부부는 삭막하다. 육체적 교통 두절은 울타리를 치게 되고 칼로 살 베기식 살벌한 싸움으로 틈새를 더 벌리기 쉽다. 인연을 파괴하고 싶어진다.

요즘은 툭하면 헤어지지만 끝장내는 게 능사는 아니다. 사랑한다는 말은 쉽게 나오지 않지만 그래도 해야 한다. 그런 걸 꼭 말로 해야 하느냐고 멋쩍어하지만 말로 한 만큼만 알 수 있다.

사랑도 연습이다. 알고 있으려니, 지레짐작한 채 서로의 마음을 나누지 않아 갈등하는 부부가 많다. 정 못하겠다면 글로 적어도 좋을 것이다.

아주 많이 어색하더라도 "사랑하는 당신에게"로 시작해서 "당신을 사랑하는 아무개로부터"로 끝을 맺으면 아무 때나 더워지는 이때에 시원한 냉수 한 사발 같을 것이다.

결혼에도 정년이 있다

독일의 철학자인 임마누엘 칸트의 훗날 발견된 일기장에서, 알려진 유명한 일화가 있다. 사랑했던 여인이 청혼했으나 그는 생각할 시간을 달라고 했다. 결혼해서 좋은 점과 나쁜 점에 대해서 철학적 분석을 하느라 무려 7년이나 걸렸다. 그 결과 결혼해서 좋은 점 354가지, 나쁜 점 350가지라는 결론을 얻었다. 좋은 점이 네 가지가 더 많으므로 결혼하기로 하고 그 여인의 집을 찾아갔으나 그녀는 다른 남자와 이미 결혼하여 두 아이의 엄마가 된 뒤였다. 그래서 그는 평생 독신으로 살았다는 내용이다.

우리말에 '옷깃만 스쳐도 인연'이란 말이 있다. 불교에서 낯모르는 사람끼리 길에서 소매를 스치는 것 같은 사소한 일이라도 모두가 전생의 깊은 인연에 의한 것임을 이르는 말이다. 인연을 겁劫으로 비유한다.

한 겁의 시간을 물방울이 떨어져 집 한 채만한 바위를 없애는 데 걸리는 시간이다. 힌두교에서는 43억 2천만 년을 한 겁이라고 한다. 특히 부부가 되려면 7천 겁(영겁)의 인연을 거듭해야 한다고 한다. 이와 같이 남녀가 만나 부부가 되기 위해서는 영겁(永劫: 무시무종의 영원한 세월)만큼이나 길고도 깊은 인연이 필요하다는 것이다. 하지만 결혼의 실상은 불가에서 의미하는 본질과는 너무나 동떨어져 있는 것이 우리의 현실이다. 누구나 행복을 꿈꾸면서 결혼을 한다. 모든 부부가 살아가면서 행복할까. 오히려 결혼이 불행의 원인이 되기도 한다.

더 행복한 삶을 위해 결혼을 선택했지만 행복하기는커녕 원수보다 못한 관계로 전락하는 부부들을 우리 주위에서 흔히 볼 수 있다. 보도에 따르면 지난해 이혼한 부부가 하루 평균 316쌍이었다고 한다. 또 결혼을 기피해 노총각, 노처녀가 넘쳐나는 '결혼 안 하는 대한민국'이 되어가고 있다. 지난해 이혼 서류에 도장을 찍은 부부는 11만 5천 쌍이었다. 계속해서 줄어들던 이혼 건수가 최근 3년간 다시 높아지고 있다. 바로 황혼이혼 때문이다.

30년 이상 함께 산 부부의 이혼율이 한 해 전보다 무려 10% 넘게 늘었으며, 증가 폭이 10년 전의 두 배를 넘어섰다. 불만과 갈등이 있지만, 자녀 양육과 교육 문제로 참고 살다가 아이들이 다 성장한 뒤 갈라서는 것이다.

이제 이혼을 무조건 참고 이겨내야 하는 문제가 아닌 직면해서 지혜롭게 해결해야 할 과정으로 인식해야 할 때이다. 이렇게 이혼이 급증하는 추세에 따라 최근에는 '이혼 플래너'라는 신종 직업까지 등장했다. 언뜻 용어만 보면 이혼을 부추기는 직업이 아닐까 생각했는데 오해였다. 이혼에 직면한 위기의 부부 문제를 예방하는 데 일차적인 목적이 있고, 최소한의 비용과 최소한의 심리적인 부담으로 이혼 플랜을 세워주는 것이라 한다. 영국에서는 LAT(Living Apart Together)족이 급증하고 있다고 한다. LAT족이란 결혼 또는 사실혼을 통해 부부 관계를 유지하지만 같은 집에 살지 않고 서로 다른 집에 거주하는 부부들을 의미한다.

서로 가까운 곳에 살며 어려운 일이 있으면 언제라도 달려가 도움을 주거나 위로하고 사랑을 나누는 등 특별한 관계를 유지한다. 서로의 성격, 취미, 습관 등 살아가는 생활 가치관이 다른 부부간의 갈등을 피하면서 각자의 자유로운 생활을 즐기는 것이다. 미국의 유명한 영화배우 브래드 피트와 안젤리나 졸리 부부가 대표적인 LAT족이다. 일부에서는 별거와 다를 게 뭐가 있느냐는 비판적인 시각도 있지만 영국 통계청에 따르면 영국인 LAT족은 200만 명이 훨씬 넘는다고 한다.

이런 시대적 흐름을 반영하듯 『결혼해도 괜찮아』라는 책이 화제가 되고 있다. "결혼해도 괜찮아!"라는 말에는 결혼은 해도 되고 안 해도 된다는 두 가지 의미가 모두 들어 있다고 한다. 이제 결혼은 필수가 아닌 선택으로 여기는 경향이 강해지고 있다. 저자는 우리나라 첫 여성학자인 박혜란 교수이다. 올해로 70세인데, 45년의 결혼 생활을 진흙탕에 비유하며 부부가 함께 빠지면 진흙탕도 놀이터가 될 수 있다고……. 특히 이 책에서 눈길을 끄는 부분은 '결혼정년제도'를 파격적으로 거론하고 있다. 결혼 생활에도 정년을 둔다면 좀 더 서로가 아끼고 진정으로 사랑하는 부부 관계가 지속되지 않을까. 결혼한 후 20년이 정년인데, 자녀들 다 키운 시기에 결혼 기간의 시효가 소멸한다. 이혼할 경우도 정년이 끝나면 깨끗이 헤어질 수 있고 부부가 합의하면 정년을 더 연장할 수도 있다. 재미있는 이색적인 제안에 한편으론 고개가 끄덕여지지만 우리의 결혼 현실을 꼬집는 말인 것 같아 왠지 씁쓸한 기분이 든다.

  5월 21일은 부부의 날이다. 부부 관계의 개인적, 사회적 중요성을 강조하며 평등하고 민주적인 부부 문화를 확산시키고 가족 구성원의 복지 증진에 이바지하게 하려고 제정한 날이다. '21'일이란 숫자는 둘(2)이 하나(1)되는 것을 의미한다. 둘이 하나가 되어서 아름다운 둥지의 고귀한 삶의 책임을 다하는 소중한 부부의 큰 사랑들을 나누는 계기가 되었으면 한다. 앞으로 100세 시대에는 부부가 함께하는 시간도 늘어나서 오랜 시간을 함께 생활해야 한다. 길고 긴 인생을 함께 보낼 편한 동반자이자 가장 가까운 친구가 배우자이다. 서로의 다름을 인정하고 인내하며 어떻게 살아가느냐에 따라서 부부 관계는 달라질 것이다.

  평생의 동반자, 인생의 동반자로서 상대방을 배려하고 아껴준다면 더욱 성숙한 부부의 모습으로 거듭나지 않을까 생각해 본다.

황혼 재혼이 어려운
6가지 이유

첫째는, 남녀의 결합 가능성은 처음 만났을 때 호감도에 의해 좌우된다 해도 과언이 아니다. 소위 "첫눈에 반하다."라는 얘기를 한다. 상대를 보자마자 3초 만에 호불호가 결정된다는 것이다. 젊음 자체가 이성에 대한 호감으로 다가 오던 젊은 시절과 황혼 때를 비교해보면 양측이 모두 한창 때를 지나 이성적인 매력이 그리 남아 있지 않다는 것이 문제이다. 이성이 서로 끌리는 것은 조물주가 동물을 창조했을 때 종족 본능을 갖게 하기 위해 만든 호르몬 작용 때문이라고 했다. 나이 들어서 그 호르몬이 다시 젊을 때처럼 작동되리라 기대하는 것이 무리일지 모른다.

둘째, 그간 누리던 자유로움을 포기하기 어렵다. 자유로움이란 하고 싶은 것은 어느 때라도 할 수 있고 하기 싫은 일은 안 해도 되는 것이다. 간단하게 축약한 말이지만 이 말 속에 '자유'의 의미를 다 얘기할 수 있다. '홀가분함'이라는 것도 있다. 혼자만 생각하면 된다. 둘이 있으면 따로 있는 사람을 생각하고 배려해야 하기 때문에 부담되는 것이다. 연휴 때 혼자 훌쩍 홍콩 바람이라도 쐬고 싶어도 혼자라면 언제든지 떠날 수 있지만, 둘이라면 둘이 스케줄 맞춰야 하고 같이 놀 스케줄을 짜야 한다. 방해받고 싶지 않은 자기 나름대로의 생활 패턴도 있다. 둘이 살게 되면 같이 맞춰야 하기 때문에 그렇지 못할 경우는 잔소리가 나오게 되어 있다. 잔소리는 곧 그렇게 하지 말라는 불평이자 신호이다.

사랑의 반대말은 미움이 아니라 소유욕이라고 한다. 상대를 소유하고자 할 때 상대가 순순히 또는 기꺼이 응해주면 좋지만 그렇지 못할 경우에는 티격태격할 소지가 충분히 생긴다. 오랜 세월을 혼자 살아 온 패턴과 생활 반경이 있다. 겹칠 수 있는 부분도 있지만 소유하고자 하면 겹치지 못하는 부분 때문에 갈등이 생길 수 있다.

셋째는, 각자의 생활 기반을 떠나기 어렵다는 점이다. 혼자 살던 사람들은 나름대로 생활 기반이 있다. 피아노 교습을 하던 사람은 그 지역을 떠나기 곤란한 것이다. 둘이 합쳤다고 해서 경제적 독립을 포기할 수는 없다. 여자가 따로 안 벌어도 살 정도로 윤택하더라도 마찬가지이다. 젊을 때처럼 아이들을 키운다거나 할 일도 없으므로 나름대로 할 일은 유지해야 하는 것이다.

넷째는, 아무래도 둘 사이 관계에 계산기가 동원되는 것이다. 순수한 마음보다 냉철한 타산이 작용한다. 아직도 순수한 마음 상태라 하더라도 막상 재혼한다고 하면 주변에서 계산기를 들이 댄다. 초혼 때의 만남은 가능성을 보고 결합한다. 요즘은 초혼도 계산기를 들이대서 부모의 재산 상태까지 따지는 시대이기는 하다.

다섯째, 고령은 아무래도 서로 부담이다. 고령이 되면 신체적으로 여기저기 고장이 나게 되어 있다. 건강진단서를 첨부하자고 하면 대부분 혼담이 깨지고 말 것이다. 현재 건강한 편이라 하더라도 한 해가 다르다. 앞일은 아무도 모르므로 둘 중 누가 먼저 질병으로 상대방의 짐이 될지 모른다.

여섯째, 굳이 둘이 혼인신고 하고 같이 살아야 한다는 인식이 옅어졌다. 어차피 나홀로족은 늘어나고 있다. 현재 4가구 중 한 가족이

나홀로족이지만 현재 추세대로라면 15년 후 3가구 중 한 가족으로 나홀로족이 오히려 대세가 된단다.

초혼이든 재혼이든, 황혼 재혼이든 이제 필수는 아닌 시대에 살고 있다. 선택의 시대인 것이다. 에릭 클라이넨 버그의 『고잉 솔로, 싱글턴이 온다』라는 책에도 보면, 혼인 독려보다는 혼자 사는 사람을 위한 정책에 더 힘쓰는 게 맞는다고 주장했다.

아라비아 격언에 숨어 있는 건강

"건강한 자는 모든 희망을 알고, 희망을 가진 자는 모든 꿈을 이룬다."

이것은 아라비아의 격언이다. 나는 자주 꿈을 꾼다. 아무리 좋은 꿈을 꾼다고 한들, 내가 건강하지 못하면 무슨 소용이 있단 말인가?

페스탈로치 pestalozzi, 1746~1827는 스위스의 교육자로 일생을 교육에 힘쓴 세계 최고의 선구자였다. 그는 교육과 봉사 정신이 투철하였으며 그의 부인과 함께 실천했다. 모든 일을 잘하기 위해서는 건강한 몸을 지니라고 말씀했다. 몸에 병이 없고 튼튼한 것을 건강健康, health 이라고 하지 않던가?

우리는 좋은 일을 하기 위해서는 몸을 튼튼히 하고 건강해야 한다. "건강한 몸을 가진 자가 아니고서는 조국에 충실한 자가 되기 어렵고, 좋은 아버지, 좋은 아들, 좋은 이웃이 되기 어렵다." 페스탈로치는 이렇게 말했다.

　이 세상을 살아가려면 몸이 건강하고 튼튼해야 함은 필수적이다. 모든 사람은 강조하기를, 건강은 건강할 때 지켜야 한다고 말을 한다. 이 세상의 중요한 일이나 보람 있는 일들도 건강할 때 해야 한다는 것이다. 건강해야 자기가 원하는 목표를 향해 일할 수 있다는 뜻이다. 건강하지 못한 몸은 자신에게는 물론 함께 생활하는 가족과 이웃과 주위에 있는 여러 사람에게 피해와 고통을 줄 뿐이다. 건강한 정신, 건강한 신체를 물려받은 나는 늘 부모님께 감사를 드린다. 꿈속에서도 고마움을 느낀다.

　프랭클린(B. Franklin, 1706~1790, 미국의 정치가·발명가)이 남긴 비 오는 날 연을 날리며 실험 끝에 피뢰침을 발명했다는 그의 명언을 떠올려 보았다. 우리가 살아가면서 활기 차고 건강한 신체는 아무리 강조해도 지나치지 않다. 이렇게 중요한 건강을 절대로 자만하지 말고 잘 챙겨야만 한다.

　건강을 잃고 난 후에는 아무리 땅을 치고 발을 동동 구르며 후회한들 이미 늦다. 그래서 저 유명한 에머슨은 말했다. 그는 아주 짧은 말로 이렇게 전했다. "건강은 제일의 자산이다." 아무리 귀중한 재산도 꿈과 희망도 건강한 신체를 잘 유지하고 있어야 그것을 이루고 얻게 될 기회가 온다.

　아라비아 격언처럼 우리 모두 건강한 자가 되어서, 모든 희망을 가득 안고 소망하는 모든 꿈을 이루기를 기원해 본다. 그 희망과 꿈속에는 늘 삶의 진실한 가치가 담겨 있어야 한다. 희망을 품은 자는 모든 꿈을 이룰 수 없는 것일까?

인간 최고의 선물과
건강 비법

선물과 건강은 누구나 다 좋아한다. 신은 인간에게 아주 특별한 선물을 주었다. 평생을 행복하게 살아가기 위해서는, 누구나 건강하기를 바란다. 이 세상에서 부작용 없는 최고의 약이 있을까? 만일 있다면 무엇일까? 그것은 예로부터 '웃음'이라고 했다.

흥미로운 한 예로, 웃음이 환자들의 회복을 촉진한다는 역할을 믿고 실험을 했다. 알리드 몽데뷰(13C. 프랑스 의사)는 심한 고통을 겪는 수술이 끝났을 때 환자들에게 우스갯소리를 들려줬다. 그 외에 웃음이 상처 치유에 도움이 되고 고통을 완화하며 약으로까지 인식한 의사도 있었다. 웃음이란 우리 몸 안의 각종 장기를 자극하여 혈액순환을 원활하게 하고 호흡을 활성화한다. 그래서 소화, 근육 이완, 통증 완화 등 각종 효과를 낸다. 심장 질환자의 대부분은 잘 웃지 않았다는 것이 판명됐다는 기사를 봤다. 이러한 웃음의 효과는 개인 자신의 노력에 달려 있다. 평상시에 입술의 근육을 양옆으로 밀어 올리는 연습만으로도 뇌의 혈류량이 증가한다는 실험 보고가 있다.

찰스 디킨스는 "질병과 슬픔이 가득한 이 세상에서 우리를 강하게 만드는 것은 웃음과 유머 밖에 없다."라는 명언을 남겼다. 이러한 여러 가지 사례들을 들어보니 웃음이란 부작용 없는 최고의 약임을 깨달았다. 이런저런 여러 가지 생각을 해 보았을 때 현대 의학은 놀랄 만큼 발전해 왔다. 그러나 그중에서도 웃음은 최고의 건강법이라는 것도 잊지 말아야 할 종목이다. 웃음이 건강에 미치는 수많은 긍정적인 영향을 증명하고 있기 때문이다. 유머 연구가 윌리엄 프라이는 1960년부터 웃음연구를 했다.

웃음 생리학이 확립되면서 유머의 효과, 기능에 대한 연구가 점차 증가하고 있기 때문이다. 그래서 레이먼드 무디가 웃음을 주제로 한 최초 연구서를 저술한 때가 1979년도였다. 그러나 정작 웃음 생리학 확립에 역할을 한 것은 의학에 문외한인 사람이었다고 한다.

나도 이제부터 입술 근육을 양옆으로 밀어 올리는 것부터 시작해 보려고 한다. 단순히 이런 원리만으로도 우리 뇌의 혈류량이 증가한다는 것을 믿어보려 한다. 왜냐하면 이 세상에서 최고의 건강법은 곧 웃음이기 때문이다. 이렇게 신이 인간에게만 최고의 선물을 준 것에 늘 감사하며 언제나 즐겁게 건강한 생활을 해야 하겠다.

후각의 힘

봄이 와서 나무에 새싹이 돋고 부드러운 바람이 불어오면 땅에서도 봄 냄새가 나기 시작한다. 이런 땅 냄새가 느껴지면 딸기철이 있음을 알게 된다. 신록이 푸르면 거리의 가로수에서도 숲 냄새로 초여름의 상쾌함과 느긋함을 느낄 수 있다. 공기 속에서 전달되는 이러한 후각적인 느낌들은 아마 인간에게서는 가장 덜 발달된 기관을 통해서일 것이다. 이러한 감각을 다루는 조향

사들은 아마 가장 복잡하고 헷갈리지만 신나는 일을 하는 사람들이라고 생각한다.

이들은 여러 종류에 따라 각각 최소한 1,000개가 넘는 단일 냄새를 모두 기억하여 이 향들을 자유자재로 물감을 섞듯 섞어 상상에만 존재하는 냄새를 만들어 낼 수도 있다. 사실 향이나 냄새라는 것은 상당히 주관적인 것이라 좋고 싫음의 개인 차이도 많고 국가나 민족 간에도 차이가 많이 나는 것이 사실이다.

향은 주로 형용사로 표현되는데 유럽의 향료회사 조사 자료에 따르면 일례로 '상쾌한'이라는 형용사로 우리나라 사람들이 주로 녹색과 꽃 냄새를 연상한다면, 일본 사람들은 노란색과 방울꽃 향기를 연상한다. 중국 사람의 경우에는 백합꽃 향기를 연상한다 하니 우리가 같은 말을 쓰면서도 전혀 다른 것을 생각하는 것도 그리 이상한 일은 아닌 듯하다.

향은 그 종류에 따라 같은 향이라도 그 강도에 따라 다르게 느껴질 수 있다. 새 차를 사면 가죽 냄새가, 빵집에 가면 빵 냄새가, 백화점 1층에 가면 주로 화장품과 향수가 진열되어 있는 것도 모두 향기 마케팅이 중요한 부분을 차지하고 있다는 뜻이다.

개미는 페로몬이라는 화학물질로 의사소통을 한다는데, 우리 인간도 배우자를 찾을 때 열심히 운동한 후 땀에 젖은 셔츠 냄새를 맡고 냄새에 끌리면 서로 잘 맞을 확률이 높아진다고 하는 실험이 있는 것은 익히 들어 온 사실이다.

이렇듯 후각은 우리 감각 중에 가장 뒤져 있는 듯하지만 결정적인 순간에 우리의 기억 저 밑바닥의 흔적을 끌어올리거나 강력한 인생

작들을 가능하게 하는 마술을 발휘한다.

　나 역시 맛있는 빵집의 향기도 좋고, 구수한 커피향도 좋지만, 집에 들어섰을 때 밥 되는 냄새가 가장 푸근하고 부드러워, 가족의 은근한 사랑이 온 집안에 가득함을 매일 확인하게 된다.

Part. 5 　행복

가족 장점
5가지 찾기

모처럼 가족이 한자리에 모였다. 이럴 때마다 특별한 주제를 가지고 돌아가며 한마디씩 발표하도록 하는 것을 나는 좋아한다. 이번에는 내가 색다른 제안을 했다.

우리는 한 가족이니 이 세상 누구보다 서로 잘 아는 사람들이다. 지금까지 살아오면서 서로 많은 장점들을 봐 왔을 것이다. 각자 상대방의 장점 5가지를 이야기해 보기로 했다. 먼저 아버지인 내가 아내의 장점 5가지를 얘기해 보겠다고 했다. 내가 먼저 한다고 하니 가족들 모두 얼굴에 화색이 돌았고, 아버지인 내가 아내인 엄마의 장점 5가지로 무엇을 말할지 모두 두 귀를 쫑긋했다.

"네 엄마는 긍정적인 마인드를 가지고 있다. 아무리 큰일이 일어나도 더 큰일이 안 일어났음을 고마워하고, 그만하기 다행이라고 스스로 위안을 삼는다. 두 번째로는 내가 없는 곳에서 남편 자랑을 한다. 낮말은 새가 듣고 밤말은 쥐가 듣는다고 결국 말이란 돌고 돌아 내 귀에 들어온다. 칭찬은 고래도 춤추게 하고 어른도 칭찬을 들으면 기분이 좋아진다. 세 번째는 알뜰하게 살림을 잘하는 것이고 네 번째는 친화력이 있어 싸움판이 벌어져도 금방 화해시킨다. 다섯 번째는 음식 솜씨가 뛰어나다."

다음은 아빠인 내 차례다. 먼저 아내인 엄마가 생각하는 아빠(나)의 장점 다섯 가지를 말했다.

"살아갈수록 네 아빠에게서 인간미를 느낀다. 처음 결혼했을 때는 너무 원칙주의자여서 재미가 없었는데 성격이 많이 너그러워졌다. 두 번째는 돈을 잘 벌어준다. 세 번째는 아무거나 잘 먹어주어 고맙다. 네 번째는 끊임없이 공부하는 모습이 좋다. 다섯 번째는 건강을 위해 운동하는 모습이 좋다. 아니, 자식들에게 잘 하려고 하는 모습이 좋다."

아버지의 장점에 대해 아들들도 웃으며 "맞아, 맞아." 하고 공감을 표시했다. 아내와 아들들이 공통적으로 말한 아버지인 나의 장점은 노력하는 모습이라는 것에 일치했고, 나는 이 말이 듣기 좋았다.

거울은 우리의 바깥 모습을 가감 없이 보여준다. 우리의 속 모습을 보려면 당사자의 말과 글 그리고 행동을 봐야 한다. 한 가족이면서 서로 진솔한 속내를 모르고 그러려니 하고 살아왔다. 가장은 배의 선장처럼 가족을 잘 이끌고 갈 책임과 의무가 있다. 가족이 무엇을 바라는지 무엇에 애석해하는지를 알 필요가 있다.

새롭게 시작한 가족 장점 찾기를 하며 게임같이 또는 레크리에이션처럼 웃으며 농담처럼 던지는 말에 사랑과 정이 오가고 쌓여간다. 가족은 공동체의 가장 작은 조직이고 행복의 원천이다. 가족 간의 끈끈한 정이야말로 세상을 살아갈 절대 가치이다.

대한민국
아버지

외환위기 이후 소설 『가시고기』로 대변되던 아버지 열풍이 최근 다시 일고 있다. 영화 〈국제시장〉은 아버지 세대의 눈물과 희망을 진한 감동과 위트로 그려내면서 우리 시대 아버지의 자화상을 잘 그려내고 있다. 동시에 우리 사회는 힐링에 열광하고 있다. 힐링캠프, 힐링 콘서트, 힐링 푸드, 힐링 여행까지 그야말로 힐링 열풍이다. 우리 시대는 대형 참사, 불황, 청년실업, 구조개혁, 양극화 등으로 인한 상처와 고통의 치유가 간절히 필요했던 것이다.

바야흐로 아버지와 힐링은 우리 시대를 관통하는 시대정신으로 자리 잡았다. 그렇다면 우리는 왜 이토록 아버지와 힐링에 열광할까. 그만큼 우리는 힐링이 필요했고 아버지는 시대가 낳은 상처와 고통을 고스란히 짊어지고 치유하는 든든한 버팀목이었기 때문이다. 우리 아버지들은 다소 투박하지만 배려하였고, 공감하고, 희생함으로써 가족과 사회를 치유하고 보듬어준 그런 분들이었다. 아버지에 대한 이런 기억이 다시금 아버지를 우리 시대의 화두로 이끌어 냈던 것이다.

모 경제지는 2015년 키워드로 '불황과 희망 사이'라고 했다. 우리 시대가 불황을 겪고 있기에 힐링을 넘어 새로운 희망이 필요하다는 간절한 바람이다. 대한민국 아버지들은 이제 힐링을 넘어 시대가 요구하는 희망의 아이콘으로 거듭나야 할 것이다. 불황을 넘어 미래를 창조하고 희망을 심는 것이 우리의 사명이라는 앨린 토플러의 회고가 새삼스럽게 떠오른다.

행복한 아버지는 건강한 사회의 뿌리라고 했다. 대한민국 모든 아버지들이 행복해지는 새해가 되기를 기원해 본다.

영화 <국제시장> 관람기

부산 국제시장에 있는 주인공 윤덕수의 한 상가를 배경으로 한 장면에서부터 영화는 시작됐다. 이어 한국전쟁 시 함흥 철수에서 여동생 막순이와 아버지와의 생이별이 벌어지고 숙명처럼 부친의 마지막 유언을 듣는다. "이제부터 네가 가장이다. 굳건하게 가정을 지켜라." 처음부터 사정없이 눈물이 흘러내렸다. 미군 지프를 따라 다니면서 "기브 미 초콜릿"을 외치던 장면이 옛날, 배고프던 그 시절을 연상하면서 가슴이 더욱 먹먹해졌다. 여동생을 잃어버린 죄책감, 동생을 찾으러 간 아버지와의 이별. 그 모두가 자신 생애의 멍에로 남았고 가난하게 살면서 어머니와 동생들 학비를 벌어야 했던 절박감 그리고 돈벌이를 위해 파독을 결정하고 독일로 간다. 죽을 고비를 넘기고 그곳에서 운명처럼 아내를 만난다.

3년 근무를 마치고 귀국해서는 국제시장 장사치로 생활하다 또다시 돈벌이를 위해 월남에 회사원으로 간다. 생사 고비를 넘기면서 월남 피난민을 구출하고 허벅지 대퇴부에 부상을 당하고 귀국한다. 자신의 가슴을 치며 슬퍼하는 아내에게 웃는 얼굴로 대하는 모습을 보니 우리의 자화상처럼 느껴져 또 한 번 가슴이 미어졌다.

피와 목숨으로 바꾼 경제력으로 생활하던 주인공은 「이산가족찾기」에서 우여곡절 끝에 죽은 줄 알았던 막순이를 찾는다. 막순이는 재미 교포가 되어 있었다. 그리고 동생들과 자식들을 양육시키는 가장으로서 책임과 의무를 완수한다. 아버지가 준 두루마기를 붙들고 통한의 눈물을 흘린다. 그리고 아내와 국제시장 가게를 팔기로 하는 장면을 마지막으로 영화는 끝난다. 이 영화는 한 시대를 배경으로 인간이 지닌 생의 의지를 찬양한 영화다. 격동의 세월 동안 주어진 악조건을 딛고 삶을 버텨낸 아버지들의 이야기인 것이다.

새해
거창한 결심

새해엔 누구나 새로운 결심을 한다. 대부분 작심삼일로 끝나는 경우가 많았지만, 나는 올해는 꼭 한 가지를 실천하기로 마음먹었다. 그것은 다름이 아니라 "부드럽고 고운 말을 많이 하자."이다.

살면서, 해를 거듭할수록 말 한마디의 힘이 너무 크다는 것을 새삼 느낀다. 사람의 말은 힘을 갖는다. 격려나 위로 또는 칭찬은 듣는 사람의 마음을 감동시킨다. 말은 보이지 않지만 살아 있는 생명체처럼 인생에 큰 영향을 끼친다. 그래서 항상 조심하고 또 조심해야 되는 것이 바로 한마디 말이다.

라틴어 단어 중 베네딕시오$_{benedictio}$는 축복을 의미한다. 이 단어를 풀어보면 "좋게$_{bene}$ 말하다$_{dicree}$."이다. 즉 축복이란 상대방에게 좋게 말하는 것이다. 말은 자신도 모르게 형성되는 버릇과 습관이다. 인격을 갈고닦듯 말도 갈고닦는 훈련을 끊임없이 반복해야 한다.

거친 말, 나쁜 말을 자주하게 되면 습관화가 되어 아무렇지도 않게 입에 올리게 된다. 좋은 말을 자꾸 해 보려고 노력해야 나도 모르게 익숙해진다. 어느 경우에는 절대 해서는 안 되는 말이 있고 고통을 각오하더라도 꼭 해야 되는 말도 있다. 이것들을 구분하는 것이야말로 참다운 지혜다. 올해는 부드럽고 고운 말만 하면서 살아야겠다. 그리고 하루 한 번 누군가를 칭찬해주는 말을 해보겠다고 다짐해본다. 물론 말은 쉬운 것 같지만 실천하기는 어려운 거창한 계획이다.

행복을 원한다면…
수칙 7가지

1. 당신이 받은 축복을 셈하자. 행복일기 쓰기가 여기에 해당하는 좋은 방법이다. 일요일 저녁, 3개에서 5개의 현재 행복한 사건, 감사해야 하는 일을 쓰는 것이다.

2. 친절한 행동을 실천하자. 큰 봉사나 헌신을 이야기하는 것은 아니다. 바쁜 사람에게 순서 양보하기, 피곤해 보이는 동료에게

따뜻한 말과 커피 한잔 전하기, 남의 고민 들어주기 등 주변을 살펴보면 언제든지 실천할 수 있는 일들이다. 이런 행동은 긍정적인 감정을 일으키고, 나와 주변이 연결되어 있다는 느낌을 일으키며 행복감을 배가시키게 된다.

3. 인생의 즐거움을 음미하기. 한순간의 기쁨과 즐거움에 집중하는 것이다. 멋진 가을의 정취 등 계절이 주는 즐거움에 집중하는 것이 한 예이다. 울적한 시간에 행복했던 순간을 회상하는 게 도움이 될 수 있다.

4. 멘토에게 감사하라. 인생의 중요한 시점에 방향을 제시해 준 고마운 사람에게 그 고마움을 표현하는 것이다.

5. 용서하는 법을 배우라. 나를 위해 용서하는 것이다. 용서하지 못하는 사람은 끊임없이 복수를 생각할 수밖에 없고 행복감은 존재하기 어렵다.

6. 가족과 친구에게 시간과 에너지를 투자하라.

7. 신체 건강을 챙겨라. 충분한 수면, 운동, 스트레칭, 웃음은 짧은 시간에 당신의 기분을 상승시킬 수 있다. 규칙적인 실천은 일상생활을 보다 만족스럽게 만들어 준다.

동네 친구
오래 사귀는 법

60세에 정년퇴직을 해도 다른 곳에 취업하고 싶어 하고 실제로 취업해도 능히 일해 나갈 건강한 육체와 건전한 정신을 가진 사람이 대다수이다. 모 기관의 설문조사에 의하면 이런 분들의 관심사가 가족에서 동네 친구로 넘어가고 있다고 한다.

같이 어울릴 친구가 필요하다는 말이다. 동네 친구는 가까이 있으니 자주 만날 수 있는 장점이 있지만 처음 잘못 사귀어 놓으면 자주 만나는 것이 오히려 괴로울 수가 있다. 자기의 성격에 맞는 친구를 몇 명 사귀는 것이 좋은데 나와 친하게 지낼 수 있는 성격의 타입은 누구일까?

속담에 열 길 물속은 알아도 한 길 사람 속은 모른다고 했다. 그러나 화가 나면 얼굴에 나타나고 기쁘면 웃음이 나온다. 포커페이스라 하여 속마음을 숨기기도 하지만 거짓말 탐지기처럼 미세한 반응을 탐지하여 거짓말한 것을 알아내기도 한다.

상대의 성격을 잘 몰라 목숨을 잃은 경우도 역사서에 등장한다. 삼국지에 보면 전쟁터에서 조조가 호를 '계륵(닭의 갈비)'이라고 정하자 양수라는 천재 참모가 조조의 철군 마음을 간파하고 전군에 철군 명령을 내린다. 뒤늦게 짐을 싸고 있는 군사들을 본 조조는 양수의 비상한 머리에 탄복하지만 귀신처럼 자기의 마음을 읽은 양수에 두려움을 느낀 나머지 그의 목을 베어 버린다. 양수는 조조의 마음은 읽었지만, 조조의 성격은 몰랐기 때문에 죽을 수밖에 없었다.

현재도 상사의 성격을 몰라 사사건건 부딪히고 승진심사에서 탈락하는 경우도 많다. 물론 친구 간에도 상대의 성격을 잘 알고 대처방법을 미리 알아두면 좋은 친구로 오래 사귈 수 있다. 성격의 차이이지 사람이 나쁜 것이 아니기 때문이다.

사람의 성격은 남을 지배하려는 성향이 강한 주도적인 성격 성향이 있어 밀고 나가는 추진력이 강한 사람이 있고, 화려한 변신을 자랑하며 남들과 어울리기를 좋아하는 사교적인 사람이 있다.

또한, 아무것도 버리지 못하고 남과 싸우기를 싫어하지만 우물을 깊게 파는 안정형인 사람이 있고 매사 분석력이 강하고 차갑고 계산적인 신중형인 사람이 있다고 한다.

이런 네 가지 타입에 딱 들어맞는 사람. 성향에 다른 성격을 가미한 좀 다른 두 가지 성격을 갖고 있는 사람이 있다. 예를 들면 주도형이면서 사교형인 사람이다.

두 가지 성격을 갖는 이유는 후천적으로 교육과 수련을 쌓기 때문이라고 한다. 그러나 급하면 원래의 기본 성향이 나타난다. 남에게 지기 싫어하는 불같은 성격의 주도형이 같은 주도형인 친구를 사귀면 자주 부딪친다. 돌다리도 두들겨 건너는 신중형인 사람과 같은 신중형이 만나면 서로 손익계산만 하다가 되는 일이 없다. 주도형의 눈에는 주판알만 튕기고 있는 신중형이 답답하게 보인다. 알아서 남이 해주길 바라는 사람 좋은 안정형은 우유부단하여 주도형이 이끌어주면 좋다.

동네 친구를 사귈 때 시니어라면 지금까지 살아온 연륜이 있어 상대의 성격을 파악하는 데 그렇게 어렵지 않다. 처음 만날 때부터 마음이 끌리고 호감이 가는 사람이 있고 처음부터 거부감이 생기고 싸우게 될지도 모른다는 예감이 드는 사람이 있다. 인간의 몸에서 나오는 일종의 에너지 파장 때문으로 동질감을 느끼는 사람이 있고 이질감을 느끼는 사람이 있다는 뜻이다.

성격상 나와 잘 맞지 않을 사람이면 피하는 것이 상책이다. 동네 친구이면서 관중과 포숙처럼 그런 친구를 원하면 안 된다. 내가 살인을 해도 나를 감싸줄 그런 친구는 이야기에만 존재한다. 성격이 나와 잘 맞는 타입이어도 너무 인색하면 친구를 오래 사귀지 못한다.

더퍼린 백작 부인은 "가난한 사람은 새로운 친구를 얻지 못한다."라고 했다. 셰익스피어는 "권력자가 몰락하면 추종자들도 달아나고 가난한 자가 출세하면 원수들도 친구가 된다."라고 했다. 친구 사이라도 돈이나 파워, 매력 등이 하나라도 있어야 한다.

좋은 동네 친구를 오래 사귀려면 성격이 나와 잘 맞는 친구를 선택하고 인색하지 말며 자신을 갈고닦아야 한다. 가족 지고 친구 뜨는 장수시대에 외롭지 않으려면 동네 친구가 제일이다.

이미 가입하고 있는 동호회가 있으면 빠지지 말고 삐지지 말고 용서하며 지내는 '빠삐용'을 늘 마음에 새긴다.

우리나라 속담에도 "친구는 옛 친구가 좋고 옷은 새 옷이 좋다."라고 한다. 지금껏 잘 지내오는 친구 사이라 하여 말을 막 하면 멀어진다. 프랭클린은 "농담으로 적을 친구로 만들 수는 없지만 친구를 적으로 만들지 모른다."라고 했다.

프랑스 속담에도 "친구 집에 오래 머물면 우정이 식는다."라는 말이 있다. 친하다고 말을 함부로 하거나 불쑥 집으로 방문하거나 농담 삼아 뒷말한 것이 화근이 되어 멀어진다. 친구 사이에도 너무 가깝게 지내려고 하면 오히려 멀어진다. 난로처럼 일정 거리를 유지하는 것이 좋다.

인생은 100m 단거리를 달리고 땡 하지 않는다. 100km 이상을 달리는 울트라마라톤이다. 내 옆에서 긴 시간 같이 호흡하는 동반자인 동네 친구에게 고마움과 존경심을 가져야 오래 함께할 수 있다.

사람의 느낌

사람에게는 저마다 풍기는 느낌이 있다. 지금까지 경험으로 밝은 느낌의 사람과는 좋은 관계가 유지되었고, 그 사람의 인생도 행복하고 성공적이었던 것 같다.

그런데 어떤 경우 함께 있으면 괜히 짜증스러워지고 마음이 불편해지기도 한다. 사람 내면은 말하지 않으면 알 수 없지만, 느낌으로 숨김없이 드러내는 것이 아닐까 생각해 본다.

밝고 편안한 느낌, 그래서 나도 행복해지는 느낌은 긍정적인 생각을 하고 남에게 따뜻한 마음을 가진 사람에게서 나오는 것 같다.

그 반대의 느낌은 불평하고 증오하며 남을 탓하는 사람들 몫인 것으로 생각된다. 미국의 어느 여론 조사 전문기관이 지난해 세계 44개국 국민을 대상으로 한 조사결과에서 한국인 삶의 행복감이 최하위

수준인 것으로 나타났다고 한다.

삶에 대한 실질적 만족도를 묻는 질문에서 그리고 미래에 대한 희망 정도를 가늠하는 자수성가의 가능성을 묻는 항목에서 최하위였다는 것이다.

한국인 대부분이 현재 삶에 행복감을 느끼지 못하고 더욱이 이를 자신의 능력과 노력으로 극복할 수 있다는 긍정적인 사고도 갖지 못하고 있다는 것이 된다.

어두운 느낌의 사람이 많으면 그 사회도 어둡고 짜증스러워진다. 현실이 비록 힘들다 하더라도 받아들이기에 따라 밝고 행복할 수 있다. 미래의 성공에 대한 희망과 확신을 갖지 못한다면 개인은 물론이고 사회와 국가도 발전하기 어렵다. 인류 역사는 언제나 긍정적인 사고로 미래를 향해 도전하고 성취하는 자의 몫이었기 때문이다.

밝은 느낌의 사람이 더 많아져야 한다. 서로 돕고 감사하며 건설적이고 따듯한 사람이 더욱 확산되어야겠다.

행복은
어떻게 설계되는가

'행복이 무엇인가?', '행복하려면 어떻게 살아야 하나?' 등 다분히 막연한 주제를 분석적이고 체계적으로 다룬 책이다. 영국 런던정치경제대학 행동과학 교수인 저자는 과학적 데이터에 입각해 행복을 설명하고 행복에 이르는 실질적인 행동

전략을 제시한다. 기존 행복 관련 책들이 전했던 "마음먹기에 달렸다."식의 두루뭉술한 처방과는 사뭇 다른 접근이다.

저자가 정의하는 행복은 '즐거움과 목적의식을 경험하는 것'이다. 즐거움은 TV시청, 취미 활동 등을 통한 기쁨과 재미를 말하고, 목적의식은 업무와 봉사활동 등에서 맛보는 성취감과 보람을 의미한다. 행복한 인생을 위해선 두 요소의 적절한 균형이 중요하다. 한 요소에 치우친 삶은 행불의 총량이 적을 수밖에 없다. 경제학을 전공한 저자는 그 근거로 '수확체감의 법칙(생산 요소의 투입량이 일정 수준을 넘어서면 수확의 증가량이 감소하는 현상)'을 들었다. 따라서 어떤 즐거운 활동을 하다가 그로 인한 행복이 줄어들기 시작하면 곧장 목적의식을 느낄 수 있는 다른 활동으로 넘어가야 한다. 그리고 또 그 활동으로부터 얻는 행복이 줄어들기 시작하면 상대적으로 즐거움이 큰 활동으로 돌아갈 때가 된 것이다.

우리 삶에서 목적을 성취하기 위해 행복을 희생해야 하는 상황은 많지 않다. 덜 즐거운 일을 할 때라도 목적의식이 느껴진다면 그 역시 행복한 상황이기 때문이다. 고된 훈련을 하고 있는 운동선수는 목적의식을 충만하게 느낌으로써 행복을 누린다.

"나중의 행복을 위해 지금의 행복을 희생하지 마라. '바로 지금' 즐거움과 목적의식의 균형을 맞추는 데 초점을 맞추라."라는 게 저자의 주장이다. 행복의 생산 과정에서 저자가 주목한 또 하나의 요소는 '주의를 집중하는 방식'이다. "주의는 희소 자원이다. 우리는 주의를 할당 배급할 수밖에 없다. 더 행복해질 수 있는 비결은 자신을 행복하게 만드는 것에 더 주의를 기울이고 그러지 않은 것에 주의를 덜 기울이는 것이다."

저자는 행복한 방향으로 주의를 집중하기 위해 '마음을 바꾸라.'는 식의 충고를 하지 않는다. 대신 일상에서 자연스럽게 주의가 전환되도록 '습관과 환경을 설계하라.'고 조언한다. 살을 빼고 싶으면 작은 접시를 사고, 지출을 줄여야 한다면 통장 잔액이 줄어들 때마다 전화로 경고음을 보내주는 온라인 가계부 프로그램을 사용하라는 것이다.

또 반경 1km 이내에 사는 친구가 더 행복해지면 내가 행복을 느낄 확률이 25% 증가한다는 '행복의 전염 효과'를 고려한다면, 어떤 사람과 어울릴지를 설계하는 것도 중요하다. 저자가 제시한 소소한 지침도 유용한 듯싶다.

1. 물건보다 경험을 더 많이 소비하고
2. 음악과 유머를 즐기며
3. 좋아하는 사람과 대화하는 시간을 늘리라는 것
4. 컴퓨터나 휴대전화의 사용 시간을 줄이고
5. e-메일과 SNS를 끊임없이 확인하는 습관도 버리라고 전한다.

행복해지려면 자신을 불행하게 만드는 일들을 그만두면 된다. 생각이 아닌 행동을 바꾸어야 한다니, 일단 한번 실천해 볼 일이다.

행복해지기 위해
버려야 할 습관

최근 『허핑턴포스트』는 조금 더 행복해지기 위해 버려야 할 습관들을 10가지로 정리했다. 행복하고 여유로운 삶을 사기 위해 버려야 할 습관은 무엇일까.

1. 삶의 기본 가치를 잊는 것이다.

직함이나 통장 잔고가 당신의 가치를 말해주는 것은 아니다. 직함이란 당신이 맡은 역할에 불과하며 당신은 그럴 듯한 타이틀이나 높은 숫자가 아니어도 온전히 당신 그 자체로 멋진 사람이 되어야 한다.

2. 남과의 비교다.

사람들은 때때로 자기가 가진 것의 소중함은 잊은 채 남의 것을 한없이 부러워한다. 우리가 사는 세상은 다양성으로 가득하며 이것은 곧 세상을 사는 재미이기도 하다. 자기 자신을 다른 사람과 비교하지 마라. 더불어 당신의 연인을 다른 사람의 연인과 비교하지도 마라.

3. 자신의 마음을 무시하는 것이다.

사람들은 대부분 자기 자신에게 충실한 삶보다는 남의 기대감에 맞춘 삶을 산다. 그러나 당신 자신이 바로 당신 인생의 가장 믿을 만한 가이드라는 것을 기억해라. 자신의 마음이 하는 이야기에 귀 기울이고 느낌대로 행동하자.

4. 자존심이다.

자존심은 사회에 내보이는 가면이자 자기 자신에 대한 상상이다. 또한 자존심은 삶의 역경이나 타인의 의견에 쉽게 멍들곤 하는 연약한 마음이기도 하다. 당신에게 필요한 것은 자존심이 아닌 자신감임을 잊지 마라.

5. 지금에 안주하는 것이다.

지금의 삶이 만족스럽지 않은 사람도 그저 편하다는 이유로 모험을 피하고 꿈을 버리는 경우가 많다. 그러나 그런 사람들도 안정적으로 느껴지는 지금이 언제까지고 지속되지 않는다는 사실을 마음 속 깊은 곳에서는 이미 알고 있다. 또한 다가오지 않은 미래가 현재에 비해 반드시 나쁠 것으로 단정할 수는 없다.

6. 너무 많은 생각이다.

한 시간 후 혹은 내일 혹은 다음 주의 걱정거리로 미리 머리가 꽉 차 있다면 심호흡과 함께 지금 이 순간을 느낄 수 있도록 집중하자.

7. 증오와 분노다.

억울함 때문에 용서하지 못하는 것은 자기 자신을 감정의 포로로 삼는 것과 같은 행위다.

8. 언제나 바쁜 것이다.

삶이 너무 바빠졌다고 느낀다면 속도를 늦추고 재점검에 들어가

자. 자기의 영혼을 재충전하고 스스로를 밝게 하는 노력에 시간을 투자하자.

9. 부정적 해석이다.

부정적인 미래만 생각하면 부정적인 현재에서 탈출할 수 없다. 긍정적인 태도로 사물을 보면 긍정적인 결과를 얻는 데 도움이 될 수 있다.

10. 고정관념이다.

사회화가 되면서 습득한 성공의 의미, 성취의 의미, 자신의 분수에 대한 고정관념은 쉽게 떨치기 어렵다. 그러나 고정관념대로 행동해야 한다는 강박은 떨치고 앞으로 나아갈 필요가 있다. 그래야 자기 자신을 자유롭게 만들 수 있다.

The Sound of Music에
봄을 싣고

드디어 봄이다. Spring has come, The sky is blue… 중학교 영어시간에 외웠던 봄에 대한 서사시가 생각난다. 겨울잠에 들어 있던 개구리가 깨어나고, 얼어 있던 시냇물이 녹아내리고, 새싹이 돋아나는 봄이다.

봄이 되면 떠오르는 영화가 있다. 알프스의 푸른 언덕을 배경으로 상큼하고 발랄한 노래로 마음을 훈훈하게 했던 영화, 〈사운드 오브 뮤직〉.

영화의 배경은 세계 2차 대전으로 히틀러의 독일이 전 유럽을 전쟁의 공포 속으로 몰아넣고 있던 시절에 오스트리아의 명문가인 퇴역 해군 트랩 대령의 집에서 시작한다. 그는 7명의 자녀를 홀로 키우며 매우 엄격하게 가정을 이끌고 있었는데, 수녀원에서 노래를 좋아하고 쾌활한 마리아 수녀가 가정교사로 오면서 분위기가 바뀌기 시작한다.

그녀의 노래는 트랩 대령의 엄격함으로 닫혀있던 아이들뿐만 아니라 대령의 마음을 열게 하고 소통과 화목한 과정을 되찾게 만들어 준다.

사운드 오브 뮤직의 대표곡은 마리아의 기타 소리에 맞춰 닫혀 있던 아이들의 마음을 열게 만든 〈도레미송〉이다. 상큼하고 유쾌한 리듬에 어깨가 저절로 들썩거리고, 아이들의 밝은 표정에 저절로 미소가 번지는 노래는 드넓은 알프스를 배경으로 아름다운 자연을 연출하기도 했다. 제작된 지 50년이 지난 지금 봐도 어깨를 저절로 들썩거리게 한다.

도레미송이 알프스를 배경으로 닫혀 있던 아이들의 마음을 열고 사운드 오브 뮤직의 시작을 알리는 노래로 매우 상큼하고 유쾌한 곡으로 기억되는 반면, 영화 중반에 트랩 대령이 홀로 〈에델바이스〉를 부드럽고 달콤하게 부르며 아이들과 사랑스런 눈길로 대화하던 모습은 감명 깊게 봤던 장면이다.

이 영화를 보고 에델바이스가 스위스 고산지대에 자생하는 국화과

꽃이라는 사실도 알게 되고 즐겨 들으며 노래하게 된다.

"달빛을 어떻게 손에 넣을 수 있을까?", "모래 위의 파도를 어떻게 잠재울 수 있을까?" 예비 수녀로 견습 생활을 하고 있던 마리아는 말썽꾸러기고 사고뭉치이며 노래를 좋아하는 유쾌한 아가씨다. 그런 그녀를 수녀원에 가둬놓은 건 잘못된 선택이었다.

결국 수녀원장 선생님의 권유로 세상 밖으로 나온 마리아가 만들어 가는 세상은 지금 우리가 찾는 사람이다. 꿈을 찾아 용기를 가지고 갇혀 있던 감옥을 박차고 나와 자유 세상을 열어가는 그런 사람.

말괄량이 수녀인 마리아가 선사해 준 노래와 가족의 훈훈한 사랑이 넘치는 이 영화는 봄을 맞이하며 휴일에 볼 만한 영화로 추천한다.

영화를 보고 그 당시 발매됐던 LP판까지 들으니 다시 그 시절로 돌아간 느낌이다. 쥴리 앤드류스의 맑고 꾸밈없는 노래와 함께 상큼한 봄이 왔음을 만끽하고 있다.

우정에 금이 가기 전에
조심해야

누구나 좋은 친구가 있었으면 하고 바라지만 자기가 좋은 친구가 되겠다는 생각은 잘 하지 않는다. 나도 알게 된 지 3년 이상 된 좋은 동네 친구와 요즘 서먹한 관계가 되었다. 술자리에서 서로 막역하다 보니 농담이 지나치고 급기야 다시 만나지 말자고 이별을 고하고 헤어졌다. 다음날 눈을 떠 보니 후회막급이다. 전화를 해서 술김에 지나쳤다고 미안하다는 사과는 했다. 서로 흔쾌히 어제 일은 잊기로 했다.

　인간관계라는 것이 묘해서 한 번 틀어진 것이 앙금처럼 남아있다. 서로 입 밖에 내지만 않을 뿐 예전의 정다움은 반감되고 약간 뻘쭘한 상태다. 술자리에서 웃으며 농담을 하지만 예전 같지 않다. 서로가 심기를 건드리지 않으려고 조심한다. 한 번 깨어진 쪽박은 다시 붙지 않는다. 실로 꿰매서 다시 쓰려 하지만 전날의 물을 담는 모양 좋은 쪽박이 아니고 낱알 곡식이나 담는 허드레 쪽박으로 격이 낮아졌다. 한 번 금이 간 우정도 깨진 쪽박신세와 같다. "있을 때 잘해!"라는 말과 같이 우정도 금이 가기 전 조심해야 한다.

　친구를 사귈 때 옛 성현들의 너무 좋은 친구 사이 이야기가 오히려 독이 된다. 관포지교管鮑之交는 좋은 친구의 본보기가 되는데 이는 현대의 친구 모습과는 다르다. 같이 장사를 하면서 내 형편이 어려우니 친구보다 내가 더 이익을 챙겨야 한다는 것은 말이 안 된다. 내가 저지른 살인 사건을 덮어줄 친구는 지어낸 옛날이야기에 불과하다. 친구가 언제 어느 때나 도와줄 것이라는 생각은 버려야 오래가는 친구 사이가 된다.

　친할수록 친구의 프라이버시를 지켜줘야 한다. 술자리에서 제3의 인물이 있으면 더욱 말조심을 해야 한다. 나를 과시하기 위해 친구를 깎아내리거나 친구의 아내에게 반말을 하거나 친구 아내를 농담으로도 못생겼다고 하면 친구와 틈이 벌어진다. 우스개 농담도 가려서 해야 한다.

　인색하면 형제도 돌아선다. 친구 사이에도 우정을 확인 시켜줄 선

대학 시절 친구들과 함께

물이 필요하다. 큰 것 한 방보다 작은 잽이 효과적이다. 친구가 부자라는 이유로 항시 얻어먹으려 하면 안 된다. 물질적으로 대등하지 못하면 다른 것으로라도 평형을 맞추면 된다. 말로써라도 고마움을 표시해야 한다. 좋은 말은 그만한 값어치가 있다. 부자는 쓴 돈이 아까운 것보다 부자니까 당연히 네가 내야 한다는 태도에 실망한다.

친구 간에도 약속을 지키고 눈앞에 이익이 없는 친목 모임에도 빠지지 말라. 한 번 빠지면 습관화되고 몇 번 빠지면 신뢰를 잃어 그런 놈이라는 소릴 듣는다. 친구의 대소사에 관심을 가져 주고 친구 자식들의 눈 밖에도 나지 말아야 친구가 힘을 얻는다. 나이 들면 자신도 모르게 서운한 감정이 많아진다. '그럴 수도 있겠다'고 생각하자. 내가 본 것, 들은 것이 진실이 아닐 수도 있다. 역지사지로 생각해 보고 말이나 행동을 한 템포 늦추면 실수가 줄어든다.

취미가 같은 동호회 친구가 동네 친구로서는 최고다. 등산, 테니스, 배드민턴, 탁구 등 바둑, 서예, 그림, 글쓰기, 사진 등 취미가 같은 친구를 같은 동네에서 동년배로 만나기는 어렵다. 이런 사람이 같은 동네에 산다면 신이 내려준 선물이다. 새 친구 쫓아 옛 친구 버리지 말라. 버리다 보면 결국 나 혼자 남게 된다. 좋은 친구는 평생의 동반자다.

호주머니 속에
들어 있는 행복

가정의 달은 오월이며 사랑과 행복이 풍요로운 달이다. 사랑과 행복은 누구나 원하지만 어디에 어떻게 있는지 알다가도 모르는 너무나도 묘한 것이다. "사랑은 받는 것이 아니고 주는 것이다."라고 괴테가 말했다. 이것은 사랑을 받으려고만 하지 말고 내가 먼저 주기만 하는 사랑을 하면 그 결과는 서로 주고받는 원만한 사랑이 성립된다는 뜻이란다.

우리가 중히 여기어 정성과 힘을 다하여 마음으로 좋아하고, 또 몹시 그리워하는 마음을 무엇이라 하는가. 그것은 바로 사랑이며, 미움과 증오는 반대의 말이라고 한다. 그럼 행복이란 무엇이란 말인가? 걱정이 없고 마음이 흡족하여 즐거운 상태로, 즉 흐뭇하도록 만족하고 또 부족함이 없는 그런 상태를 뜻한다. 반대말은 불행이고, 비슷한 말은 행운이다.

모든 사람은 사랑하며 행복하고 싶어 한다. 그래서 이런 행복을 누리기 위해 남녀가 혼인하여 평생을 살아간다. 혼자 산다는 것은 반쪽의 행복밖에 누리지 못하므로 잃어버렸다고 하는 반쪽 갈비뼈를 찾아 완전한 행복을 누리려 한다. 그런데 부부간에 그 사랑이 없으면 참된 가정, 행복하고 화목한 가정을 이룰 수 없다. 서로 이해하고 감싸주며 용기를 돋아주고, 양보하는 미덕도 필요하다. 그래서 가정을 화목하게 해야만 한다.

부부의 날은 둘(2)이 하나(1)가 된다고 하여서 5월 21일로 정했다.

행복이 찾아오는 곳은 가정과 자신의 직장과 사회에 속한 조직들에서 온다. 그래서 부부 화합과 자녀들이 올바르게 자라도록 뜻을 모으고, 부모님을 잘 모시는 효심 등이 절대적으로 필요하다. 행복은 가만히 그냥 있는데 누가 쉽게 가져다주는 것이 아니다. 자신의 가정은 물론 생활 속에 있으며 마음속에 있는 것이다.

어떤 이는 내 호주머니 안에 행복이 있다고 말하는 사람도 있다. 나의 행복은 어떠한 것인가? 모든 사람은, 각자 살아가는 방식과 생각에 따라 행복의 크기나 형태도 각각 달라진다. 나 자신의 삶이 무엇을 어떻게, 무엇을 위해 살아가는가에 따라 행복지수도 달라지기 때문이다. 과연 내가 선택해야 할 행복은 어디 두어야 하며, 나의 행복지수는 어떻게 결정되는 것일까.

내 호주머니 속에 넣어 둔 행복을 꺼내어 펼쳐 보고 싶은 심경이다. "행복을 이웃집 담 너머에서 찾는 것은 가장 어리석은 일이다. 행복의 파랑새는 모든 사람이 자신의 마음속에서 찾아야 한다. 해가 떴는데도 눈을 감고 있으면 어두운 밤과 같다." 이처럼 알랭은 아주 명쾌한 명언을 남겼다.

나 역시 가끔 어리석은 일을 할 때가 있었다. 내가 사는 바로 이웃집 담 너머를 쳐다보며 그런 생각을 했기 때문이다. 그러나 다시 새로운 생각을 지니고 참되게 살아야 하겠다. 가장 소중한 사람과 가족이 있다는 것은 아주 '행복 가운데 행복'이라 할 수 있다. 계절의 여왕 오월은 가정의 달이기도 하다. 이달을 맞이하여 사랑, 행복을 풍요롭게 누려야 하지 않을까?

행복한 100세 시대를 위한
3가지 조건

동서고금을 막론하고 인간의 행복에 대한 기준은 거의 비슷하다. 건강하며, 오래 살고, 돈 많이 벌고, 명예와 권력을 누리는 것들일 것이다. 조선시대에는 이러한 행복의 기준을 오복五福에 담고 있다. 오복이란 수壽, 부富, 강녕康寧, 유호덕攸好德, 고종명考終命을 말한다. 수는 오래 사는 것, 부는 부유함을 말하고, 강녕은 큰 우환 없이 살고, 유호덕은 덕을 즐기는 것, 고종명은 주어진 명을 다하고 편안하게 숨을 거두는 것이고 한다. 오복 가운데 수를 제일 먼저 내세우듯이 오래 사는 것이야말로 큰 복 중 하나로 여겨지고 있다.

최근엔 100세 시대라는 말이 매스컴에 자주 등장하는데 실제로 우리 주변에서도 90세, 100세를 넘긴 어르신들을 어렵지 않게 만날 수 있다. 그러나 무조건 오래 사는 장수長壽만이 능사가 아니다. 정말 축복받고 건강한 장수의 삶을 위한 세 가지 조건을 찾아보도록 하자.

1. 수명의 양量이 아닌 수명의 질質을 늘려라

조선왕조 500여 년 동안 모두 27명의 왕이 있었는데, 평균수명은 46.1세로 비교적 짧은 편이었다. 실제로 회갑을 넘긴 임금은 태조(74세), 2대 정종(63세), 15대 광해(67세), 21대 영조(83세), 26대 고종(68세) 등 5명뿐이다. 단명한 경우도 적지 않았다. 특히 50세를 넘긴 왕들은 대부분 고혈압, 심근경색, 동맥경화, 당뇨병을 앓았다. 이는 오늘날 성인병에 해당된다.

조선 임금들은 새벽부터 시작하는 과도한 업무와 스트레스, 부족한 운동량, 고칼로리의 밥상 등으로 인해 성인병에 걸렸을 가능성이 높다.

미국 워싱턴대 건강측정 평가연구소에서 건강 수명을 단축하는 위험 요소와 기간을 조사한 결과 식습관이 13.4년으로 가장 큰 위험 요소로 나타났다. 보건사회연구원 자료에 따르면 우리나라 국민의 평균수명은 81.9세, 건강 수명은 70.7세로 약 10년 동안은 질병 등 병치레로 다른 사람이나 가족의 도움을 받으며 살아가야 하기 때문에 장수 시대에 건강 수명을 늘려가는 생활 방식의 변화가 반드시 필요할 것이다.

2. 최빈수명을 고려해 보장 기간 늘려라

한 해 동안 사망한 사람들을 나이별로 나열한 경우 가장 많이 사망하는 연령을 '최빈 사망 연령' 또는 '최빈수명'이라고 한다. 최빈수명이 90세 이상이 되는 사회를 100세 시대라고 볼 수 있는데 우리나라의 경우 최빈수명은 이미 85세를 넘어섰다. 이 추세라면 2020년경 최빈수명은 90세에 달할 것이라는 전망이 나오고 있다. 앞서 우리나라 건강 수명이 70.7세, 평균수명이 81.9세 그리고 최빈수명 85세를 감안하면 결국 장수 시대에 노후 생활 중 병치레 기간은 점점 늘어날 수밖에 없다. 통계청 조사에 따르면 60세 이상 고령자가 노후에 대해 가장 많이 하는 고민으로 경제적 어려움(38.6%), 건강 문제(35.5%)인 것으로 특히 장수 시대에 발병률이 상승하는 치매는 노후의 가장 두려운 질병으로 꼽혔다.

10년 후인 2026년에는 치매 환자가 현재의 54만 명에서 100만 명으로 늘어날 것으로 예상하고 있어 건강 수명에서 최빈수명까지 축복받은 장수를 위해 가입된 보험의 보장 기간과 보장 범위를 다시 한 번 재점검해 봐야 할 것이다.

3. 3G(3generation · 3대) 상속을 준비하라

장수 사회로 갈수록 노노老老상속에 대한 고민은 깊어간다. 장수 사회의 대표국가인 일본에서는 노노상속이라는 말이 유행한 지 오래인데 말 그대로 노인이 사망하면 노인이 가지고 있던 재산을 젊은이가 아닌 노인 자식에게 물려준다는 말이다. 하지만 고도 성장기에 재력을 축적한 장수 조부모가 노인 자식이 아닌 손주들에게 미리 재산을 넘겨줄 경우, 대략 40% 정도는 절세가 가능하다. 이른바 3세대 걸친 상속 준비다. 이를 3G 재테크라고도 부른다.

조부모들이 갖고 있는 풍부한 자산을 젊은 세대로 이전하면 증여·상속세에 대한 절세 효과를 거둘 수 있고, 자녀 세대는 교육비 부담을 줄일 수 있다.

사람은
무엇으로 사는가

지난겨울, 극장에서 〈님아, 그 강을 건너지 마오〉라는 다큐멘터리를 보았다. 노부부의 사랑을 다룬 이 다큐멘터리를 보고 꽤나 감동을 받고 집으로 돌아와 '님아'에 관련된 모든 것을 찾아보기 시작했다.

그러던 와중 감독의 인터뷰가 여러 개 있는 것을 발견했다. 인터뷰란 인터뷰는 모조리 찾아 읽어 보고 있던 찰나에, 노부부를 촬영하면서 감독이 가장 많이 떠올렸다는 박노해 시인의 문구를 발견했다.

"우리는 위대한 일을 하는 것이 아니라 위대한 사랑으로 작은 일을 하는 것, 작지만 끝까지 꾸준히 밀어가는 것, 그것이야말로 내가 아는 가장 위대한 삶의 길이다."

이 문구를 보고 아, 탄성이 저절로 나왔다. 요즈음 내가 나 자신에게 끊임없이 물어왔던 질문에 대한 답이 보이는 느낌이었다. 나의 생활은 '아등바등'이라는 말 그 자체다.

새로운 날, 새로운 마음으로 계획했던 것들은 모조리 뒤로 밀어버린 채, 당장 나에게 닥친 일을 해결하기에 급급하고, 하루를 지내다 보면 어느새 지는 해가 허망하기만 하다.

다람쥐 쳇바퀴 돌 듯 바쁜 삶이 잠시 멈추면 또 어느새 외로움이 스며온다.

'무엇을 위해 사는 걸까', '무엇이 나를 움직이고 있을까' 는 질문이 끊임없이 든다. 그렇게 그저 하루하루를 지나 보내던 나에게 저 말은 심장에 못을 박듯 강렬한 무언가를 내 안에 심었다.

나는 항상 거대한 무언가를 꿈꾸고, 그 무언가를 이루는 내 모습을 그려왔다. 그러면서 하루하루조차 간신히 살아내는 내 자신을 안쓰러워하고 동시에 채찍질했다. 그렇지만 내가 꿈꾸고 있는 것이 무엇인지, 무엇이 나를 움직이게 하는지조차 알지 못했다.

그런데 생각해 보면 '간신히'라는 말은 애초에 없었는지도 모른다. 그것은 만족하지 못하는 내 하루하루에 대한 또 다른 나의 합리화였는지도 모른다.

내가 '작지만, 끝까지, 꾸준히 밀어가는 것'을 두고 왜 또 다른 나는 '간신히, 겨우, 하루하루 살아낸다'고 생각하고 있었던 것인가. 모를 일이다.

깨달았다. 나를 움직이는 것은 다름 아닌 '사랑'이었다. 누구처럼 화려하지 않고, 누구처럼 대단하지 않은 삶을 살고는 있지만 내가 사랑하는 곳에서 나를 사랑해주는 내가 사랑하는 이들과 함께 내가 사랑하는 일을 하며 작지만 편안함을 느낀다.

그리고 힘든 일상에 단비처럼 가끔 찾아오는 꿀맛 같은 휴식까지, 이 모든 것이 나에게는 사랑이었고 나를 움직이는 원동력이었다. 그리고 나는 이 사랑으로 하루하루를 작지만 꾸준히 밀어가고 있다.

톨스토이의 「사람은 무엇으로 사는가」를 보면 사람은 결국 사랑으로 산다고 말하고 있다.

아무리 말해도 모자라지 않는 것이 사랑이다. 너무나도 당연한 일인데 깨닫기까지 참으로 오래도 걸렸다.

시니어의 고민과 갈등을
그린 영화 〈화장〉

　　　　　　　　　　　임권택 감독의 작품에 안성기가 나온다 하여 관심이 갔던 영화였다. 솔직히 임권택 감독 영화는 명성과 달리 재미가 없다. 그 대신 영화적인 묵직한 여운이 있다. 이 영화도 그랬다. 배우 안성기는 올해 63세로 나보다 연상이다. 어느 영화에나 잘 어울리는 명배우라서 국민배우 대우를 받는다. 사생활도 깨끗한 사람으로 아무리 영화라지만 딸뻘 나이인 김규리와 무슨 관계가 생기면 이미지에 타격을 받을 수도 있었다.

　이 영화의 줄거리는 암 투병 끝에 죽어가는 아내와 직장의 젊은 여자 사이에서 갈등하는 남자의 심경을 그린 것이다. 이상문학상을 받은 김훈의 소설을 원작으로 하여 거장 임권택 감독이 메가폰을 잡은 영화에 안성기가 주연으로 나왔으니 일단 이 영화를 혹평할 수는 없다. 그러나 영화를 다 보고 난 후에 느낀 허무감으로 인하여 좀 실망스러웠다. 세계가 극찬했다며 여러 영화제에 초청받은 작품이라는데 그만한 감동은 없었던 것 같다. 영화 제목 〈화장〉을 여자가 얼굴에 분칠하는 화장化粧과 시체를 불에 태우는 화장火葬의 상반된 이미지를 노렸다고 하지만 한자어로 발음만 같은 이 심오한 뜻을 국제 영화계에서 이해할 것 같지는 않다.

　영화의 줄거리를 도치법으로 처리한 것은 제작사인 명필름 사장의 뜻이었다. 뻔한 스토리를 시간의 흐름으로 배열하는 것보다 죽음을 뜻하는 장례 장면을 도입부에 넣은 것은 잘한 일인 것 같다. 천하의 명감독이 딸뻘인 제작사 사장 뜻에 이의 없이 동의했다는 기사가 있었다.

임권택 감독의 작품은 영화적 분위기와 배우들의 자연스러운 연기가 일품이다. 굳이 대사로 표현하지 않더라도 감동이 와 닿는다. 대사로 표현하는 것은 오히려 부자연스러운 전개로 보인다. 안성기야 워낙 명배우니까 그렇다 쳐도 암 투병하는 김호정의 연기가 돋보인다. 삭발하고 전라의 연기도 했다. 연극배우라 영화계에서는 그리 알려진 배우가 아닌데 적절히 잘 캐스팅한 것 같다. 김규리의 캐스팅과 연기도 좋았다. 「댄싱 위드 더 스타」에서 춤추고 사회 보던 이미지에서 완전히 벗어났다. 성숙한 여인의 고혹적인 모습을 타이트한 정장으로 묘하게 잡아냈다.

이 영화를 시니어들에게 추천하는 이유는 나이가 들면 부부 중 하나가 먼저 병사할 확률이 높아진다는 것이다. 그랬을 때 죽어갈 사람과 남은 자의 심경을 미리 볼 수 있다. 남편인 안성기가 아내인 김호정을 욕실에서 안고 오물이 묻은 밑을 씻기는 장면은 프랑스 영화 〈아무르〉에서도 비슷하게 연출이 되었었다. 딸조차도 고개를 저으며 엄두를 못 내는 일을 남편은 해낸다. 늙어가는 시니어들은 각오해야 할 일이다. 그런 일을 볼 때마다 여자는 작아야 한다는 생각이 든다. 실제 배우 김호정은 이 역할을 위해서 감량까지 했다지만 온전히 한 사람의 병간호를 감당해야 할 일은 쉽지 않다.

상사와 젊은 여직원과의 관계는 직장 생활을 해 본 사람들이라면 한번쯤 상상해 봤음직한 스토리이다. 안성기가 환갑을 넘긴 나이에 실제 나이로는 좀 안 맞는 것 같지만 딸뻘인 김규리와의 성적 욕망은 전혀 불가능한 것은 아니다. 도덕적으로 비난받을 일이지만 상상은 자유이다. 욕망과 절제를 다 보여줬기 때문에 아쉬움도 남는다.

신新중년이 지켜야 할
4가지 실천 강령

평균 수명이 늘면서 신新중년 부부는 자녀가 독립한 후 20년 이상을 함께 살아야 한다. '배우자와의 관계'가 노년의 삶에 있어 가장 중요한 이슈로 떠오른 것이다. 전문가들은 신중년들이 행복한 '제2의 신혼'을 맞이하려면 우선 '따로 또 같이'를 부부 생활의 원칙으로 삼고 4가지 실천 강령을 지켜야 한다고 조언하고 있다.

1. 하루 최소 4시간은 집 밖에서 각자 놀자.

전문가들은 부부가 하루에 최소 4시간은 집 밖에서 각자 생활해야 한다고 조언한다. 한국여성정책연구원 최인희 박사는 "각자 바깥일과 가사에 전념하던 부부가 노년기에 이르러 갑자기 많은 시간과 공간을 공유하게 되면 갈등이 발생하기 쉽다."라면서 "돈벌이를 하든 자원봉사나 재능 기부를 하든 각자 일정하게 사회 참여를 해야 자존감을 유지하면서 서로를 존중하는 부부 관계를 이룰 수 있다."라고 말했다.

2. 취미, 생활을 따로 하자. 얘깃거리가 많아지니까.

이호선 한국노인상담센터장은 "부부가 공통된 취미를 가지면 좋지만 억지로 노력할 필요는 없다."라면서 "함께 복지관이나 문화센터에 나가되 서로 다른 수업을 들으면 오히려 집에 돌아와 저녁 식탁에서 나눌 얘깃거리가 풍부해진다."라고 말했다.

3. 남편은 최소 한 끼 스스로 해결, 집안일도 돕자.

최소 한 끼는 남편 스스로 해결하고, 세탁기나 청소기를 돌리는 등 쉬운 가사는 적극적으로 분담해야 한다. 대한가정법률복지상담원의 양정자 원장은 "남편이 퇴직 후에도 가부장적인 태도를 고집하면 '왕따'가 되기 십상"이라면서 "남편이 처음 집안일을 시작하면 실수나 실패를 하기 마련인데 이때 아내가 꾹 참고 지켜보는 아량이 필요하다."라고 말했다.

4. 애정 표현을 수시로 적극적으로 하라.

인구보건복지협회 조사 결과, 60대 부부의 61.9%가 배우자에게 '사랑한다.'는 애정 표현이나 '최고다.', '예쁘다.', '멋있다.', '고맙다.' 등 칭찬과 격려의 말을 '거의 하지 않는다.'고 답했다. 부부행복연구원의 최강현 원장은 "쑥스럽고 익숙하지 않더라도 '예쁘다.', '멋지다.', '사랑한다.'는 등의 애정 표현을 수시로 하면서 서로를 북돋아줘야 한다."라고 말했다. 이호선 한국노인상담센터장은 "신중년기에는 성기능이 떨어져 부부 사이에 성생활을 기피하는 경우가 많지만 잘못된 생각이다. 신체적인 접촉을 통해 서로 친밀감을 공유하고 정서적인 만족감을 얻어야 한다."라고 조언했다.

행복

학교를 다니기 시작하던 시절, 어른이 나를 보면 "너, 공부 잘하니?" 또는 "공부 열심히 해라."라는 말을 건네곤 하였다.

당시 어른이 아이에게 주로 하는 말이었는데 다른 나라에서는 어떨까. 어떤 나라에서는 "Are you happy?"라는 질문을 많이 한단다. 우리 사회가 아무리 바뀌었다고 하여도 이런 질문은 여전히 생소하다. 하기야 요즘은 동네에서 뛰어노는 아이들을 만나기도 힘드니 이런 말을 할 기회도 찾기 어렵다.

사춘기 때, 행복을 다룬 책으로 에리히 프롬의 『소유냐 존재냐』를 읽은 적이 있다. 기대에 부풀어 첫 장을 펼쳤던 추억이 지금도 생생하다. 나는 논술세대가 아니라 의무적으로 이 책을 읽지는 않았다.

우리에게 행복이란 단어는 일상생활에서 흔히 주고받는 표현은 아니다. 황제이자 철학가였던 마르쿠스 아우렐리우스가 스승으로 여겼던, AD 50년 로마 변방에서 태어난 노예 출신의 철학자 에픽테토스도 이미 "삶의 목적은 행복"이라고 밝힌 바 있고, 우리나라 헌법에서도 모든 국민은 행복을 추구할 권리를 가진다고 선언하고 있다.

누구나 행복에 대하여 관심을 가지고 이를 촉구하고 있지만 과연 무엇이 행복인지는 여전히 우리에게 의문부호로 다가온다.

"인간의 행복은 자유가 아닌 의무를 받아들이는 데 있다. 내게 있어 이는 심리적으로 상당한 중요성을 띠는 진리이다." 앙드레 지드가 생텍쥐페리의 『야간비행』 서문에서 한 말이다. 이러한 말이 진심에서 우러나오기란 참으로 어려운 일이다.

누군가 행복해할 때, 또는 스스로 너무 만족스러워 행복하다고 여길 때 "저 사람 좋아 죽네.", "이제 죽어도 여한이 없다."라는 표현을 쓴다. 감히 신에게 죽음의 대가로 행복을 요구하는 것이 삶의 과정일지도 모르겠다. 죽음의 시기를 조금이라도 늦추려 안간힘을 쓰면서 말이다.

결국 행복이란 무엇일까. 다시 『야간비행』으로 돌아가 보자.

40년간 항공우편 업무에 종사하며 본부장 자리까지 오른 리비에르가 부하직원에게 말한다. "이보게, 로비노. 인생에는 해답이 없다네. 다만 앞으로 나아가는 활력이 있을 뿐이고 이 활력을 만들어 내면 해답은 저절로 따라오게 되어 있네."

노후 5대
키워드

미래에셋은퇴연구소가 빅데이터로 조사한 '노후 5대 키워드'로 '홀로', '친구', '일', '여행', '텃밭'을 꼽았다. 다른 말로 생각해보면 결국 관계, 돈, 여가, 시간 활용이다.

'홀로'는 홀로 된 사람이 많다는 얘기이다. 점점 증가 추세이다. 노인이 홀로 된다는 것은 황혼이혼, 사별의 경우일 것이다. 독거노인이 종종 사회 문제가 되는 것을 보면 스스로 또는 이웃에서도 관심을 가져야 할 일이다. '친구'가 키워드가 된 것은 가족 단위에서 벗어나 사회적 관계를 중요시한다는 얘기로 보인다. 퇴직하고 나면 집에만 있는 것보다 밖에서 시간을 어느 정도 보낼 수 있어야 한다. 그럴 때 같이 어울릴 친구가 있어야 하는 것이다.

그전에는 친구 관계라고 하면 주로 동창생들을 떠올렸지만 생활 반경이 커지고 결국 유유상종하는 방향으로 가게 된다. 학교 동창생들은 멀거나 각자 살아가는 방향에 대한 가치관이 달라지면 자연스럽게 멀어진다. 그 대신 남자들은 퇴직하고 나면 전혀 새로운 교우 관계가 형성되는 것이다. 이해관계 없이 취미를 공유하는 사람이라든지 일단 '먼 친척보다는 가까운 이웃'이라고 가까이 사는 사람들 중심으로 관계가 형성된다.

'일'은 경제력이 있어야 뭐든 할 수 있을 것이니 빠질 수 없다. 청년들도 일자리 구하기가 쉽지 않은데 노인들이 일자리를 구하기는 더 어려울 것이다. 그러니 고민인 것이다. 여기서는 돈을 얘기한다. 그러나 돈을 벌기 위한 일이 아니더라도 무엇을 하며 시간을 보낼 것인가 하는 '소일'도 문제이다. 일을 하게 되면 규칙적인 생활을 하게 되므로 생활에 긴장감이 생긴다. 일하는 사람이 건강하기 때문에 건강과도 관계가 있다

'여행'은 버킷리스트에 단골로 들어가는 키워드이다. 노인이 돈 있고 시간 있으면 여행은 좋은 메뉴이다. 힐링의 효과까지 기대할 수 있다. 여행은 혼자도 갈 수 있지만 역시 누군가와 같이 가는 것이 나으

니 역시 '관계'와도 관계가 있다. 국내 여행도 관광 인프라가 많이 좋아져서 여행인구가 급격히 늘고 있다. 소득의 마법 구간이라 하여 연간 소득 3,000불~1만 불에 이르게 되면 해외여행이 급격히 늘어나게 되어 선진국의 경우 해외여행을 가는 경우가 90% 이상이라고 한다.

'텃밭'이 키워드로 들어간 것은 좀 의외이다. 공동주택에 사는 사람이 절반 이상인 도시에서는 생각뿐이기 때문이다. 유기농식품이 계속 인기인 것을 보면 비료와 농약으로 범벅된 야채에 대한 경계와 거부감으로 보인다. 텃밭을 가꾸다 보면 흙을 만지게 되고 땀을 흘리게 되니 힐링효과도 기대할 수 있겠다. 내 경우에는 '홀로'는 아직 일상화되어 있지 않아 특별히 '홀로'라는 키워드를 쓸 일이 없다. 친구는 많다. 동호회 활동을 하는 덕분에 같이 어울리는 사람이 많은 편이다. 일 또한, 매일 출근하고 퇴근하는 생활 패턴을 유지하고 있으므로 소일 내지는 관계 측면과 관계가 있다 할 수 있겠다.

여행은 마음은 있으나 아직 시간적 여유가 없는 편이라 미흡한 부분이다. 그러나 기회가 생기면 과감히 실행하는 타입이라 중요시하고 있는 부분이다. 텃밭은 솔직히 좀 관심이 없다.

신혼 초에 단독주택에 살았을 때 정원이 넓어 텃밭을 가꿔 본 경험이 있으므로 더 이상의 동경이나 호기심은 없는 편이다. 현실적으로 공동주택에 살고 있으므로 텃밭을 가꾸기는 어렵다.

건강한
고요함

요즈음 젊은 사람들은 조용함을 견디지 못하는 것 같다. 길을 가면서도 귀에다 이어폰을 하나씩 다 꽂고 차가 지나가는 걸 아는지 모르는지 위험은 아랑곳 않는다. 공부를 하면서도 노래를 듣고 지하철 안에서도 TV를 본다.

소음에도 우리 국민은 관대하다. 주택가나 상가, 도심 한복판의 구분 없이 시위가 행해져도 딱히 규제할 도리는 없는 듯하다. 관광객이 북적이는 동대문 상가들에는 한쪽으로 무대가 설치되어 있는데 가끔 밤이 되면 신나는 음악과 춤을 선보이는 인원들이 동원되곤 한다. 소비자의 흥을 돋우는 건 좋은데 그 지역에 상주하는 사람들은 어떨지 생각해보게 한다.

주말이 되면 사람들이 등산을 많이 하지만 요즈음은 낮에 하는 것도 모자라 오밤중에 산에 오르는 야간산행까지 한다고 한다. 전국의 산을 다 돌아다니면서 야간산행을 한다는데 사람이 손전등을 켜고 오르락내리락하는 것만으로도 산짐승은 스트레스를 받는다고 한다.

연전年前에는 동강이 아름답다 소문이 나면서 래프팅이 유행했는데, 사람들이 하도 탄성을 지르고 난리를 치는 바람에 물고기며 산새들이 스트레스를 받아 짝짓기를 못해서 개체 수도 줄어든다고 한다. 거기다가 전국의 명산에는 온갖 유명한 도사님들이 모여들어 곳곳의 동굴이나 고목 앞에 밤낮없이 촛불을 켜고 기도를 외며 푸닥거리를 한다고 하는데……

옛날엔 원효대사나 서산대사 같은 명승들은 동굴이나 나무 밑에서 도를 깨치기 위해 정적 속에 참선을 했다지만, 현재 도사님들의 중얼중얼 푸닥거리는 무슨 일인지 모르겠다.

소음은 자연에도 인간에게도 스트레스를 유발하고 건강에도 악영향을 미친다. 그런데도 도심 자동차의 경적소리, 건설현장의 소음 등 각종 소음에 우리는 고요함이 오히려 낯설게 느껴진다.

나 자신을 돌아보고 조용한 환경에서 방해받지 않고 집중할 수 있는 능력은 창의력과 행복의 원천이 될 수 있으며 종교적으로도 승화될 수 있다. 더구나 고요와 평화는 좋은 짝이기도 하다. 우리 모두에게 잠시 생활의 무게를 내려놓고 자신의 삶을 투명하게 내려 보는 고요한 순간은 필수적이라고 생각한다.

이참에 조용히 눈빛이 범상치 않은 도사님이 있으면 찾아가 봄 직하지 않을까.

벗어나고 파!

"나폴레옹은 단 6일만 ○○했다. 헬렌 켈러는 하루도 ○○하지 않은 날이 없었다. 똑같은 단어가 들어가는 ○○은 무엇일까요?"

이런 퀴즈가 나온다면 금방 맞추기는 쉽지 않을 듯하다. 한 사람은 전쟁 영웅으로 프랑스 황제에 오른 삶을, 다른 한 사람은 눈과 귀와

혀를 잃어버린 삶을 살았으니 말이다. ㅁㅁ의 답이 '행복'임을 알게 된 연후에는 의아해질 수도 있다. 스스로 왕관을 썼던 그는 단 6일만 행복했고, 보지도 듣지도 말하지도 못하는 삼중고를 겪었던 그녀가 하루도 행복하지 않은 날이 없었다니 더욱 그렇다.

"복 많이 받으세요!" 벌써 반이 지나려 하지만 올해가 시작했을 때 가장 빈번히 주고받은 인사였을 것이다. 모두 한 해 내내 행복을 기원하는 마음에서였다. 매년 판에 박은, 되풀이인 듯싶어 아무리 다른 궁리를 해 봐도 해가 바뀔 때 이보다 더 좋은 인사가 떠오르지 않는다. 행복한 한 해 한 해가 이어져 행복한 인생으로 '해피엔딩'되기를 바라마지 않는 까닭이다. 비록 어쩔 수 없는 역경에 처하게 될지라도 헬렌 켈러처럼 매일이 행복하기를 바라지 않는 사람이 어디 있을까. 어떻게 살아야 그럴 수 있는지, 이미 행복 담론은 헤아릴 수 없을 만큼 넘쳐난다.

최인철 서울대 심리학과 교수이자 행복연구센터장은 "행복하려면 여행을 자주 가라."라고 권했다. "단일한 행동으로 가장 행복감을 주는 게 여행"이란 이유에서다. 그는 한 인문학 강의에서 "몸의 3대 영양소가 탄수화물과 단백질, 지방이듯 마음에는 자유로움과 유능감, 관계가 필수적"이라고 꼽았다. "무엇보다 자유로움은 바로 '벗어나는 경험'을 주기 때문에 여행은 상당한 행복감을 느끼게 한다."라는 것이다. 걷기, 놀기, 말하기, 먹기 등이 한데 어우러진 여행이야말로 '행복종합선물세트'요, '행복 뷔페'란 얘기다.

그런데도 여행은 삶을 돌아볼 때 후회스럽다는 항목들 가운데 늘

윗자리를 차지하곤 한다. 얼마 전 삼성생명 은퇴연구소가 은퇴자들을 대상으로 실시한 조사에서만도 노후 여가자금을 준비하지 못한 것, 하고 싶은 여행을 마음껏 하지 못한 것이 은퇴 전 준비해 놓지 못해 가장 후회되는 일들로 나타났다. 그래서인지 죽기 전 해보고 싶은 일의 목록인 '버킷리스트'에서 언제나 1, 2위 안에 드는 것도 여행이다. 문제는 이를 위한 돈과 시간이다. 하지만 여행을 삶의 우선순위에 둔다면 얼마든지 가능하다는 지적에는 고개를 끄떡일 수밖에 없다.

두 다리가 성해서 돌아다닐 수 있을 때, 어떻게든 그 가능성을 살리려는 이들을 주변에서 적잖이 본다. 하루라도 젊은 지금은 좀 먼 데를, 앞으로 늙어가면서는 점점 가까운 데를 가자는 나름의 여행 거리 기준에 따라 해외여행이 대세다. 국내는 고속철 덕에 거의 당일로 가능하게 된 데다, 근래 들어 강세인 원화 가치가 사람들을 해외로 더욱 잡아끄는 것 같다.

하기야 2013년 해외 출국자만도 이미 1,350만 명에 달했다지 않는가. 국내 대표적인 여행사의 대표는 머잖아 우리 소득수준이 3만 달러가 넘고, 4만에서 5만 달러에 이르면 전 국민이 연간에 한 번은 해외여행을 가는 시대가 오리라 예견한 바 있다. 해외여행이 이벤트가 아니라 일상인 시대가 되리란 전망이다. 해외에서 쓰는 돈도 엄청나게 늘어나서, 인구나 경제 규모, 국민소득이 월등히 많은 일본에 견주어도 큰 차이가 없는 수준으로 치닫는 중이다. 동시에 국가적으로는 수년째 관광 수지 적자가 우려되고 있는 상황이기도 하다.

그런데 개인적으로 보다 돌아봐야 할 점은 어디를 가든 간에 '여행자'냐 아니면 '관광객'이냐가 아닐까 한다. 관광觀光은 문자 그대로 '빛을 본다.'로 소위 '삐까번쩍한' 볼거리 위주로 다닌다는 뜻을 품고 있다. 그래서 이문재 시인은 "여행이 온 몸으로 하는 것이라면 관광은 두 눈으로 한다. 여행자가 현지인에게 반가운 손님이라면 관광객은 많으면 많을수록 좋은 소비자일 따름"이라고 보았다. 소설가 마르셀 푸르스트의 "진정 깨달음을 얻는 여행은 새로운 경치를 찾아가는 데 있지 않고 새로운 눈을 갖는 데 있다."도 같은 맥락의 말이다.

관광객이 아닌 여행자가 되면 관광 수지에 대한 걱정이 조금은 덜어지려나. 어차피 삶 자체가 잠시 세상을 다녀가는 여행이니, 여행자로서 짐을 가벼이 간소하게 살라고 현인들은 설파해 왔다. 앞서 최 교수 또한 "소유물을 늘리는 데가 아닌 경험을 늘리는 데 돈을 쓰라."라면서 "행복은 경험의 풍성함에 따른다."라고 강조했다. 두고두고 다양한 이야깃거리들을 만들어 낼 경험이 충만한 여행이야말로 행복과 직결될 수 있는 셈이다. 그리하여 어떤 여행 경험은 우리의 인생을 바꾸기도 한다. 좋은 옷이나 비싼 자동차를 구매하는 것으로는 어림없는 일이다.

국내외로 안 가본 곳이 없을 만큼 여행을 즐겨온 한 지인은 여행이 곧 행복이라는 데 썩 동의하지는 않는다. 나이를 먹어갈수록 여행이 먼저 피곤으로 다가오고, 즐거움은 일시적이며, 함께하는 이들과도 내내 관계가 좋으리란 법은 없다는 반론이다. 그럼에도 여행에는 아무리 편안한 집과 살가운 가족이더라도 한번쯤은 벗어나 누리고픈 자유로움이 넘친다. 피곤하고 일시적일지언정 즐거운 경험들이 주는 마력적 행복이 출렁인다. 그렇지만 여행이 끝난 후 다시금 돌아갈 집과 함께할 이들이 없다면 그 행복이 가능할까.

여행이 곧 행복은 아닐지 몰라도 행복의 촉매제임은 분명하다. 이 아름다운 계절이 다 가기 전에 "벗어나고 파.", "돌아가고 파."가 어우러지는 여행에 삶의 우선순위를 뒤봄직하다.

잘 웃는 사람이 건강하다

웃음은 만병통치약이라는 말이 있다. 과학적으로 일리가 있는 말이다. 건강뿐 아니라 웃음은 대인관계·정신력에 걸쳐 두루 효과가 있다.

페트리시아 톰슨 박사의 '웃음이 주는 6가지 효과'다.

1. 대인관계를 원활하게 해 준다. 웃는 사람을 마주하면 덩달아 미소가 번진다. 웃음은 단순히 즐거움을 주는 것뿐 아니라 유대관계에 도움을 주는 수단으로 작용한다. 한 연구에 따르면 연인 사이의 친밀감과 만족도에 있어 유머감각이 중요하게 작용하는 것으로 나타났다.
2. 유머감각은 이성을 유혹하는 수단이 된다. 유머감각이 좋은 사람이 데이트를 하기도 쉽다. 조사 결과 유머감각이 뛰어난 사람이 이성에게서 평균적으로 더 높은 호감도 수치를 보였다. 또한

재미있고 잘 웃는 사람일수록 연인 관계를 가진 횟수가 더 많이 나타나는 경향을 보였다.

3. 잘 웃는 사람이 정서적으로도 건강하게 보인다. 웃음은 우울증, 걱정 등의 부정적인 생각을 없애주기 때문에 결과적으로 삶의 질을 높여준다. 또한 웃음은 무의식적으로 스스로에게 활력을 불어넣기 때문에 건강한 정신을 형성하는 데 도움을 준다.

4. 웃음은 마음의 상처를 회복하는 데 도움을 준다. 과거의 좌절과 절망감을 이겨낼 때 웃음보다 좋은 것은 없다. 그 예로 베트남 전쟁에서 포로생활을 했던 미군은 힘겨웠던 과거를 이겨내는 데 웃음이 좋은 수단이 됐다고 고백했다.

5. 웃음은 통증을 완화시킨다. 치과에 갈 일이 있거나 수술을 앞두고 있다면 친구들과 개그 프로그램을 볼 것을 추천한다. 웃음이 일종의 진통제 역할을 해줄 것이다. 의학적으로도 웃음이 많아지면 고통에 대한 면역력이 증가하는 효과가 있다고 알려져 있다. 웃을 때 우리 뇌신경에 엔돌핀이 분비되면서 스트레스를 줄여주고 통증을 완화해주기 때문이다.

6. 웃음은 지적 능력을 향상시킨다. 공부하기 전 한바탕 웃어주면 기억력을 높일 수 있다. 엉뚱하게 들리겠지만 신빙성이 있다. 평소 개그 프로그램을 즐겨보며 많이 웃는 사람이 그렇지 않은 사람에 비해 기억력이 높다는 연구 결과가 있다. 또한 웃으면 스트레스가 줄어들기 때문에 정신이 맑아져 집중력에도 도움이 된다.

정신건강을 지켜주는 습관 베스트10

1. 긍정적으로 세상을 본다. 관점에 따라 세상은 달라진다. 의식적으로라도 긍정적인 시선을 갖고, 이를 습관화하는 것이 중요하다.
2. 감사하는 마음으로 산다. 사소한 것에도 감사하는 마음을 가지면, 생활에 활력이 생긴다. 매일 '감사일기'를 쓰는 것도 좋은 방법이다.
3. 반갑게 마음이 담긴 인사를 먼저 한다. 반가운 인사를 할 때 본인의 마음이 따뜻해지는 것은 물론, 상대에게도 긍정적인 인상을 줄 수 있다.
4. 하루 세 끼를 맛있게 천천히 먹는다. 기분 좋은 식사는 진정으로 행복한 삶을 향유하는 방법이자 신체적 건강을 위한 기본이다.
5. 상대의 입장에서 생각해 본다. 모든 일을 상대방의 관점에서 바라보면 화낼 일을 줄일 수 있고, 더불어 불필요한 다툼도 사라진다.
6. 누구라도 칭찬한다. 칭찬은 상대방도 행복하게 하지만 무엇보다 자신을 행복하게 만들고, 그 칭찬은 결국 본인에게 되돌아온다.
7. 약속시간에는 여유 있게 가서 기다린다. 약속은 인간관계의 기본, 여유 있게 먼저 가서 기다릴 경우, 초조할 일도 없고 자연스레 신뢰도 쌓인다.
8. 일부러라도 웃는 표정을 짓는다. 행복해서 웃는 것이 아니라 웃

어서 행복한 것이란 말처럼 웃는 표정만으로도 기분이 밝아질 수 있다.
9. 원칙대로 정직하게 산다. 함께하는 삶에서 반드시 지켜야 할 진리! 스스로에게 정직하게 살면 죄책감으로 불안해할 일이 없어진다.
10. 때로는 손해 볼 줄도 알아야 한다.

자신보다 상대방을 먼저 생각하고 베풀면 마음이 편안해지고 결국 긍정적인 영향은 스스로에게 되돌아온다.

최후까지
살아있는 곳의 비밀

우리들의 생명은 무한한 것이 아니다. 이 세상을 살아가면서 어떻게 해야 할 것인가?

군자君子는 덕이 높은 사람을 말하며 혹은 자기 남편에 대한 높임 말이기도 하다. 살아가면서 군자가 되기를 열망해야 하는 것일까?

귀는 얼굴의 좌우에 있어 청각을 맡아 보는 기관이다. 소리를 듣지 못하는 사람을 귀머거리라 하며 비슷한 말로 농자라고 한다. 우리들은 흔히 눈치채 알아들을 만큼 일깨워 주는 것을 귀띔이라고 하여 귀띔하다로 쓴다.

남의 귀에 대고 소곤소곤하는 말을 무엇이라 하는가? '귀엣말'이라

하며 '귓속말'은 비슷한 말로 쓰인다. 여러 번 들어서 목소리나 말씨를 쉽게 알아들을 수 있는 것을 '귀익다'라고 한다. 겉귀와 속귀의 경계에 있는 소리를 듣는 얇은 막인 고막을 귀청이라 하며, 큰소리를 치면 '귀청 떨어지겠다'고 한다.

이와 같이 귀는 우리 신체 일부로 귀중한 역할을 하고 있다. 다행히 부모님으로부터 좋은 청력을 얻어 매우 감사하며 너무나 고맙다. 우리의 귀는 칠순七旬인 70세부터 점차 나빠진다고 한다. 이명耳鳴은 몸이 허약하거나 늙어서 귀에 울리는 소리를 말하며 귀울림이라 한다. 이명증耳鳴症은 이롱耳聾이라 해서 귀가 먹혀가는 과정이다. 이것이 오래되면 청력이 떨어져가는 과정이다.

사람이 마지막 임종할 때, 최후로 끝까지 살아있는 곳이 어디일까? 바로 그곳이 귀이며 그래서 옆에서 촛불이 하물며 꺼진다 해도 결코 귀는 살아있다고 한다. 너무나 신기한 사실을 알았다. 우리가 생활하며 무심코 말을 함부로 할 때가 있다. 그러나 절대 삼가야 하며, 덕스러운 말이나 축복의 말과 사랑과 은혜가 담긴 말을 해야만 한다.

가족이나 이웃은 물론 친구들에게도 항상 다정다감한 말을 하는데 인색하면 안 된다. 사랑하는 부부간이나 부모와 자식 간에 말을 할 때는 언제나 주의를 하여 정답고 즐거운 말로 기쁨을 찾는 생활을 하는 것이 바람직하다.

정월 명절이나 음력 정월 보름날 아침에 풍습으로 마시는 술이 무엇인가? 귀를 밝게 해 준다는 귀밝이술이라 하여 이명주耳明酒는 옛날부터 지금까지 내려오고 있다.

내가 더 어렸을 때 왜 하필이면 그런 술을 마시는가 궁금하게 여겼었다. 이제와 돌이켜보니 다 이유가 있는 것을 이제 깨달았다. 나이가 들면 우리 모두 속절없이 늙어가는 게 인생이다. 늙으면 힘없고 쇠하여 청력도 점차 힘을 잃을지라도 이런 이치를 깨닫고 늘 좋은 말만을 귀담아들어야 한다.

부정적인 뉴스에 귀 기울이지 말고, 좋은 뉴스에 귀를 기울인다면 얼마나 좋으랴! 귀로 남의 허물을 듣지 않으며, 눈으로 단점을 보지 않으며, 남의 잘못을 말하지 않아야 군자라 할 수 있다. 그래야 군자가 될 수 있다고 했다. 비록 군자는 되지 못할망정, 이렇게 좋은 말은 천 번, 만 번, 가슴속에 깊이 새겨 놓으려 한다. 그래서 향기 나는 사람이 된다면, 그 향기는 역시 저 높은 하늘에까지 전달되리라 믿는다.

지금 살아 있어 귀로 좋은 소식을 듣고, 이렇게 청력이 좋은 것만으로도 참으로 축제의 날이기도 하다.

영화
<심야식당>

요즘 TV에서는 요리 프로그램들이 쏟아져 나온다. 특히 요리로 경쟁을 하는 배틀 포맷은 시청자 눈을 사로잡는다. 자신이 만든 요리가 선택받도록 제한된 시간에 한껏 재주를 부리는 요리 장인들의 바쁜 손놀림을 보는 일은 흥미진진하다. 평가단의 품평과 함께 승자가 결정되는 순간은 긴장을 요구한다.

흥미진진함과 긴장 속에 무언가 빠져 있다. 그것이 무엇인지를 영화 〈심야식당〉(마쓰오카 조지 감독)이 보여줬다.

'마스터'라고 불리는 심야식당 주인이자 요리사(고바야시 가오루) 손놀림은 민첩하지만 서두르지 않는다. 시간에 쫓기는 모습도 아니다. 그는 경쟁자와 제한시간을 의식하지 않고 오직 음식을 주문한 한 사람을 위해 움직인다. 그가 만들어낸 음식들은 상다리가 휘어지는 12첩 한정식도 아니고 이름이 생소한 프랑스 요리도 아니며, 섬세한 세공을 뽐내는 가이세키 요리도 아니다. 비싼 식재료가 등장하지도 않고 보양식이 나오지도 않는다. 화려한 장식도 없다.

칼집을 낸 소시지 볶음과 사각형 팬에 구워내는 계란말이 같은 소박한 음식이 그렇게 유혹적일 수 있다는 것이 놀랍다. 정성스러운 손길과 편안한 분위기가 더해져서 음식이 누군가에게 위로가 될 수 있다는 것을 온몸으로 느끼게 한다.

음식뿐만 아니라 등장인물들도 대부분 화려함과는 거리가 먼 사람들이다. 자정이 넘은 시각에 대도시 도쿄 뒷골목의 작은 식당을 찾는 단골손님 중에는 이제 곧 문을 닫을 극장의 스트립 걸, 게이, 조직폭력배들도 있다. 이들을 대하는 마스터의 태도는 범상하다. 과도한 친절을 보이지도 않고 경계하지도 않는다. 마치 오랜 친구를 대하듯 그들이 늘 주문하는 것을 준비한다. 시골에서 상경해서 돈을 모두 잃고 물로 배를 채우던 미치루(다베 미카코)가 음식값을 내지 않고 도망간 뒤 다시 나타났을 때 마스터는 잠시 동안 미치루가 자기 가게에서 일을 할 수 있게 해 준다.

미치루가 마스터에게 청한 음식은 '마밥'이었다. 전기밥솥이 아닌

도자기 솥에 갓 지은 뜨거운 밥에 마를 간 소스를 얹는 음식인데, 정성스럽게 마를 가는 마스터 손이 클로즈업될 때, 솥을 열었을 때 나오는 뜨거운 김을 볼 때 왜 이 음식이 상처받은 외로운 야생동물 같은 미치루에게 치유의 음식이 됐는지 깨닫게 된다.

누군가는 밥벌이가 지겹다고 하고, 누군가는 밥하기가 귀찮다고 한다. 하지만 영양제 한 알 섭취로 필요한 하루 열량을 섭취할 수 있다고 해도 우리는 밥 먹기를 포기하지 않을 것이다. 흔히 "밥 한번 먹자."라고 말한다. '그대와 함께 나눠 먹을 밥을 지을 수 있어서 다행'이라는 노래 가사도 있다.

함께 밥을 먹는다는 것은 친구이거나 동료이거나 가족이거나 연인일 때 가능하다. 눈물을 닦아주거나 손을 잡아주는 손길도 아름답지만 누군가를 위해 밥을 짓는 손길도 아름답다. 마음을 다친 사람에게 누군가의 정성이 담긴 음식은 거창한 것이 아니어도 위로가 된다. 지진으로 모든 것을 잃은 후쿠시마 주민 마음을 어루만진 것은 자원봉사자가 건넨 카레라이스였다.

누구에게나 잊을 수 없는 인생의 '맛'이 있다. 기억에 남는 맛은 특정 장소와 상황 그리고 그 맛을 함께했던 사람과 만든 추억 때문에 소중하다. 학교 앞 분식집의 싸구려 떡볶이 맛을 잊을 수 없는 것은 그것이 그리운 학창 시절의 맛이기 때문이고, 대단할 것 없는 생선구이 맛이 기억나는 것은 생선살을 발라주던 이의 투박하지만 따뜻한 손길 때문이다.

함께하는 음식이 연애에 낭만성을 더하기 때문에 메뉴 선택에 신중을 기하게 된다. 살아가면서 더 많은 맛들을 체험하고 기억하고자 한다. 더치페이에 집착하는 각박한 현실에서, 〈심야식당〉에서 자주 등장한 유쾌한 대사 "계산은 내가 할게."라는 말을 많이 하고 많이 듣고 싶다. 누군가에게 따뜻한 밥을 지어주는 손길을 많이 만나고 싶다.

산행은
내 생활의 일부이다

세상살이는 즐거워야 한다. 즐거움은 인간이 추구하는 행복이다. 인간은 행복하게 살기 위하여 태어났다. 즐거움이 있어야 일이 쉽게 되고 오래갈 수 있다. 작심삼일처럼 되지 않는다.

대체로 끈기가 부족하다 누구랄 것 없이 그러하다. 바쁘다는 핑계가 많고 귀찮아서이기도 하다. 사람은 변화를 싫어하는 본성이 숨어 있다. 재미가 있는 일이면 상황은 달라진다. 지금은 줄어들었지만 직장인들 사이에 시간 보내기로 고스톱을 즐겼다. 판을 벌이게 되면 시간 가는 줄을 모른다. 밤을 새우기도 한다. 그야말로 몰입한다. 적은 돈이라도 따고 잃는 내기라서 그럴 수도 있지만 무엇보다 그 자체가 재미있는 놀이여서 그렇다.

전직 직장의 상사 한 분은 이렇게 얘기를 하곤 하였다. 회사 일을 고스톱처럼 즐길 수 있게 한다면 얼마나 좋을까? 일리가 있는 생각이었다. 밥벌이를 위해 마지못해 하는 경우가 직장일이다. 그렇지 않고 좋아서 하는 사람도 있긴 하여도 그 사람은 맡은 분야가 적성에 맞거나 재미있는 일인 경우다.

머리 좋은 사람이 즐기는 놈을 이기지 못한다고 말한다. 즐김은 능력을 배가한다. 발명왕 에디슨은 평생을 통하여 하루도 일하지 않았다고 말한다. 그것은 모두 재미있는 놀이였다고 술회했다. 재미있는 일이었기에 세상을 바꿀 수 있는 대발명을 하였다. 그래서 우리는 일을 선택하거나 그 일을 할 때 재미를 붙여야 한다. 재미를 붙이기 이전에 재미가 있는 분야의 일을 선택하는 것이 우선돼야 한다.

인생을 살다 보면 싫은 일도 해야 할 때도 만난다. 인생사 엿장수 마음대로 손님들이 흰 고무신만 들고 오지 않는다. 재미가 없는 일도 재미있게 할 방법을 찾아야 한다. 그렇지 못하면 짜증이 나게 되어 능률이 오르지 않게 된다. 세상사는 마음먹기란 말도 있다. 일체유심조一切唯心造다. 처음부터 좋아서 하는 일보다 못하겠지만, 그런 마음을 먹으면 훨씬 일이 쉬워진다.

등산을 시작한 지 몇 년의 세월이 흘렀다. 그동안 포기하고 싶고 나태해지기도 하였으나 지금도 여전히 변함없이 산행을 즐기고 있다. 등산이 재미있어서다. 계절의 변화에서 느껴지는, 여러 가지 모습과 물체를 스마트폰에 남긴다. 작은 풀 한 포기에도 이야기를 쓴다.

내려갈 때 보았네, 그 꽃

미국의 철학자이자 심리학자인 윌

리엄 제임스(1842~1910)가 남긴 2가지 명언이 있다. 하나는 "생각이 바뀌면 행동이 바뀌고, 행동이 바뀌면 습관이 바뀌고, 습관이 바뀌면 인격이 바뀌고, 인격이 바뀌면 운명까지도 바뀐다."이며, 또 하나는 "행복해서 웃는 것이 아니라 웃어서 행복합니다."이다. 이 두 문장의 의미는 일견 반대되는 개념인 것 같지만 생각과 행동은 상호통제적이면서도 영향력을 미친다는 것을 말해주고 있다.

인생을 90까지로 본다면 40대 중반이 인생의 절정이요, 산의 정상이 되는 셈으로 50세 이후엔 내리막길을 밟게 되는 것이라 할 수 있으니 "(산을) 내려갈 때 보았네. 올라갈 때 보지 못한 그 꽃"이란 말처럼 전에는 분명히 지나쳤는데도 보이지 않았던 것이 새삼스럽게 눈에 띈다.

그런데 아직도 산의 정상에 있는 것처럼 착각하고 있거나 실제론 이미 내리막길에 들어섰지만 좀 더 정상에 있기를 마음속으로 원하고 있는 사람의 경우에는 역시 내려오는 길에서도 그 꽃을 놓칠 수가 있는 것이다. 여기서 그 꽃이란, 여유를 가지기 힘든 30~40대의 힘든 삶의 수레바퀴 속에서는 느끼기 힘들지만 실제론 매우 소중한 가치를 말하는 것으로 생각한다.

즉, 요즘 인문학에서 얘기하는 '나는 누구인가?', '어떻게 살 것인가?' 등의 원초적 질문에서부터 그동안 내가 진정으로 하고 싶었던 일 또는 주변의 나보다 더 어려운 이들에게 이제야 관심을 가지고 도움을 주려는 봉사, 사회공헌과 관련된 일일 수도 있다고 본다.

사람은 나이를 먹을수록 기억력은 쇠퇴하나 사고력은 60~70세에 최고에 도달한다고 한다. 그래서 유명한 학자, 정치가들은 60세 이후에 그 재능이 발현되는 경우가 많다.

 이 세상엔 무조건 좋은 일도 무조건 나쁜 일도 없다. 이렇게 나이가 들수록 유리한 면도 있는 것이다. 그래서 자신의 나이에 걸맞은 생각과 행동을 하는 것이 자연스럽고 좋은 인격을 갖출 수 있게 되는 것이 아닐까?

 인생의 전반전을 끝내고 길어진 후반전을 새롭게 준비하는 하프타임의 시간 속에서 위에 얘기한 두 가지 명언을 되씹어 보는 일이 매우 중요하다고 생각한다. 그래야만 전엔 미처 보지 못했던 그 꽃도 알아볼 수가 있게 되고 인생과 운명도 더 좋은 방향으로 발전할 수 있을 것이다.

 축구에서도 10분 정도의 하프타임을 잘 활용하여 새롭고 효과적인 작전을 구사할 때 놀라운 반전을 이뤄내는 경우가 있다. 대부분 하프타임을 맞고 있는 주변 친구들의 모습을 보노라면 각양각색이다.

 "내가 무슨 일을 하고 싶었나 하고 싶은가를 곰곰이 생각해 봤지만, 아직 잘 모르겠어. 그래서 일단 그림 그리기부터 시작했네. 그냥 허송세월할 순 없고, 건축설계 일을 해 와서 그나마 익숙한 것이지."

 "난 색소폰을 배우기 시작했네. 지난번 사돈댁 부부가 결혼식에서 색소폰 연주를 하는 모습이 아주 멋져 보여서 말이야. 한 3년은 불어야 겨우 제 소리를 낼 수 있게 된다던데…. 천천히 즐기며 배워 보려고."

 "다음 학기에 중국 ○○대에 교환교수 형식으로 가게 되었는데 봉급 안 받고 봉사활동 중심으로 해 볼 작정이야. 생각보다 재미있고 보람도 있을 것 같아서."

"난 박사학위에 도전하기로 했어. 따서 당장 뭘 해 보겠다는 것보다는 그냥 따고 싶어. 내가 하고 싶었던 일이니까."

"우선은 월급도 어느 정도 주니까 고문직에 있으면서 좀 더 생각해 보려고. 난 아직 너희처럼 진짜 내가 하고 싶은 일을 못 찾았어. 그동안 너무 정신없이 앞만 보고 달려온 것 같아."

물론 어느 누가 올바르고 정답의 길을 가고 있는 건지 아니면 정답 자체가 큰 의미가 없을 수도 있겠지만 그래도 100세 시대엔 남은 후반전이 매우 긴 시간이기 때문에 작전을 재점검하는 일은 재정적인 면을 떠나서도 보람찬 일, 새로운 대인관계, 적절한 레저 등의 비재무적 관점에서 오히려 더 중요할 수가 있다.

그렇지만 현재 자신의 상황에 대해 너무 자신만만해서도 너무 의기소침할 필요도 없다. 나이가 들면 부자 친구도 천재 친구도 결국엔 평범했던 나와 비슷해진다고 하지 않는가? 인생은 모와 도가 아닌 좋음과 나쁨의 적절한 조화 속에서 지속적인 변화와 발전을 꾀할 수 있는 것이며 이는 긴 호흡을 하고 산을 오르고 내리는 것과 같은 것이기에.

사랑하는 아들들에게!

아빠는 이 글을 쓰면서 왠지 가슴이 꽉 막힌다는 생각이 든다.

회자정리(會者定離), 인간은 만나면 헤어지는 것이 정한 이치다. 그 누구도 그 길을 비껴갈 수는 없다. 어디서 와서 어디로 가는지는 모르지만 오늘도 우리는 묵묵히 그 길을 향해 가고 있다. 탐욕도 버리고 무거운 짐도 다 내려놓는다면 가벼운 마음으로 편하게 갈 수 있을것같은 생각인데 그 길을 가려고 준비를 한다고 마음을 정하고 보니 나도 모르게 눈물이 흐른다.

길고, 긴 여행을 아버지와 아들이라는 인연으로 무사히 마칠 수 있었다고 자부를 한다. 그동안 지내오면서 아버지가 너희들에게 소홀하게 했거나 마음을 아프게 한 일이 있었다면, 다 잊고 용서를 해주기 바란다.

부족한 것 투성이인 아버지 아들로 태어나 마음고생이 많았다는 것 다 안다. 초등학교 때부터 오늘날 까지 지내오면서 특별히 아빠 마음을 아프게 한 일은 없었다. 아빠가 좀더 관심을 가졌었더라면 하고 지금 생각해보니 그런 사소한 일들이 다 후회가 된다.

아빠도 인간이기 때문에 언젠가는 너희들을 두고 다시는 돌아올수없는 여행을 떠나게 될것이다. 그때는 울지 말고 웃으며 보내주기 바란다. 아무 것도 가진 것 없이 태어나 그래도 많은 것을 남겨두고 떠나는 부자 아빠다.
남에게 빚진 것도 없다. 받을 것들은 아버지가 떠나는 순간 다 잊어라. 보시하고 간다 고 생각하면, 마음이 편할 것 같다.

그리고 형제간에 다투지 마라. 아버지가 떠나고 나면, 이 넓은 세상에 피를 나눈사람은 너희 형제 뿐 이라는 사실 잊지 말아야 한다.

"혼자 가면 빨리 갈수는 있지만 함께 가면 멀리 갈수있다."는 인디언 속담을 항상 명심하라.

특히 몸 약한 엄마를 잘 보살펴 주기 바란다.

마지막 순간까지 너희들이나 가까운 사람들에게 짐으로 기억되지 않는 것이 나의 바램이다.
다시 한번 부탁한다. 울지 말고 따뜻한 가정, 사랑하는 가정, 행복한 가정을 이루며 살기 바란다.
처음이자 마지막으로 사랑한다는 말 해보고 싶다.
사랑한다.

2016 년 5 월
아버지가.

1985년 11월 10일 결혼식

> 출간후기

삶을 풍요롭게 하는 기술과 인문의 공존을 통해
행복한 에너지가 팡팡팡 샘솟으시기를 기원드립니다!

권선복
(도서출판 행복에너지 대표이사, 한국정책학회 운영이사)

하루하루가 다르게 과학기술은 발전합니다. 그만큼 삶은 편리해지고 풍요로워집니다. 하지만 그 폐해 역시 만만치 않습니다. 개인주의라는 명목 아래 이기주의는 심화되고 많이 이들이 잿빛 도시 속에서 고독과 우울의 나날을 보내고 있습니다. 생활은 윤택해졌지만 마음은 황폐화되어 가는 것입니다. 어쩌면 근래 우리 문화에 불어닥친 인문학 열풍 또한 이와 무관하지 않을지 모릅니다. 존재와 본질을 향한 탐구로 인간성과 대인관계를 회복하고자 하는 시도와 노력이 얼마나 중요한지를 이제라도 깨달았다는 사실이 한편으로는 다행스럽습니다. 이제부터는 과학기술과 인문의 공존과 조화를 통해 삶을 더욱 행복하게 할 방안을 찾는 일이 중요하다고 할 수 있습니다.

책 『엔지니어와 인문학』에서는 우리 삶의 광경을 엔지니어의 시각으로 바라봅니다. 일상, 건강, 자연, 철학, 종교, 행복론, 자기계발까지 다양한 소재들을 에세이 형식으로 풀어내고 있습니다. 한양대학교 공과대학을 졸업하고 평생을 엔지니어로 살아온 저자는 방과 후 무상 교육 등 타인의 삶을 행복하게 하는 데 늘 관심이 많습니다. 산을 좋아하고 음악을 좋아하고 사람을 좋아하는 엔지니어. 늘 한 치의 오차도 없는 기계를 다루고 연구하지만 마음만큼은 그 누구보다 따뜻한 저자의 이야기들은 독자들의 마음에 온기를 전합니다.

기술의 발달은 분명 인류를 이롭게 합니다. 하지만 너무 심취한 나머지 인간의 본성을 잃는 비극은 벌어지지 말아야 합니다. 자연과 삶 자체가 주는 아름다움과 그 가치를 깨닫기 위해 늘 노력해야 합니다. 이 책이 회색 도시를 살아가는 현대인들의 마음에 봄볕과 같은 온기와 막 땅속에서 싹을 올린 새싹과 같은 푸르름을 주기를 바랍니다. 또한 모든 독자님들의 삶에 행복과 긍정의 에너지가 팡팡팡 샘솟으시기를 기원드립니다.

책장 속의 키워드

윤슬 지음 / 값 15,000원

『책장 속의 키워드』는 책이 한 사람의 인생을 얼마나 긍정적으로 뒤바꿀 수 있는지를 다양한 베스트셀러와 스테디셀러를 통해 전하고 있다. 오랫동안 수많은 이들에게 사랑받은 책들을 중심으로 주요 문구와 내용을 살펴보며 '자신이 원하는 방향으로, 자발적으로 삶을 이끄는 방안'을 상세히 소개한다.

실패의 기술

김우태 지음 / 값 17,000원

책 『실패의 기술』은 자기 자신을 운영하는 생각의 자세와 프레임과 조건과 마음의 한계를 초월하게 하는 질문들을 쉴 새 없이 독자에게 던진다. 저자가 오랜 시간 연구해 온 NLP(neuro-linguistic programming: 신경언어프로그래밍)를 일반인들이 이해하기 쉽게 풀이하여 실전적 자기계발서로서의 가치를 높이고 있다.

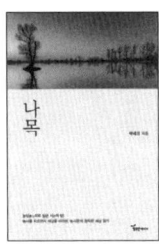

나목

박태진 지음 / 값 15,000원

책 『나목』은 세상을 따사로이 바라보는 농사꾼의 삶의 태도와 땀구슬 가득한 전원생활이 담긴 시집이다. 자연의 거대한 힘에 순응할 수밖에 없는 인간 본연의 운명을 아름다운 시편으로 풀어내고 있다.

범죄의 탄생

박상융, 조정아 지음 / 값 15,000원

이 책은 대한민국을 떠들썩하게 했던 주요 사건들을 종류별로 면밀히 분석하여 우리 사회의 흉측한 민낯을 통렬히 고발함은 물론 적절한 대응방안과 해결책을 제시한다. 이제 일상은 더 이상 안전하지 않으며 범죄와의 전쟁에서 승리하기 위해 우리 사회와 국민 개개인이 취해야 할 자세는 무엇인지를 짚어 내고 있다.

함께 보면 좋은 책들

둥지 위에 매미
정광섭 지음 / **값 15,000원**

『태양과 그늘』이라는 베스트셀러를 낸 바 있는 '정광섭' 작가의 이번 소설은 혼돈과 불안의 시대를 살아가는 현대인들에게 한 줄기 위로와 감동의 메시지를 전한다. 시련 앞에서의 딸, 병마 앞에서의 딸, 그 모습을 바라만 볼 수밖에 없는 현실… 자식을 향한 부모의 사랑이 얼마나 위대한지를 독자 스스로 뒤돌아보게 한다.

숲에서 긍정을 배우다
임휘룡 지음 / **값 15,000원**

『숲에서 긍정을 배우다』는 도시로 스며드는 아름다운 자연이 우리의 삶을 어떻게 긍정적으로 변화시키는지에 대해 이야기한다. 숲에서 배우는 삶의 지혜, 긍정 마인드를 북돋우는 좋은 글 등이 함께 소개되어 다양한 읽을거리를 제공하고 책의 가치를 더욱 높이고 있다.

청춘이고 싶다 청춘이 아니어서
정철수 지음 / **값 15,000원**

책 『청춘이고 싶다 청춘이 아니어서』는 우리 대한민국이 현재에 이르기까지 온갖 열정을 다해 삶을 살아온 베이비부머 세대의 추억과 희로애락을 담고 있다. '철수와 영희'로 대변되는 어린 시절의 기억에서부터 시작하여 청년을 거쳐 중년에 이르기까지, 대한민국의 역사와 그 궤를 함께한 자신들의 성장과정을 생생히 그려낸다.

취준생에서 CEO까지!
양형남 지음 / **값 15,000원**

『취준생에서 CEO까지!』는 취업이라는 현실과 명확하지 않은 꿈 사이에서 갈피를 못 잡고 우왕좌왕하는 젊은이들은 물론 날로 각박해지는 삶의 무게에 힘겨워하는 중장년층까지 꼭 필독해야 할 깨우침을 담고 있다. 현실에 대한 명확한 인식과 미래에 대한 구체적인 설계를 돕는 인생 경영서이다.

50년 호텔&리조트 외길인생
나승열 지음 / 값 15,000원

책 『50년 호텔&리조트 외길인생』는 평생을 호텔&리조트 사업에 바쳐온 관광 분야의 전문가이자 산증인이 전하는 우리 관광업계의 과거와 미래, 비전과 희망에 대해 담고 있다. 우리 관광 역사의 뒷이야기는 물론, 날카로운 혜안으로 빚어낸 칼럼들은 충분히 한 권의 사료史料로서 빛을 발하고 있다.

그대로 정원
김미희 글, 정나무별 사진 / 값 15,000원

『그대로 정원』은 전원생활과 정원 가꾸기에 대한 60여 편의 이야기와 140장의 사진을 담고 있다. 2천 평에 이르는 거대한 정원이 그 자체로 아름다운 삶이 되는 과정을 생생히 묘사하고 있다. 현대인들의 따뜻한 봄비처럼 적시는 글과 사진들은 현대인들의 삶에 소중한 선물이 되어줄 것이다.

행복마법
S. Ren Yuk 지음 / 값 13,800원

책 『행복마법』은 다양한 키워드를 통해 행복에 대해 정의를 내리고 어떻게 하면 행복하게 살아갈 수 있는지에 대해 소개한다. 사랑, 연애, 인생, 외모, 나이, 품덕, 지혜, 쾌락 등 우리가 늘 고민하는 가치들을 자세히 살펴보고 일련의 알고리즘을 통해 어떻게 행복한 삶이 완성되는지 설명하고 있다.

역동적 거버넌스
Boon Siong Neo, Geraldine Chen 지음 / 값 33,000원

책 『역동적 거버넌스』(Dynamic Governance)는 세밀하고 결정적인 정부의 도전적 과제들을 다루고 있다. 이 책은 정부가 어떻게 좋은 결정을 하고, 그것을 실행하고, 그리고 위기를 초래하지 않으면서도 수정할 수 있는가에 대해 싱가포르의 사례를 통해 제시한다.

넘어진 후에야 비로소 나를 본다
김세미 지음 / 값 15,000원

이 책은 실패와 좌절 후에 부족한 점은 무엇이었는지 점검하고 다시 도전할 수 있도록 독자를 독려한다. 현재 한국이미지리더십 연구소 대표이며 국가원로회의 전문위원으로 활동 중인 저자가, 20여 년 사회생활 경력을 토대로 전하는 위기관리 및 자기경영 노하우가 책 곳곳에서 빛을 발하고 있다.

가슴으로 피는 꽃
위재천, 신영학 지음 / 값 15,000원

책 『가슴으로 피는 꽃』은 하상 신영학 시인의 시와 도진 위재천 시인의 시가 이마 위에 쏟아지는 봄 햇살처럼 밝게 빛나는 시집이다. 사랑하는 사람에게 보낼 고백이 담긴 편지처럼, 정성스레 써 내려간 시편들은 우리네 삶의 평범하지만 온기 넘치는 광경을 고스란히 담고 있다.

열정으로 이룬 꿈, 마흔도 늦지 않아
이철희 지음 / 값 15,000원

책 『열정으로 이룬 꿈, 마흔도 늦지 않아』는 마흔셋이라는 (업계에서는 많이 늦은) 나이에 정식 은행원의 꿈을 이룬 이철희 전 IBK기업은행 지점장의 인생역정, 성공 스토리, 자기계발 노하우를 담고 있다. 이미 KBS에서 방송된 강연 100도씨를 통해 자신의 이야기를 세상에 알렸지만, 거기에 다 담지 못했던 에피소드와 온기 가득한 삶의 여정이 감동적으로 펼쳐진다.

맛있는 삶의 레시피
이경서 지음 / 값 15,000원

『맛있는 삶의 레시피』는 암담한 현실을 이겨내게 하는 용기와 행복한 미래를 성취하게 하는 지혜 독자에게 전한다. 책은 각각 '맛있는 삶, 좋은 인간관계, 자신만의 꿈'이라는 커다란 주제 아래 마흔다섯 가지 에피소드를 다루고 있다. '행복한 삶은 무엇인가?'라는 화두를 독자들에게 던지고, 생생한 경험을 바탕으로 한 행복론論을 온기 가득한 문장으로 풀어낸다.

Happy Energy books 좋은 **원고**나 출판 **기획**이 있으신 분은 언제든지 **행복에너지**의 문을 두드려 주시기 바랍니다.
ksbdata@hanmail.net www.happybook.or.kr 단체구입문의 ☎ 010-3267-6277 도서출판 행복에너지

하루 5분, 나를 바꾸는 긍정훈련
행복에너지

'긍정훈련' 당신의 삶을
행복으로 인도할
최고의, 최후의 '멘토'

'행복에너지
권선복 대표이사'가 전하는
행복과 긍정의 에너지,
그 삶의 이야기!

권선복

도서출판 행복에너지 대표
지에스데이타(주) 대표이사
대통령직속 지역발전위원회
문화복지 전문위원
새마을문고 서울시 강서구 회장
전) 팔팔컴퓨터 전산학원장
전) 강서구의회(도시건설위원장)
아주대학교 공공정책대학원 졸업
충남 논산 출생

인터파크 자기계발 분야 주간 베스트 1위

권선복 지음 | 15,000원

책 『하루 5분, 나를 바꾸는 긍정훈련 - 행복에너지』는 '긍정훈련' 과정을 통해 삶을 업그레이드하고 행복을 찾아 나설 것을 독자에게 독려한다.
긍정훈련 과정은 [예행연습] [워밍업] [실전] [강화] [숨고르기] [마무리] 등 총 6단계로 나뉘어 각 단계별 사례를 바탕으로 독자 스스로가 느끼고 배운 것을 직접 실천할 수 있게 하는 데 그 목적을 두고 있다.
그동안 우리가 숱하게 '긍정하는 방법'에 대해 배워왔으면서도 정작 삶에 적용시키지 못했던 것은, 머리로만 이해하고 실천으로는 옮기지 않았기 때문이다. 이제 삶을 행복하고 아름답게 가꿀 긍정과의 여정, 그 시작을 책과 함께해 보자.

『하루 5분, 나를 바꾸는 긍정훈련 - 행복에너지』

"좋은 책을
만들어드립니다"
저자의 의도 최대한 반영!
전문 인력의 축적된 노하우를
통한 제작!
다양한 마케팅 및 광고 지원!

최초 기획부터 출간에 이르기까지, 보도 자료 배포부터 판매 유통까지! 확실히 책임져 드리고 있습니다. 좋은 원고나 기획이 있으신 분, 블로그나 카페에 좋은 글이 있는 분들은 언제든지 도서출판 행복에너지의 문을 두드려 주십시오! 좋은 책을 만들어 드리겠습니다.

| 출간도서종류 |
시·수필·소설·자기계발·
일반실용서·인문교양서·평전·칼럼·
여행기·회고록·교본·경제·경영 출판

도서출판 행복에너지
www.happybook.or.kr
☎ 010-3267-6277
e-mail. ksbdata@daum.net